中央大学教授

飯田朝子——

著

「あ、それ欲しい！」と思わせる

広告コピーのことば辞典

日経BP社

はじめに

　キャッチコピーは広告の中で使われる、人の目を引く"ことば"のまとまりで、キャッチフレーズ、あるいは広告コピーとも言われます。気まぐれな消費者の心をつかんで商品やサービスを売り込む役目があるため、惹句とも言われます。また、企業の理念を凝縮したものは「コーポレートスローガン」や「コミュニケーションメッセージ」と呼ばれ、その会社のイメージを対外的に印象づけるだけでなく、社員の心を束ねる旗印にもなっています。

　現代のメディアは多様化しており、テレビ、ラジオ、新聞、雑誌、インターネットなどで目にしない日はないほど、キャッチコピーやスローガンは私たちの生活に浸透しています。私はこれらを調べることで、人を惹きつける力のある日本語の語彙を体系的に示せるのではないかと長年考えていました。

　本書は 1922 年から 2014 年までに国内で発表されたキャッチコピーや企業スローガンを延べ 1 万本以上調査し、それらに含まれる語、すなわち魅力的なコピーを作成する効果が高いと思われる表現を五十音順に並べて辞書として引けるように編んだ書籍です。

　大きな特徴は広告で用いられる独特の言い回しや、一般の国語辞書には載っていない語釈や分析、すなわち広告コピーで使われた際にその語がどのような効果を発揮するのかについて、言語学的な視点から解説を加えてあることです。

　例えば、「ぱ」行の音が含まれる語を入れると消費者にどのようなイメージを与えるか、コピーにする際に「ごほうび」と書いた方がわかりやすいのか、それとも「御褒美」の方が目にとまるのか、あるいは「会う」と「逢う」「遭う」といった漢字の使い分けはどうすれば魅力的なのか、「ドリーム」や「ハート」「ブーム」などの外来語を入れる際の注意点は何かといった点に助言を添えました。ターゲットに向けて様々な表情のコピーを作成するヒントになることと思います。

当然、数多くのコピー作品に採用されている語句は人の心を惹きつける力が強いと言えますし、その意味や用法も多様です。ひと昔前に人気を博した表現でも近ごろはあまり使われていないワードがあったり、意味が変化した語、最近急に採用されることが増えた表現などがあったりします。用例のコピーが世に初めて登場した年も添えましたので、それらのトレンドもたどることができるでしょう。

　本書に掲載できたのは 3000 本余りのコピーですが、スペースなどの関係で掲載できなかったコピーも数多くあり、実数としては数倍以上の作品を分析したことになります。とはいえ、広告業界では 1 年間に何万本ものコピーが登場しては消えていきますので、それらを網羅的に記述することは物理的に不可能でした。それはちょうど目の前を流れる大河から、ほんのコップ 1 杯程度の水しか汲むことができなかったことに相当しますが、歴史に残る有名な作品、懐かしいフレーズ、そしてこれから消費者を惹きつけそうな新鮮な言葉について、多少なりとも輪郭を示せたのではないかと思っています。

　調査を進めていくにつれ、「夢をカタチに。」とか「笑顔の未来へ。」に類する抽象的なコピーが近年増えていることが気にかかりました。響きの良い語を入れること自体は悪いことではありませんが、群雄割拠の産業界において、あえて他のものと区別しにくい、メッセージ性が弱い作品を好んで採用する必要はないと思います。本書の中にあるキラリと光る語や作品を参考に、個性豊かで鋭い視点を持つコピーやスローガンを作っていただけることを期待しています。

　本書の執筆にあたり、糸井重里さんと仲畑貴志さんには、作品の掲載について多大なご理解を賜りました。また、岩永嘉弘さん、尾形真理子さん、日下慶太さん、谷山雅計さん、並河進さん、橋口幸生さん、花岡邦彦さんをはじめとする、多くのコピーライターの方々には貴重なご意見やご洞察を賜りました。また、中村禎さんにはご自身の作品について資料をご提供いただきました。謹んで御礼申し上げます。

　コピーやスローガンの初出年調査では、多くの企業のご担当者に問い合わせを差し上げました。お忙しい中、貴重な情報をご教示いただき、

掲載をお許しいただきましてありがとうございました。おかげさまで研究をまとめることができました。

　書籍化構想の段階では、ゼミの卒業生でコピーライターの西野入慎吾さんに、原稿執筆段階の資料収集ではゼミ生の熊澤野乃花さんにお世話になりました。言うまでもなく、中央大学商学部課題演習履修生のコピー研究も大いに参考にさせてもらいました。ありがとうございました。

　そして、日経 BP 社の村上広樹さん、戸村七七子さん、長友真理さんの励ましで、重い筆も動かせました。改めて御礼申し上げます。

　2017 年 3 月

飯田朝子

凡例と編集方針

　本書は日本で発表された広告コピーや企業スローガンを基に編さんした、消費者を振り向かせる力の強い言葉をまとめた辞典である。広告表現に用いられる語彙約1500語について、それらを使った広告コピー実例を挙げた。広告によく使われる語を引けるだけでなく、広告コピーのトレンドについても概観できる構成となっている。

A. 見出し語
①表示と配列
- 見出し語は著者が収集した広告コピーの中で用いられている単語を立てた。
  > 例）「いい空は青い。」のコピーからは「いい」「空」「青い」の3つの単語を見出し語として立てた。
- 見出し語は現代仮名遣いで、和語と漢語はひらがな、外来語と擬音語・擬態語はカタカナで記した。
- 見出し語の配列は一般的な国語辞書にならい、五十音順とした。1文字目が同一の場合は、2文字目の五十音順とし、以下3文字目も同様に配列した。長音記号「ー」は、直前の母音と同じと扱って配列した。また、「しっと（嫉妬）」と「じっと」のような言葉は、清音・濁音・半濁音の順に配列した。
- 漢字表記がある場合は、1文字目の文字の画数が少ない順に並べた。1文字目の画数が同じ場合は、2文字目の画数の少ない順に並べた。
- 派生語は、用例が少ない場合は、見出し語として1つにまとめた。
  > 例）あそび　→　「あそぶ」に統一
- 派生語にそれぞれ多数の用例がある場合は、別の見出し語とした。
  > 例）たのしい、たのしさ、たのしみ、たのしむ
- 広告コピーに使用する際に、意識しておくと役立つ語の成り立ちや、誤解を避けるための工夫などがある場合は、見出し語の下に付記した。

> 例）
> **いのち【命】**
>
> 生命体が持つ生きている証は広告では漢字で「命」と書く。比喩的に大切なもの、エネルギーを象徴する広告では「いのち」とひらがな書きにすることが多い。
>
> lifeの訳として「生活」よりも「命」とする方が好まれる。

②見出し語の表記
- 見出し語の漢字表記、あるいは外来語の綴りを【　　】内に記した。
- 漢字表記が複数ある場合は、広告コピーの中で実際に使われているもの、あるいは使われる可能性が高いものから優先的に挙げた。

　　例）かえる【変える・換える・代える】

- 見出し語は、意味が複数に分岐し、用例を分けて掲載する必要があると著者が判断したものは、大きい文字で見やすく配置した。
- 英語以外の外来語には、その綴りと言語名を示した。

　　例）インテリゲンチア【intelligentsiya　ロシア語】
　　　　デビュー【début　フランス語】

- 和製英語は綴りを表示せず、見出し語の下に「和製英語」と付記した。

　　例）キャッチボール　　スキンシップ　　マイペース

- 助数詞を見出し語に立てた場合は、（数え方）と添えた。
- 関連語や参照語がある場合は「→」で示した。

B.　語義と広告での用法

- 一般的な国語辞書に掲載されている語釈はできるだけ簡潔に記し、広告コピーであまり使われない意味については省いた。
- 広告において消費者の目に留まりやすい表現の組み合わせ（コロケーション）や、文字や漢字表記の選択、音の配列、ブランドコンセプトを考える際のキーワードの立て方、時代ごとの惹きつける言葉の違いなどについて解説を添えた。
- １つの見出し語について複数の意味がある場合は、基本的な意味から派生した意味へと広がるように、①、②、③……のブランチを設けた。
- 著者が広告において重要だと考える語の組み合わせや慣用表現がある場合は「　　」で囲み、"語義と広告での用法"欄に記した。

C.　コピー作品例

- 広告コピー作品と、そのコピーが使われた商品・サービス名、企業・団体名、初出年を示した。商品・サービス名と企業・団体名は原則として発表当時のものを掲載したが、企業から要望があった場合は、現在の企業名を付記した。また、株式会社、有限会社、合資会社、財団法人、社団法人、宗教法人、独立行政法人などの表記は割愛した。
- 広告コピーはゴシック体で記して「　　」で囲み、見出し語に該当する部分には破線を引いた。

　　例）あ「あ、感じる。新しい秋。」「あ、大人になってる。」

- 動詞には、語幹と語尾活用部分に破線を引いた。

  例）いく【行く】「元気出していきましょう」「タイは、若いうちに行け。」「つぎ、いってみよう」

- 広告コピーの改行は原則省略した。
- コピーが使われた商品・サービス名、企業・団体名、初出年は、コピー作品の直後の（　　）内に記した。
- コピー例の冒頭に◆を付けたものは、広告において重要だと考える語の組み合わせや慣用表現を用いた著者による作例である。（　）内にはコピーが採用される可能性のある商品ジャンルや業種などを添えた。
- コピー作品は、語または語釈ごとに、初出年の古い順に掲載した。複数年にわたって使用されているコピーの場合は、初出年のみを記した。数年にわたって使用を休止した後、再び採用されたコピーの場合も、休止前の初出年のみを記した。
- 企業・団体から「明確な初出年は分からないが〇年頃からと思われる」という回答を得た用例に限り、初出年に「頃」を付した。

【広告コピー作品の調査方法】

- 本書に収録した広告コピー作品は、すべて日本のメディアで発表されたもので、著者が2001年から2014年にかけて新聞、雑誌、テレビ、ラジオで恣意的に収集・採取したものが中心である。1970〜1990年代のコピーは、朝日新聞の縮刷版でも資料調査を行った。また、必要に応じてインターネットも参考にした。
- 上記に加え、歴史的に重要だと思われる広告コピーについては、二次的な資料として以下の書籍とウェブサイトに掲載された作品も参考にした。

  安藤隆・一倉宏・岡本欣也 他編著『日本のコピーベスト500』（宣伝会議）2011年

  奥山益朗編『広告キャッチフレーズ辞典』（東京堂出版）1992年

  パイ インターナショナル編『心に残る名作コピー』（パイ インターナショナル）2012年

  久野寧子編『新聞広告キャッチコピー大百科2』（ピエ・ブックス）2005年

  安田輝男『あの広告はすごかった！』（中経出版）1997年

  安田輝男『あの広告コピーはすごかった！』（中経出版）2001年

  東京コピーライターズクラブウェブサイト「コピラ」（コピー検索）

  http://www.tcc.gr.jp/copira/index

- 掲載したコピー作品例は、メールや電話で企業・団体の広報部などに問い合わせ、掲載内容などの確認を取った。返答の得られなかった企業の作品は掲載を見送った。

中央大学教授
飯田朝子

著

「あ、それ欲しい！」と思わせる
広告コピーのことば 辞典

日経BP社

- ひらがな「あ」は「安」の草体、カタカナ「ア」は「阿」の偏より。ローマ字表記は「a」。
- 口を開け、舌を下げた状態で発する基本母音の1つ。耳にした時、明るさやおおらかさ、力強さをイメージさせる効果がある。
- 五十音図のア行1文字目で、アルファベットの最初の文字でもあるため、社名や商品名などのネーミングの初めに入れると、電話帳などのリストで掲載順が早くなり、ビジネスに有利だと言われる。

見出し語	語義と広告での用法	コピー作品例
あ	感動詞。コピーの文頭に置いて、変化に対する軽い気づきや、商品のおいしさや満足感を表現する。 → あっと	「あ、感じる。新しい秋。」（東武百貨店池袋店　1982年） 「あ、大人になってる。」（オトナグリコ／江崎グリコ　2009年）
ああ【嗚呼】	何かに触れた時、ため息とともに感慨や共感に伴ってもれる感動詞。仕事や世の中に疲れた人が、しばしの憩いを感じる場面で使われることもある。 → おお	「あゝ軽かった カルカッタ」（ピックアップ／明治製菓　1970年） 「ああ、男のやすらぎ。」（ジョージア／日本コカ・コーラ　1995年）
アート【art】	デザインのシャレ。洗練された。形容動詞としても使われる。 → げいじゅつ	◆「いつもの風景がアートになる。」（サッシ）
アール【r】	「〇〇である」の「ある」と音が似ているため、商品名にRが入っている場合、「〇〇なのでR」という表記で音的に印象づける手法が使われる。	「これぞ、私たちのアリナミンなのでアール。」（アリナミンR／武田薬品工業　2011年）
あい【愛】	①異性または同性の間に生じる情愛。「永遠の愛を誓う式場。」といった普遍的なコピーや「人間、愛がすべて。」といった解釈の余地を広げる広告に応用できる。 → あいされる　→ あいする	「時の流れを、女は愛と呼ぶ。時の流れを、男は人生と呼ぶ。」（ピエール・カルダン・ウオッチ／シチズン時計　1974年） 「愛はお金で買いましょう。」（女の愛読書フェア／講談社　1983年） 「男の数だけ愛がある。」（日本生命保険　1991年）
	②「恋」と似て非なる感情。「会い」と同音であることを利用し、「恋」（来い）と併せて描く手法も好まれる。 → こい【恋】	「愛に雪、恋を白。」（JR SKI SKI／東日本旅客鉄道　1998-1999シーズン）
	③家族や夫婦を大切に思う気持ち。思いやり。気づかい。	「愛は食卓にある。」（キユーピー　CI　2007年） 「保険に、愛という本質を。」（ジブラルタ生命保険　2013年）

	④自分の大切な対象に注ぐ強い気持ち。困っている人や同じ境遇の人たちに寄せる思い。同情。いたわり・ケアの意で使うこともある。	「愛が、濃い。」（夏のギフト キリンの高果汁飲料／キリンビール　1990年） 「献血は愛のアクション！ LOVE in Action」（日本赤十字社　2011年）
	⑤情熱。熱い思い、思い入れを表現する。	「愛とか、勇気とか、見えないものも乗せている。」（九州旅客鉄道　1992年） 「愛と自由と安さを。」（西友　2013年）
	⑥思いやり	「森林愛で、包みます。」（京王百貨店　1990年）
	⑦血の通った人間の情。転じて、企業の顧客に対する配慮。保険や金融商品に使われることが多い。サービスや商品の質の高さを比喩的に表現することもできる。	「生命保険は、やっぱり愛でありたい。」（生命保険協会　2000年）
	⑧「愛」という字。「愛」の漢字は小学校4年生（10歳）で習う。	「十歳にして愛を知った。」（ライオンファイル／福井商事〈現・ライオン事務器〉　1974年）
	⑨ideal（理想）やidea（アイデア）と、「愛である」をかけた言葉遊び。	◆「この走りが、愛である。」（自動車）
あいことば **【合言葉】**	仲間を確認するための言葉。パスワード。	「合言葉は、ダイジョウブカ？ 21世紀大丈夫化計画。」（三菱電機　1994年）
あいさつ【挨拶】	言葉や礼を交わして出会いや別れの際に行うコミュニケーション。連絡を取って近況を伝え、手紙や贈り物をする文化。広告では、中元や歳暮を贈って義理を果たすことを指す。 → おくりもの	◆「笑顔がいっぱい、夏のご挨拶。」（お中元）
あいされる **【愛される】**	①愛情を注がれる。大切にされる。その商品を購入してもらうことで愛情を感じる。 → あい　→ あいする	「愛されたい。　あなたから。　恋されたい。　あなた以外にも。」（ルミネ　2008年）
	②愛顧される。消費者に選ばれること。	「クルマがずっと愛されるために。」（デンソー　CI　2010年）
	③うまくやっていく。共存する。互いに傷つけない。例えば、「血糖値に愛されよう。」のように、健康や環境などを守る意味でも用いる。	「太陽に愛されよう」（BEAUTY CAKE／資生堂　1966年）

あいじょう【愛情】	大切な相手に注ぐ思いやりの情念。親が子どもに、飼い主がペットに注ぐ無償の情愛。「○○への愛情をカタチにしたら、こんな△△になりました」の表現で用いることもできる。	「愛情はつらつ」（丸井　1972年） 「愛情一本」（チオビタドリンク／大鵬薬品工業　1989年） 「さあ、愛情の頂点へ急ぐのよ。」（シーバ カクテル／マスターフーズ リミテッド　2001年）
あいする【愛する】	①愛情を注ぐ。相手を大切に思うこと。いつくしむ。愛している。 → あい	「いくつもの方向からあなたを愛しています。」（大和証券グループ　2000年）
	②大切にする。丁寧に接する。めでる。重要視する。身体をいたわる。	「おなかの底から、愛していますか。」（ヤクルト本社　1990年） 「愛してください、あなたの心臓。」（生薬強心剤「救心」ほか／救心製薬　2005年） 「今日を愛する。」（ライオン　CI　2012年）
	③親しむ。愛顧する。 → あいされる	「愛さずにはいられない未来へ。」（ダイムラー・クライスラー日本　2004年） 「広告を愛して、しかって。」（日本広告審査機構　2005年）
あいだ【間】	関わり合い。接点。消費者と商品、企業をつなぐもの。「AとBの間に」の表現が企業広告などに使われる。	「ふたりの間が、丈夫です。」（西武百貨店　1985年） 「人と空気のあいだに、いつも　ダイキン」（ダイキン工業　2001年） 「ワクワクとあなたの間に。富士通の技術」（富士通　2012年）
あいちゃく【愛着】	長い時間親しんで、その対象に深い情愛や執着心を抱くこと。	「これからは、質の家、愛着の家、住み継がれる家。」（積水ハウス　2004年）
あいつ	親しくくだけた間柄や、侮蔑や照れの対象の人を指す三人称単数形。	「あ、あの時あいつが言ったせりふだ。」（角川文庫／角川書店〈現・KADOKAWA〉　2004年）
アイデア【idea】	新しいものを生むための発想や工夫。独自の着想。着眼点。ひねり。「アイディア」で回文が作れる。	「アカリは消しても、アイデアは消さないで！」（省エネルギーリサイクルアイディア募集／東京電力　1991年） ◆「この走りが、愛である。」（自動車）
あう【合う】	合致する。調和する。和合する。併せ持つ。	「すべてがピッタリ合わなければ、フォルクスワーゲンにはなれません。」（フォルクスワーゲン グループ ジャパン　2001年）

あう 【会う・逢う・遭う】 「逢う」は、思いがけずばったり出あうこと。「遭う」は、目的もなく出掛けて雑多に出くわすこと。目にあうこと。	①人と人が接する。面会する。	◆「技術の先へ、会いに行く。」（製鉄会社）
	②まだ見ぬものを目の当たりにする。その場に居合わせる。「未来／笑顔に会いに行く」が典型表現。	◆「今年の暮れも、あなたの笑顔に会いに来ました。」（百貨店）
	③遭遇する。 → であう	◆「また資源になって、会いましょう。」（リサイクル業）
あおい 【青い・蒼い】	①空の色。水の色。地球環境が良い。	「いい空は青い。」（全日本空輸 2002年）
	②まだ若い。熟していない。経験が不足している。青二才。転じて、デビューしたてのフレッシュさも表現する。	「まだまだ 青い人間ですが、どうぞよろしく。」（JT 2005年）
あおぞら【青空】	晴れわたって視界が良いこと。爽やかで見通しが利く、晴れやかな気持ちを表す。野外。アウトドア。 → そら	「トウキョウ、あおぞら、リラックス。」（シエルズ ガーデン／東京建物、野村不動産ほか 2001年）
あか【赤】	①紅の色。くれない。血の色。果物やトマトなどが熟して示す色。レッド。白または黒に対する色。 → まっか	◆「畑で赤くなったら、すぐに食卓へ。」（ケチャップ）
	②添削。印。「赤を入れる」で朱印を書き入れる。	「きょう、はじめて百科に赤を入れた。」（平凡社 1979年）
あかちゃん 【赤ちゃん】	生まれて間もない人間をはじめとする動物の子。小さく、かわいらしく、デリケートなイメージの象徴。理想的な肌やその質感の比喩として使われる。	「赤ちゃんの元気は、人類の元気だと思う。」（ニューメリーズ／花王 1991年） 「赤ちゃんは、地球の笑いえくぼ。」（キューピーベビーフード／キューピー 2001年） 「AKACHAN! GENKI! NIPPON!」（ネピア GENKI! ／王子ネピア 2007年） 「ふんわり赤ちゃん肌仕上げへ。」（VISÉE ／コーセー 2011年）
あかり 【明かり・灯り】	自ら発光し、ものを照らす光。および、その光を発する照明。ライト。 → ひかり	「アカリは消しても、アイデアは消さないで！」（省エネルギーリサイクルアイディア募集／東京電力 1991年）
あがる【上がる】	気持ちなどが上気する。リフティング効果を謳う広告で使われる。 → あげる	◆「気持ちも上がる、パーフェクトガードル。」（補正下着）

あ か さ た な は ま や ら わ

あかるい 【明るい】	①光がさして、よく見通せる状態。「明るい未来」が典型表現。電灯などがくっきりと照らすさま。	「明るいだけでは、未来は暗い。」 （松下電器産業　2000年）
	②陽気で、曇りがない性格であること。楽観的である。前向きで積極的な姿勢。やましさがない。	「底ぬけに明るい気分がいい。」（オーシャンブライト／三楽オーシャン1983年）
あきらめる 【諦める】	もう無理だと、思いを断ち切る。努力しても無駄だと思う。執着心を捨てる。ギブアップ。例えば「あきらめないで、その痛み。」のように、改善をあらためて促す表現にも用いる。	「あきらめてください。もとどおりになります。」（アメリカン・エキスプレス・インターナショナル　1989年）
あきる 【飽きる】 あき	①同じことを繰り返し、新鮮味がなくなって気持ちが離れること。広告では「飽きのこない○○」と否定形にし、続けて口にしたり、毎日使ったりしても飽きない定番商品を宣伝する。	「生涯、見飽きない。」（朝日建物1984年） 「ばつぐんの溶け！あきのこない自然のおいしさ」（フォローアップミルク「チルミル」／森永乳業　2004年）
	②2つのものを比較し、存分に前者を堪能したら後者にも目を向けてほしいと訴える。「Aに飽きたらB」の形がよく用いられる。	「Mにあきたら、L。」（ロッテリア　1993年） 「ハワイに飽きたら九州の夏。」（九州旅客鉄道　1993年）
アクション 【action】	行動。動き。社会全体を巻き込むムーブメント。一丸となって頑張ろう、取り組もう、と呼びかける広告にも多く見られる。	「献血は愛のアクション！ LOVE in Action」（日本赤十字社　2011年）
アクセス 【access】	交通手段。行き方。転じて、目標に向かっていく姿勢。アプローチ。「○○にアクセスする」が典型例。	「結婚に、アクセスしよう。」（キューピッド　2000年）
あける【明ける】	明るくなる。夜明け。年があらたまる。「開ける」と掛けたコピーが新年に多く登場する。	「大きく口をあけましておめでとうございます。」（日本マクドナルド2013年）
あげる 【上げる】	①上方へ向かわせる。リフトする。美容系広告などでよく使われる。 →あがる	「あげる！あげる！も～っとあげる！」（金のリフト／ドクターシーラボ2013年）
	②他者に贈り物やまごころを届ける。気持ちを込めて渡す。差し上げる。中元・歳暮の時期や、クリスマス・バレンタイン商戦の時に用いる。	「好きだから、あげる。」（丸井　1980年） 「夏だから、地球をあげる。」（日本交通公社　1986年） 「あげるうれしさが、たくさんあります。」（東武百貨店池袋店　2000年） 「ハッピーをあげよう。」（コカ・コーラ／日本コカ・コーラ　2013年）

あ　か　さ　た　な　は　ま　や　ら　わ

あこがれる **【憧れる・憬れる】** **あこがれ**	理想として、恋焦がれる。羨望する。広告では、消費者に「いいなぁ」「欲しいなぁ」と思わせ、手に入れたいと願わせる。	「ステアリングを握った瞬間、その憧れは感動へ。」（ランドローバー／BMWジャパン　2002年）
あさ【朝】	一日の始まり。午前中。出勤前や登校前のひとときを有意義に使おうと伝える。目覚めた時の調子の比喩。	「アサーッ！」（朝市／カゴメ　1983年） 「気がつけば、もう朝。」（味の素　2013年）
あざやか **【鮮やか】**	①発色が良く、はっきりとしている様子。彩りが良く、見栄えがする。	「くっきり鮮やか、高画質画像。」（日立製作所　1982年）
	②見事に。目の覚めるような。「常識／概念を鮮やかに裏切る」などの表現が好まれる。	◆「お掃除の常識を、鮮やかに裏切ります。」（掃除機）
あじ【味】	①舌に食べ物を載せた時に感じる刺激。味覚。味わい。おいしさ。食品や調味料の商品のコピーに好まれる。	「初恋の味」（ラクトー〈現・カルピス〉1922年） 「値段は高いがいい味です」（コーミソース／コーミ　1969年） 「トリスの味は人間味」（トリスウイスキー／サントリー　1981年） 「歴史の違いが味に出る。」（かどや製油　1991年） 「よけいな味がしない。」（カゴメトマトジュース／カゴメ　1999年） 「味ひとすじ　永谷園」（永谷園　CI 2004年） 「いい味、いい笑顔」（コーミ　CI 2010年） 「百年の恋は、しょうゆの味がする。」（いつでも新鮮しぼりたて生しょうゆ／キッコーマン　2013年）
	②たばこの風味。	◆「味のある奴。」（たばこ）
	③食事。ごちそう。家庭での手作りの料理の比喩。	「おふくろの味が帰って来た。」（パロマ　1980年） 「テーブルから、あたたかい味が消えませんように。」（マギーブイヨン／ネスレ日本　2001年）
	④物事の深み。面白さ。粋。食事や文化、そこに住む人々すべてを包括した趣。「人生／人間／大人」といった抽象的な名詞に付き、味わい深さを楽しもうと謳うコピーがある。	「イタリアは地球の味がする」（月刊『エルドニチェフ』／ハースト婦人画報社　2001年） 「人生の味が出るのは、これからだ。」（センチュリー／ミサワホーム　2004年）

あした 【明日】 あす	①今日の翌日にやってくる日。翌日。あくる日。あす。トゥモロー。「今日」「昨日」との対比で用いることも多い。 → きょう	「『明日からやろう』と40回言うと、夏休みは終わります。」（Z会の通信教育／Z会　2004年） 「明日、チョコレートになりましょう。」（明治チョコレート／明治製菓　2005年） 「明日をもっとおいしく」（明治ホールディングス　CI　2009年） 「あした、なに着て生きていく？」（earth music&ecology　2010年）
	②近い未来。「未来」よりも確実にすぐやってくる今後。この先。企業スローガンによく使われる。「あしたらしい」「あたしらしい」「あたらしい」などの、ひらがなによる読み違いをあえて計算したコピーも登場している。 → みらい①	「あしたのもと AJINOMOTO」（味の素　1999年） 「次へ、明日へ、未来へ。」（野村證券グループ　2003年） 「明日は、きっと、できる。」（ミズノ　CI　2007年） 「明日は変えられる。」（アステラス製薬　CI　2008年） 「手のひらに、明日をのせて。」（NTTドコモ　CI　2008年） 「あしたらしい風。」（電動二輪「イーニリン」／ヤマハ発動機　2012年）
	③まだ見ぬ。存在するかもしれない。	◆「明日のオリンピア達へ。」（スポーツ用品）
あじわい 【味わい】	舌に載せて、ゆっくり旨みを堪能する食べ物や飲み物の味。茶やコーヒーなどの広告で使われることが多い。 → うまい　→ おいしい	「ひときわ味わい豊かに」（お～いお茶 緑茶／伊藤園　2010年） 「とろりと溢れる芳醇な味わい」（巣蜜／山田養蜂場　2011年）
あす【明日】	→ あした	
あずかる 【預かる】 あずかり	大切な物、金品、子どもなどを引き受けて、一定期間、面倒を見る。	「あなたの真剣な結婚への想いを大切にお預かりしたい。」（ツヴァイ　2004年）
あせ【汗】	体温調節や緊張によって皮膚から流れ出るもの。転じて、努力。尽力。頑張っている様子。スポーツをすることの比喩。「汗する」と動詞化することもある。	「汗まで緑。」（富士桜高原／富士観光開発　1979年） 「労働。本日、父と母は、汗を流して働いております。」（岩田屋　1992年） 「流した汗だけ、人は輝く。」（朝日生命保険　2001年）

あそぶ 【遊ぶ】 あそび	①楽しく愉快だと感じることをして、有意義な時間を過ごす。	「働いているお父さんより、遊んでいるお父さんのほうが好きですか。」（サントリーウイスキーオールド／サントリー　1984年） 「そろそろ、夫婦で、遊びたい。」（近畿日本ツーリスト　1986年） 「くうねるあそぶ。」（セフィーロ／日産自動車　1988年） 「あそびましょ。」（赤城乳業　CI　2006年） 「学問は、最高の遊びである。」（広島大学　CI　2008年）
	②玩具いじりや遊戯、趣味などに興じる。	「あそびは愉快な文化です。」（タカラ　1986年） 「遊びにフットワークがいい人には、ひまはなくても@ぴあがある。」（ウェブサイト「@ぴあ」／ぴあ　2001年）
	③自由にする。もてあそぶ。可能性を試す。性能を引き出す。「○○をあそぶ」が典型表現。	「自然とは、必死にあそべ。」（シチズン時計　1991年） 「世界を遊ぼう。」（JCBギフトカード／JCB　2000年） 「LIFEをあそべ！」（ライフカード／ライフ　2001年） 「男を飾る。男を遊ぶ。」（G-SHOCK／カシオ計算機　2001年）
あたたかい 【暖かい・温かい】 原則として「暖」は気候や温度、部屋の空気などに用い、「温」は飲料や食べ物、身体などを形容するが、広告では書き分けのルールは厳密になく、「あたたかい」とひらがな書きにすることが多い。	①体温を保つために十分な温度があること。あったかい。あったかみ。暖房や防寒着、断熱材などの広告で好まれる。	「暖かいものが届くといいな。」（ヒゲタ醤油　1979年） 「あったか差で選びたい。」（三菱電機　1983年） 「あったかく、おつき愛。」（ギャラン店／三菱自動車工業　1985年）
	②ほっとする安心感。心がこもっている状態。あったかい。血が通った。例えば、「あった＋か○○」のように造語にすることもできる。	「テーブルから、あたたかい味が消えませんように。」（マギーブイヨン／ネスレ日本　2001年） ◆「あったCUP、お湯を注いで1分。」（スープ） ◆「ドライブ楽々、笑顔の"あったカー"。」（自動車）
あたたまる 【暖まる・温まる】	あたたかくなった状態。ぬくぬくする。心がほっこりしているさま。満ち足りて、和む様子。	「交す言葉もあたたまる」（京成電鉄、京成不動産　1980年） 「軽井沢。人生が、あたたまる。」（オナーズヒル軽井沢／ミサワホーム　2000年）

あ			

あたためる 【暖める・温める】	寒さや冷たさを解消し、適度なぬくもりを与える。食べ物や飲み物の加温具合が適切なこと。安心感や幸福感を味わう、の意でも用いる。	「一杯のスープで、心まで温めてあげたくて。」(モスフードサービス 1990年)
あたま【頭】	①人間の頭部。頭上。	「頭の先からキスの雨。」(EOS Kiss X2／キヤノン 2010年)
	②毛髪。ヘアスタイル。頭髪。「頭が決まれば、ファッション決まる。」などと使う。	「なんで頭さわるとそんなに怒るの？」(バイオテック 2000年)
	③人間の脳。頭脳。思考力。理性。「アタマ」とカタカナ書きすることもある。 → のう	「シカクい頭をマルくする。」(日能研 CI 1986年) 「いいだろ頭悪くて」(ボブソン 1997年) 「アタマはクール。ココロはカラフル。」(『Colorful』／ぴあ 2004年)
あたらしい 【新しい】 「あたらしい」をひらがな書きして、「あしたらしい」「あたしらしい」と並べて読み違いを計算したコピーを作ることもできる。	①古くない。時間があまり経っていない。更新された。ニュー。 → あらた	「新しくなければ新書ではない。」(宝島社新書／宝島社 2001年)
	②今までなかった。画期的な。最新技術の。目新しい。新開発のシステムを宣伝したものや、新技術を紹介する際にも用いる。	「シャネルの新しい"素肌"。」(水と光のファンデーション／シャネル 2000年) 「新しい髪で、新しいあなたへ。」(アデランスヘアクラブ／アデランス 2004年)
	③リニューアルした。レベルアップした。生まれ変わった。合併した企業や立て直しを図った組織などが再始動する時、企業がロゴなどをリニューアルした時などに「あたらしい○○」と銘打ったコピーを掲げることが多い。	「ひとつになったら、新しくなった、強くなった。」(新生銀行 2001年) 「カラを破れば、新しい私。」(日本放送出版協会 2003年) 「あたらしい ふつうをつくる。」(日本郵政グループ CI 2007年)
	④新鮮味のある。当たり前に思っていたものに、新風を吹き入れる。平凡に繰り返されがちな「今日／毎日」に新鮮味を持たせる。	「ふたりで見る世界は、新しい。」(TIFFANY & Co. 2005年) 「新しい日本を、走ろう。」(ワゴンR／スズキ 2011年) 「見るほどに、新しい出会い。WOWOW」(WOWOW CI 2011年) 「新しい今日がある」(セブン＆アイ・ホールディングス CI 2012年)
	⑤新年にあたって。	◆「新しい年。新しい夢が、走り出す。」(運輸会社)

あたりまえ **【当たり前】**	常識であり、誰もが知っていること。当然のこと。	「当たり前のようにエネルギーを使う時代は、終わりました。」(省エネルギーセンター　2003 年) 「あたらしい、あたりまえを。」(JINS　2011 年)
あつい【熱い】	何かに対して(心が)燃える。熱中する。興奮する。ヒートアップ。	「ハートを熱くする、カードがある。」(イオンマスターカード MLB バージョン／イオンクレジットサービス　2004 年) 「熱い心をサポートします。」(アイデム　2005 年)
あったかい	→ あたたかい	
あっと	意外なことに遭遇し、驚きや感心の声を上げる。「あっという間」で、楽しくて、瞬く間に時間が過ぎていってしまう様子。2000 年前後に@(アットマーク)と掛け合わせて「@言わせる」のような表現が使われた。	「あっという間の旅でした。」(フェデックス〈フェデラル エクスプレス〉2003 年) 「新鮮力で時代の@(アッと！)を発信。」(ホクスイ　2004 年)
あっとうてき **【圧倒的】**	他のものとは比べ物にならないほど勢いがあり、強く、迫力があること。ライバルを凌駕するものであることをアピールする。	「圧倒的な性能です。」(キヤノファクス／キヤノン　1986 年) 「圧倒的な存在感。」(アストロほか／スズキ　2005 年)
あて【当て】	見込み。頼り。手だて。参考。	「ともだちの『ゼンゼン勉強してない』ほど当てにならないものはない。」(Z 会の通信教育／Z 会　2001 年)
あでやか **【艶やか】**	華やかで、つやめくように美しいさま。妖艶。 → つや	「艶やかに、軽やかに、シックな春がお買得。」(小田急百貨店　1991 年)
あなた **【貴方・貴女】** 広告では、ひらがなで「あなた」と表記することが圧倒的に多い。	①消費者に対する二人称。広告の呼び掛けの対象者。企業が向き合う相手。ターゲット。「あなたの〇〇」の型に入るもの、「あなたから／あなたには〇〇」の型に入るものなどがある。「あなたならどうする？」のような疑問文のコピーも作成できる。 → きみ	「あなた好みに、染まりたい。」(紀文　1985 年) 「できれば、あなたと、くっつき虫。」(岩田屋　1986 年) 「いい飲み方、あなたと考えたい。」(宝酒造　CI　1988 年) 「あなたから、幸せになってください。」(岩田屋　1989 年) 「あなたのためのコミュニケーションが、ある。」(富士通　2000 年) 「あしたに、あなたに」(ライオン　CI　2001 年) 「あなたの、たったひとつになるために。」(あいおい損害保険　2001 年)

		②商品やサービスを使って実現した消費者像。個人。「あなたへ／に」の型を用いることが多い。	「新しい髪で、新しいあなたへ。」（アデランスヘアクラブ／アデランス　2004年） 「食べる、食べる、あなた。」（味の素の冷凍食品／味の素　2004年）
		③商品やサービスを手掛かりに、「思い」「感動」「ゴール」といった願望を叶えたいと思う消費者自身。	「あなたの真剣な結婚への想いを大切にお預かりしたい。」（ツヴァイ　2004年）
		④広告を見ている人全般に対する呼びかけ。何か行動を取ったり、考えを改める必要があることに気づかせる。公共広告や募金を呼びかける広告などにしばしば使われる。	「あなたがいま辞めたい会社は、あなたが入りたかった会社です。」（リクルート人材センター　1998年） 「水を、薬を、毛布を。今、あなたの支援が必要です。」（日本ユニセフ協会　2001年） 「あなたが気づけばマナーは変わる。」（JT　2008年）
	あびる【浴びる】	水などで身体などをまんべんなく濡らす。転じて、たくさん受け取る。十分もらう。	「羨望の視線をあびて。」（藤和不動産　1982年）
	あふれる【溢れる】	いっぱいになって満たされる。容器などに入りきらず、外に流れ出してくる。じわりとにじみ出る。「気持ち」や「思いやり」「笑顔」「コミュニケーション」など、抽象的な名詞に付くことが多い。	「地球をもっとコミュニケーションあふれる星に。」（日立コミュニケーションテクノロジー　2004年） 「あふれる知性が、丸の内の個性になる。」（丸善 丸の内本店　2004年） 「とろりと溢れる芳醇な味わい」（巣蜜／山田養蜂場　2011年）
	あまい【甘い】 「うまい」からの転。また、野菜本来のうまみや、魚介類や肉類などの素材の持つ脂分やエキス分のおいしさやコクを表す。	①砂糖や蜂蜜などを舐めた時の味。比喩的に、ロマンチックな。うっとりするような。甘美な。「恋（濃い）」とともに用いることが多い。	「甘くないぞ、大人の味は。」（大倉酒造　1983年） 「甘い恋、かじったら、しっかり磨こうね。」（サンスター　2000年）
		②みくびる。見下す。生易しい。「○○は甘くない」が典型表現。	「本命は、甘くない。」（バレンタインキャンペーン／セブン＆アイ・ホールディングス　2012年）
	あめ【雨】	天から降り注ぐ水滴。雨天。転じて降り注ぐもの。途切れない様子。	「頭の先からキスの雨。」（EOS Kiss X2／キヤノン　2010年）
	あやつる【操る】	上手に取り扱う。操作する。「意のままに」に付いて、思った通りに運転や操縦ができること。	「4つのタイヤそれぞれを意のままに操ることができれば、カーブを征服できるでしょうか？」（ボッシュブレーキシステム　2001年） 「意のままに操る、誇り。」（レジェンド／本田技研工業　2004年）

あやまり【誤り】	間違い。何かをしくじること。ミス。エラー。	「また命にかかわる誤りを犯した。（致命的なエラーが発生しました）」（できるシリーズ／インプレス　2000年）
あゆむ 【歩む】 **あゆみ**	①一緒にゆっくりと足を進める。靴の広告に使われる。歩み。	◆「あゆみも軽く、誇らしく。」（靴）
	②手を携えて共に歴史を刻むこと。 → あるく	◆「これからも、お客様と歩み続ける限り。」（銀行）
あらた【新た】	新しいもの。あらためて開始されること。 → あたらしい	「新たな伝説へのご招待。」（レジェンド／本田技研工業　2004年）
あらゆる 【有らゆる】	考えられるものすべて。できる限り全部。細かい部分まで包括して。	「あらゆる SUBARU がつまってる。」（New R1 TEN-TOU 虫／富士重工業 2005年）
あり 【有り・在り】	存在すること。決定的に言い切る。「○○、ここにあり。」の形も。構わない。可能だ。消費者の願いを叶えた商品のコピーに使われる。	「サラリーマンという仕事はありません。」（セゾンカード／西武クレジット　1987年） 「ニッポンに、のぞみあり。」（東海旅客鉄道　1997年） ◆「二階にもバスルームなんて、ワガママもアリです。」（住宅リフォーム）
ありがとう 【有り難う】 **ありがたさ**	感謝の気持ちを表す挨拶の言葉。相手をありがたいと思う気持ち。日頃当たり前と思っている存在が、実はとても大切であることを気づかせる役目も果たす。ありがたみ。また、オリンピックなどの大きなスポーツイベントの後に優勝などを逃しても「感動を、ありがとう」といった表現で選手たちを讃えるコピーが掲げられる。 → かんしゃ	「海のごちそう　どっさり、ありがとう。」（近畿日本鉄道　1979年） 「夏は、ありがとうからはじまった。」（小田急百貨店　1986年） 「おめでとう、の人も。ありがとう、の人も。」（小田急百貨店　1987年） 「無くしてわかる有難さ。親と健康とセロテープ」（セロテープ／ニチバン　1987年）
ある 【有る・在る】 原則として、漢字「有」は所有や保存を表し、「在」は存在や実在を表す。	①その場に存在する。物が現存する。	◆「耳がある。感動がある。」（音響機器メーカー）
	②所有している。心の中に持つ。「○○あればいい」の形で、それだけで充足感が得られることを謳う。	◆「親しい友の笑顔。あとはビールがあればいい。」（酒造会社）
あるく 【歩く】 **あるき**	①足を交互に前に出して移動する。歩を進める。靴の広告にも使われる。 → あゆむ	「ある苦(く)をある喜(き)に変える歩き専用シューズ」（ミズノ・フリーウォーク io2／ミズノ　2009年）
	②進む。進路を取る。	「自分の道を、歩くのだ！」（ジョージア／日本コカ・コーラ　2005年）

		③旅行する。異文化などを自分の肌で体験する。	「歩こう、歩けば、歩くとき、歩け地球。」(『地球の歩き方』／ダイヤモンド社　2000年)
	あんしん【安心】	①心に不安や心配なことがなく、安らかで落ち着いた様子。安定。信頼。	「安心がないと、不安です。」(セコム　1991年)
		②保険商品や銀行のローンなどで、将来の保障が手厚いこと。漠然とした不安材料が取り除かれること。	「今すぐトクしたり、ずっと安心できたり。いろいろ助かるローンなんだ。」(みずほ銀行　2005年)
		③事故などの危険が伴いにくいこと。「安全」とともに用いることが多い。	◆「しっかり安心、ゆったり安全。」(自動車保険)
		④食品などに、健康を害する成分などが添加されていないこと。	「おいしいね、安心だね、キッコーマンだからね。」(キッコーマンしょうゆ／キッコーマン　2003年)
		⑤油断。怠る心。ひらがなにすることで、子どもに対する安心感も表現することができる。	◆「中の上で、安心していませんか？」(学習塾)
	あんぜん【安全】	危険が想定されにくく、平穏・平和な状態にあること。無事。広告では、危険が起こりにくい工夫やサービスが施されていること。	「安全というクオリティを『軽自動車』に。」(ekワゴン／三菱自動車工業2001年)
	あんな	あのような感じの。その程度の。自分とは違うと思う対象を突き離したり、さげすんだりして言うこともある。	◆「あんなカラダにはなりたくない、と言われてしまった。」(スポーツジム)
	あんないにん【案内人】	案内役の人。船舶の誘導をする人のことを「水先案内人」といい、物事のガイド役になること。	「知の水先案内人」(集英社新書／集英社　2000年)

- ひらがな「い」は「以」の草体、カタカナ「イ」は「伊」の偏より。ローマ字表記は「i」。
- 唇の両端を引いて、口を平たく開いて発する基本母音の1つ。耳にした時、鋭さや速さ、輝き、爽やかさ、細さをイメージさせる効果がある。インテリジェンス（理知）を感じる人もいると言われる。
- 五十音図のア行2文字目。カタカナの「イ」を漢字の人偏と掛けて、例えば「仏」を「イム」、「個個」を「イロイロ」と読ませることもできる。

見出し語	語義と広告での用法	コピー作品例
いい 【良い・好い】	①良い。快い。明るい。晴れやか。心豊かな。「いい」の方が「よい」よりくだけた印象を与える。アルファベットの「E」を用いて「いい」と読ませることも。比較的短いコピーに使うと印象が強くなる。 → よい①	「セブン - イレブン いい気分。」（セブン - イレブン／ヨークセブン　1974年） 「いい飲み方、あなたと考えたい。」（宝酒造　CI　1988年） 「いい空は青い。」（全日本空輸　2002年） 「いい味、いい笑顔」（コーミ　CI　2010年）
	②優れた。良質の。良心的な。広告では、「いい○○は、いい△△です。」のように、構成されるコピーが耳に残りやすい。	「いい予備校は、不幸中の幸いです。」（一橋学院　1992年）
	③収穫のある。実り多い。「いい○○にしよう」と使うことも多い。	「駿台で、いい夏にしよう。」（駿台予備学校　2004年）
	④本人にとって好都合である。悪くない。（あるものと比較して）こちらの方が好きだ。	「亭主元気で留守がいい〜」（ゴン／大日本除虫菊　1986年） 「自然体が、いい。」（JAGUAR XJ／ジャガージャパン　2001年） 「2つあると、いい。」（「生きるチカラ」／日本生命保険　2005年）
	⑤お気に入り。納得がいく。許せる。悪くない。うらやましい。	「いいだろ頭悪くて」（ボブソン　1997年）
いいかお 【良い顔】	①笑顔。得意顔。機嫌が良く、それが顔に表れている様子。 → えがお　→ かお	「いい顔 つながる」（資生堂　2005年）
	②化粧が決まっている顔。美しい人。	「How Many いい顔」（レディ80／カネボウ化粧品　1980年）
いいこと 【良い事】	①消費者にとってワクワクするようなこと。お得な情報。消費者に期待を抱かせるコピーに登場する。「いいこと製造会社○○」のようなスローガンに使える。	「いいことあるぞ、ミスタードーナツ」（ミスタードーナツ／ダスキン　1984年） 「いいこと、12コ。」（DARS／森永製菓　2010年）
	②良い影響。	◆「飲むたび、カラダにいいこと。」（健康飲料）
いいもの 【良い物】	良質のもの。良い製品。自分にとってうれしいもの。喜ばしいもの。成分が改良された。	「いいもの、とけてる。」（クノールカップスープ／味の素　2008年） 「いいモノ つくろう。川崎重工」（川崎重工業　2012年）

いいんかい 【委員会】	あることを検討したり、改善したりするために結成されたメンバー組織。目的を持つプロジェクト団。 → けいかく②	「旬な男向上委員会」（日本経済新聞／日本経済新聞社　2004年） 「働く大人力 向上委員会」（ダイドーブレンド／ダイドードリンコ　2014年）
いいんだよ	後ろめたいこと、弱い部分や不安を持っている人に対して、「それは大丈夫だから」という安心感や安堵感を与えるための口語表現。容認。	「生きていてもいいんだよ」（天童荒太著『永遠の仔』／幻冬舎　2004年）
いう 【言う・云う】	①言葉を発する。台詞を口にする。独り言やつぶやきも含む。	「キミが好きだと言うかわりに、シャッターを押した。」（OM10／オリンパス光学工業　1979年） 「あ、あの時あいつが言ったせりふだ。」（角川文庫／角川書店〈現・KADOKAWA〉　2004年）
	②宣伝する。伝える。表現する。公表する。	「大きく言うことでもないので、小さく広告します。」（YKK AP　2002年）
	③人間以外のもの（商品）が、人間にメッセージを送る擬人法。	「あなたの人生を刻ませてください、とグランドセイコーは言った。」（グランドセイコー／セイコーウオッチ　2003年）
	④思う。意見を持つ。感想を持つ。実感を表す。グチを口に出す。	「死ぬのが恐いから飼わないなんて、言わないで欲しい。」（日本ペットフード　2004年）
	⑤表現する。正確に描写する。置き換えてみると。いうなれば。「モノを言う／言わせる」で、それを切り札に勝負をする。根幹に関わる。	「帰りたい町が見えた。正しく言うと、帰れない町が見えた。」（BIG JOHN／マルオ被服　1982年）
いえ【家】	①自宅。自分の家。外に対する「うち」。私的な生活場所。プライベート空間。外出せずに。住宅会社や、自宅に居ながらにして買い物や学習などができるサービスの広告にも使われる。	「家では、スローにん。」（ミサワホーム　2006年） 「家に帰れば、積水ハウス。」（積水ハウス　2010年）
	②家庭。家族。贈り物の相手を指すこともある。	「あの家に、ファンタジー。」（カルピスファンタジーギフト／カルピス　2001年）

	③建築物としての家屋。人が住む建物。広告では、専ら一戸建て住宅を指す。「家づくり」で一戸建てを建てること。一人前であることの象徴としても描かれる。消費者の間でも、人生で最も大きな買い物の1つゆえ、失敗は許されないという認識が強い。デザインや素材を前面に出して商品を売り込むコピーもある。 → わがや	「この家建てる人、この広告読んでいるかな。読まないとソンするな。」（硝子繊維協会　1975年） 「家づくりは、イメージすることから始まる。」（三井ホーム　2001年） 「これからは、質の家、愛着の家、住み継がれる家。」（積水ハウス　2004年） 「家を買った後も　もっともっと楽しんで欲しいから。」（新生銀行　2005年）
いがい【以外】	否定の表現を伴って「それしか」の意。独占的商品、主力商品などの広告で使うとインパクトが増す。	「紙以外にも書ける、常識外のボールペンです。」（マルチボールペン／パイロットコーポレーション　2005年） 「愛されたい。あなたから。　恋されたい。あなた以外にも。」（ルミネ　2008年）
いかが【如何】	消費者に対して「どうですか」と勧める表現。また、いぶかしく思う気持ち。	「自分への　小さなご褒美、いかがですか。」（ダイドーブレンド デミタスコーヒー／ダイドードリンコ　2013年）
いかす **【生かす・活かす】**	活用する。有効に利用する。土地や資産を無駄にしない。	◆「活かしましょう、あなたの土地。」（不動産）
いき【活き】	魚介類などの鮮度が高いさま。また、生命力があるもの。広告では、「活き」または「イキ」と表記することが多い。比喩的に若い人のパワーや、活気のある現場の雰囲気も描写する。「活きのいい○○」が典型表現。	「実は社会人も読んでいる。イキのいい参考書」（『大学入試 出典朝日新聞2000年版』／朝日新聞社　2000年） 「いらっしゃい！活きのいいレースそろってますよ。」（日本モーターボート競走会連合会　2004年）
いき【息】	呼吸する空気。口や鼻から出入りする空気の流れ。吐息。ガムや口臭ケア商品のコピーに使われる。	「息さわやか」（クロレッツ／モンデリーズ・ジャパン　1988年） 「息をデザインするガム」（ACUO／ロッテ　2013年）
いき【粋】	「意気」から。風情があって、垢抜けていること。野暮ではないこと。広告では、和の風情を採り入れた商品やデザインをアピールする。	「行きな粋な浅草さ」（仲見世商店連合会　1985年） 「粋に、遊涼み。」（京王プラザホテル　1986年）
いきかた **【生き方】**	①人生のスタイル。広告では、「こういう人生を送りたい」という願望を表現するコピーが多い。	「美しい生き方を重ねられる車に、お乗りですか。」（E-Class／ダイムラー・クライスラー日本　2002年） 「生き方をしりたい。」（野村證券　2003年）

	②日々の生活スタイル。当該商品を購入することで、より豊かで多彩な生活が送れることを謳う広告で用いる。	「生き方のレンジが広がる。」（レンジローバー 2005 年モデル／ランドローバージャパン　2004 年）
いきていく 【生きて行く】	生活を続ける。人生を送っていく。生涯を送る。「いきてゆく」「いきてく」と同じ。「生きる」よりも日々の継続性に注目し、暮らしに欠かせないものに対する新たな価値観を提案する。	「お金がないと生きて行けない。人間は弱いね。」（さくら銀行　1992 年） 「感動といっしょに、生きていこう。」（デサント　2004 年） 「あした、なに着て生きていく？」（earth music&ecology　2010 年）
いきている 【生きている・活きている】	①命のある。生命力のある。余命のある。	「いろんな命が生きているんだな〜元気で。とりあえず元気で。みんな元気で。（トリスウイスキー／サントリー　1981 年） ◆「生きている、大自然の奇跡を感じよう。」（図鑑）
	②息づいている。記録である静止画や動画が、鮮明であることを強調する。	「たいせつな時間は、写真の中で生きている。」（富士写真フィルム　2004 年）
	③充実した生活を送る。意味のある人生を送る。その商品があれば、より活性化された日々を送ることができると気づかせるコピーに使われる。	「昨日は、何時間生きていましたか。」（パルコ　1985 年） 「私は PEN と生きている。」（PEN lite カメラ／オリンパス　2011 年）
いきなり	だしぬけに。急に。突然。前置きもなく。	「いきなりパンツは、どうだろう。」（ホワイトデー／岩田屋　1986 年） 「女性の前で、いきなりシャツ一枚になれますか。」（ウールドレスシャツ／国際羊毛事務局　1990 年）
いきもの 【生き物】	生物。主に動物。動植物の総称。命あるかのようなもの。「なまもの」と「生きもの」を掛けることも。	「生で食べると、生きものをいただいていることが、よくわかる。」（ミツカン　2007 年）
いきる 【生きる・活きる】	①生物に命がある。命を維持する。命を燃やす。息がある。死なないでいる。長生きする。生き甲斐。健康の源。活力。精力。	「生きろ。」（『もののけ姫』／東宝 1997 年） 「生きのビル。」（大成建設　2004 年） 「生きていてもいいんだよ」（天童荒太著『永遠の仔』／幻冬舎　2004 年）
	②日々の活動を行う。ポリシー（主義）を持って生活する。	◆「花と生きる。」（華道教室）

	③人生を送る。比喩的に「安定した人生」の意。保険商品のネーミングをはじめ、生命保険会社の広告によく用いられる。ライフスタイルの提案や「生涯を共にする」の意味でも用いる。	「生きるチカラ」（日本生命保険　2001年） 「生きることのすべてに、関わろうと思う。」（がん保険など／東京海上火災保険　2001年）
いく【行く】 いこう	①ゆく。移動する。去る。目的地に向かって動く。広告では、「旅行する」の意で用いることが多い。ゆく。進む。通う。物事や場面が展開する。	「ピントに手間どると、彼女は行ってしまう。」（Canon AL-1／キヤノン　1982年） 「タイは、若いうちに 行け。」（タイ国際航空　1994年） 「そうだ 京都、行こう。」（東海旅客鉄道　1995年） 「こどもといっしょにどこいこう。」（ステップ ワゴン／本田技研工業　1996年） 「のぞみへ。先に、行ってるね。」（日本航空　2003年） 「いっしょに未来へ行こう。」（住友林業　2011年）
	②頑張れ。他者に対してだけでなく自分を鼓舞する際にも用いる。	「さぁ行け、ニッポン！特等席は、フジテレビ。」（フジテレビジョン　2002年）
	③やる。挑戦する。取り組む。気分を切り替える際に「次、いってみよう」のように言う。	「ファイトで行こう リポビタンD」（大正製薬　1965年） 「つぎ、いってみよう」（イーキャリア　2000年） 「元気出していきましょう」（エーザイ CI　2000年） 「つぎいってみよー！ジョージア」（ジョージア／日本コカ・コーラ　2004年）
いくつ【幾つ】	どのくらいの数。概数。人の漠然とした年齢。抽象的なものを数える際にも用いる。	「もういくつ寝ると一年生。」（京王百貨店　1979年） 「いくつもの方向からあなたを愛しています。」（大和証券グループ　2000年）
いけん【意見】	考えを表向きに発すること。 → しゅちょう	「私の意見は、朝日新聞のウケウリです。」（朝日新聞社　1991年）
いこい【憩い】 いこう	のんびり息抜きをすること。休息。	「いこいのたまり場でありたい。」（東京ガス　1985年） 「緑に憩う快適空間、誕生！」（木下工務店　1990年）

いざ	いよいよ。「さあ」「どれ」という時。何か思いがけないことが発生した場に直面した時に覚悟を決めて言う。	「イザ、フタタビ。」（高速中国 ANA ／全日本空輸　2003 年）	
いじめる【苛める】	弱い立場の者を理不尽にしいたげること。転じて、あえて苦しめること。	「今日もパソコンにイジメられた。」（できるシリーズ／インプレス　2000 年）	
いじょう【以上】	①基準を上回るもの。より優れている。数が多い。消費者の想像や期待を超える商品であることをアピールするコピーに用いる。	「お、ねだん以上。ニトリ」（ニトリ CI　2003 年）「ヨーグルト以上。」（カスピ海ヨーグルト／フジッコ　2013 年）	
	②それより勝って。それをしのぐ。	「『話したい』これ以上の用件はありません。」（ケータイ家族物語／ NTT ドコモ　2002 年）	
いじょう【異常】	通常ではない。普通とは異なる。おかしい。奇妙だ。あってはならないこと。	「健康がブームになるなんて、異常だ。」（体内環境正常化／カゴメ　2000 年）	
いせい【異性】	自分とは異なる性や性質を持っていて、意識せざるを得ない対象。	「われわれの異性は女性です」（資生堂エムジー 5 ギャラック／資生堂　1971 年）	
いただく【頂く・戴く】	ありがたくもらう。恩恵にあずかる。「○○のおいしさ／めぐみを、いただきます」といった表現も。	「大きく口を、あけまして、いただきます！」（第一三共胃腸薬［細粒］／第一三共ヘルスケア　2013 年）	
いちにち【一日】	24 時間。生活時間の始めから終わり。その日限りの。短時間の。→ ひ【日】	「おぉ！なぜ一日は 24 時間だけなのですか。」（WOWOW　2000 年）	
いちばん【一番】	①番号が「1」である。最初の。	「カステラ一番、電話は二番、三時のおやつは文明堂」（文明堂　1957 年）	
	②他と比較して、抜きん出ている。誰にも負けない。最も優れている。	◆「ワタシの肌が一番、きれい。」（基礎化粧品）	
	③他と比較するまでもなく、誰かにとって最高の。何はともあれ、とびっきりの。非常に。ベスト。「いちばん」や「イチバン」の表記が好まれる。→ ベスト	「冴え一番。」（大倉酒造　1981 年）「目標は高く。志は高く。自分のいちばんに向かって。Aim High（エイムハイ）！」（河合塾　2005 年）「子どもが一番！のパパとママへ。」（『日経キッズプラス』／日経ホーム出版社　2005 年）	

いちぶ【一部】	全体に占める、ある部分。パート。限られた。何かの役割を担う。一部分。「○○は、△△の一部です」と謳うコピーで、その存在や重要性に気づかせる。	『『考えてみれば、人間も自然の一部なのだ。』』（キユーピーマヨネーズ／キユーピー　1971年） 「眼鏡は顔の一部です。」（東京メガネ　1981年）
いつかは【何時かは】	いずれ近い将来に。ゆくゆくは。現実味を帯びた夢や憧れを語る時に用いる。	◆「いつかはやりたい『お父さんは庭で芝刈り』を。」（住宅）
いっしゅん【一瞬】	①まばたきを1回するほどの非常に短い時間。小刻みの時間。細かい時間の連鎖。特に、カメラや腕時計などの広告に好まれ、それらが手元にあれば、わずかな時間やシャッターチャンスも逃さないことを訴える。	「一瞬のひらめき、逃さない。」（日本中央競馬会　2004年） 「鳥になった人間を、一瞬、美しくとらえた。」（EOS-1D Mark II／キヤノン　2004年） ◆「一瞬を、永遠にする。」（腕時計）
	②短時間で目の当たりにしたり体験できたりすること。刹那。 → しゅんかん	「一瞬も　一生も　美しく」（資生堂CI　2005年）
いっしょ【一緒】	①相伴って行動すること。手を取り合って。協力して。広告での表記は、ひらがなで「いっしょ」が好まれる。連れだって何かをすること。イベントに参加する。誘いをかける時には「いっしょに」「ごいっしょに」と呼び掛ける。	「一緒なら、きっと、うまく行くさ。」（セゾンカード／西武クレジット　1983年） 「こどもといっしょにどこいこう。」（ステップ ワゴン／本田技研工業　1996年） 「いっしょに未来へ行こう。」（住友林業　2011年）
	②人生や生活など、長時間手を携えて歩むこと。音が似ている「一生」と掛けて、生涯にわたってパートナーとなる相手を見つけようと訴えるコピーが多い。	「いっしょに　いっしょう　くらしたい。」（東急不動産、新日鉄都市開発ほか　2003年） 「いっしょう、いっしょの、さいしょに、」（『ゼクシィ』／リクルート　2010年）
	③ひとまとめ。別々ではない。複数のものが同時に使える。プランの一本化。	◆「いっしょだから、いつでもベンリ。」（銀行総合口座）
いっしょう【一生】	①誕生してから死ぬまでの間。長い人生を通して。ずっと。永遠に。コピーでは、その商品との生涯の関わりを、「一生の恥／損」のように、やや大げさに表現することもある。 → しょうがい	「読まぬは一生の恥。文春文庫、ブンブン。」（文春文庫／文藝春秋　2000年） 「一瞬も　一生も　美しく」（資生堂CI　2005年）

	②末永く。死ぬまで。この先の残りの人生を通して。広告では、商品と関わってから先の長い時間を誇張して示す。思い切って買わせたい高額商品やサービスの広告に効く。	「ハワイ一回、ミンク一生。」（京王百貨店　1984年） 「『一生のおつきあい』なんて古いですか。」（三菱銀行　1991年） 「ハタチは、一生モノ。」（京都きもの友禅　2007年）
いっしん【一新】	これまでのことを全面的に見直し、改めること。新しく直すこと。「維新」や「威信」と掛けることも。	「超一新」（高精細液晶 Photo Fine ／エプソン販売、セイコーエプソン　2004年）
いっせき【一石】	1個の石。世に問題点を問う時に「一石を投ずる」と言う。	「私の中に一石投じる。ちくま新書は満10歳！」（ちくま新書／筑摩書房 2004年）
いっちょくせん【一直線】	まっしぐら。迷いなく進む様子。一気に。将来なりたいものへの最短距離という意味も含む。	「力をためて、青春一直線。」（白鶴酒造　1981年）
いっぱい【一杯】	たくさんある。あふれている。大量。充満。お酒少々。飲料商品の広告で、コップやグラス「一杯」に掛けることもある。何かをする回数が多い。 →たくさん	「一冊まるごとモードなサプライズがいっぱい！」（月刊『シュプール』／集英社　2004年） ◆「健康いっぱい、まいあさ習慣。」（野菜ジュース）
いっぽ【一歩】	①ひとあし。着実な歩みの例え。	「春。明日へ、一歩。」（東急グループ 2005年）
	②時間がかかることを始める際の、最初のきっかけ。踏み出し。	「あなたの一言が、広告を育てる一歩になる。」（日本広告審査機構　2005年）
	③小さな進化。「一歩早い」や「一歩先」が成句。	「桜前線より一歩早く。」（長谷川工務店　1982年） ◆「一歩先ゆく技術です。」（電機メーカー）
いつも【何時も】	①常時。常に。どんな時も。いつでも。	「いつも心に 灰皿を。」（日本たばこ産業　1986年） 「いつも前向きで行けばいい」（エース保険　2001年） 「話題はいつも新聞から」（「春の新聞週間」キャッチコピー／日本新聞協会 2005年）
	②意識していなくても企業や商品が身近にいる存在であることを表す。変わらず。「いつもそばに／となりに」がよく使われる表現。	「いつも 暮らしの中に」（ライオン CI　1991年） 「人と空気のあいだに、いつも ダイキン」（ダイキン工業　2001年）

	③普段の。特別ではない。変わりばえしない。定番の。広告では「いつもの○○が、この商品で見違えるように」と訴えるケースが多い。	「特別な日、特別な装い、いつもの情熱。」（BMW 525i 503i ／ BMW ジャパン　2001 年） ◆「いつもの車内が語学教室に。」（リスニング教材）
いでん【遺伝】 **いでんし**	親から子へと生物の遺伝情報を伝えること。広告では、商品の特質、企業が脈々と守り育てている技術や理念、伝統を受け継ぐ意味で「○○の遺伝子を持つ」のように表現する。	「そのシートは、走りの遺伝子をもつ。特別仕様車、登場。」（MAZDA ATENZA ／マツダ　2005 年） 「まごころも、遺伝するのかな。」（キッコーマン　2014 年）
いどむ【挑む】	困難に挑戦する。特に車や腕時計など、男性が惹かれる高額商品の広告に使うと効果的である。「チャレンジする」よりも、大きな目標に向かって戦う姿勢を表現できる。	「挑むために、戦う。」（グランドセイコー／セイコーウオッチ　2012 年） ◆「挑むことが、チカラになる。」（企業グループ）
いのち【命】 生命体が持つ生きている証は広告では漢字で「命」と書く。比喩的に大切なもの、エネルギーを象徴する広告では「いのち」とひらがな書きにすることが多い。 life の訳として「生活」よりも「命」とする方が好まれる。	①生物。息づくもの。生物の持つ生命。奪われたり、失われたりする危険にさらされるもの。	「いろんな命が生きているんだな〜元気で。とりあえず元気で。みんな元気で。（トリスウイスキー／サントリー　1981 年） 「また命にかかわる誤りを犯した。（致命的なエラーが発生しました）」（できるシリーズ／インプレス　2000 年） 「もしもボルボじゃなかったら、命がいくつあっても足りなかった。」（VOLVO V40 Nordic ／ PAG 日本　2001 年） 「生まれたばかりのいのちがいちばん死に近い場所にいました。」（日本フォスター・プラン協会　2001 年） 「タイヤは、家族のいのちをのせている。」（ブリヂストン　2004 年）
	②侮れないもの、重要性の高いものの例え。死活問題。医療機関や製薬会社などがスローガンの中に「いのち」とひらがな書きにして掲げることが多い。	「情報がいのちなんだ。」（エプソン 1982 年） 「中外製薬は、世界のいのちとつながっている。」（中外製薬　2000 年） 「いのちと日立が、対話を始めている。」（日立製作所　2001 年）
	③生きる力。エネルギーの源。生活の中で重要なもの。生死に直接関係しないが、大きな目で見れば巡り巡って人の生命維持に寄与する、の意。	「やがて、いのちに変わるもの。」（ミツカングループ　CI　2004 年） 「おいしさ、そして、いのちへ。Eat Well, Live Well.」（味の素　CI　2010 年）

		④最も大切なもの。問題にされる点。本命。失われては困るもの。	「芸能人は歯が命」（アパガードＭ／サンギ　1995年）
	いのまま **【意のまま】**	意図した通りに。思ったように。「意のままに操る」が典型表現。	「４つのタイヤそれぞれを意のままに操ることができれば、カーブを征服できるでしょうか？」（ボッシュブレーキシステム　2001年） 「意のままに操る、誇り。」（レジェンド／本田技研工業　2004年）
	いぶき【息吹】	活気。生きている気配。息をする様子。	「私たちは、新しい時代の息吹を感じています。」（和光証券　1991年）
	いま【今】 **いまどき**	①この時点で。現在。広告では、「今でしょ」「今しかない」「今こそ」「今すぐ」「今なら」「○○するなら今だ」と言うことで、購入をためらい、後回しにしがちな消費者の背中を押す。	「今こそ、自分で、考える。」（文春新書／文藝春秋　2000年） ◆「今なら間に合う増税前。」（自動車販売）
		②この場で考えられる限り。「今、一番の○○」などの形で用いる。	◆「今、子どもへの最高のプレゼント。」（子ども向けスクール）
		③時分。何かをする頃合い。旬。「今時」と「ドキドキ」をかけて「今ドキ」とするコピーも。	◆「今どき、食べどき！」（果樹園）
		④ありのままの現在の姿や様子。目の前の様子。「今を○○する」が典型。	「今を心に刻む旅。」（日本航空　2000年）
	イマジン **【imagine】**	想像すること。豊かな発想を持つこと。	「イマ人を刺激する。」（TDK ビデオテープ／TDK　1984年）
	イメージ **【image】**	想像、頭の中に思い描くこと。印象。既成概念。考えの枠組み。「イメージする」と動詞化することが多い。	「家づくりは、イメージすることから始まる。」（三井ホーム　2001年）
	いや【否・嫌】	好きではないこと。拒否したいこと。気が向かない。断る。ごめんだ。	「イヤな世の中だねぇ。一年中、旬だとょ。」（紀文　1990年） 「労働は、イヤでおじゃる。」（のほほん茶／サントリー　1997年）
	いやし **【癒し・癒やし】** **いやす**	病やケガの治癒。転じて、精神的なストレスや肉体的な疲れをやわらげる商品やサービスの宣伝に用いられる。心の傷を緩和し、多くを語ることなく心の隙間を埋め、満たしてくれるもの。	「私は都心で癒される。」（パークホームズ目黒リバーハウス／三井不動産2004年）
	いよいよ	待ちに待った。とうとう。ついに。間違いなく。	◆「いよいよ公開、感動の涙がとまりません。」（映画）

いらない **【要らない】**	必要ではない。欲しくない。商品や技術が進化して、今まで必要だと思われていたものが必要ではなくなったことも表す。	◆「ビールがあれば、何もいらない。」（酒造会社）
いりぐち **【入口・入り口】**	建物や部屋に入るところ。転じて、物事のはじめ。初期段階。入門。	「この夏、夢の入口に立つ。」（和光証券　1991年）
いろ【色】	①赤、青、緑、黄色などの目に見える色彩。彩り。発色。商品のカラーバリエーションの多さを宣伝するコピーなどで用いる。	「木のたし算、色のたし算。」（丸井オリジナルインテリア ステラミア＆セリア／丸井　1978年） 「色、新世代。」（富士写真フイルム　1983年） 「ブルーは空からもらった。グリーンは大地からもらった。スポーツの色だ。ヨネックス。」（ヨネックス・カーニバル'83／ヨネックス　1983年） 「物言う、色。」（口紅／資生堂　1984年）
	②表に出てくる。表現される。雰囲気や気分の比喩表現。色気。	「春からは優しい色たち。」（東武百貨店　1978年） 「秋色まるかじり。」（紀文　1980年） 「思いやりって、どんな色ですか？」（ミサワホーム　1985年） 「その子の気持ちが、色になる。」（レゴ基本セット／レゴジャパン　2004年）
いろいろ【色々】	種類が多い。バリエーションが豊かだ。選択肢が多い。用途が広い。クレジットカードや銀行のローンなどのコピーに使われることも。 → いろんな	「うまい話。いろいろあります。」（パロマ　1978年） 「技はいろいろ、カードはひとつ。」（セゾンカード／クレディセゾン　2001年） 「いろいろあると、うれしくなっちゃう。」（シティバンク　2004年） 「今すぐトクしたり、ずっと安心できたり。いろいろ助かるローンなんだ。」（みずほ銀行　2005年）
いろどる **【彩る】** **いろどり**	色彩を加える。彩りをつける。目にうるわしい状態にする。比喩的に、体験やイベントをより華やかなものにする。面白みを加える。	◆「あなたの暮らしを彩る器たち。」（食器メーカー） ◆「彩りのある女。」（化粧品）
いろは【伊呂波】	いろは歌。特に最初の3文字を指す。転じて、物事のはじめ。基本。手順や習い事の初歩。ABC。	「いろはにほんのお歳暮。」（髙島屋　1990年）

見出し語	語義と広告での用法	コピー作品例
いろんな【色んな】	「いろいろな」が変化したもの。「いろーんな」と音を伸ばすことができる。→いろいろ	「いろんな命が生きているんだな〜元気で。とりあえず元気で。みんな元気で。」（トリスウイスキー／サントリー　1981年） 「小学一年生の書く土からは、スクスクいろんな芽が出てきそうだなあ。」（出光興産　2001年） 「一足百景。色んなシーンに、この一足。」（LD40II／ミズノ　2012年）
いわば	例えて言うならば。別の言葉で言うならば。	「いわば、法律。コーヒーにクリーミング。おいしいキマリです。」（ネッスル日本　1990年）
いわゆる【所謂】	世間で言うところの。抽象的なことや照れくさいことを切り出す時の枕詞。	「いわゆる、キミの味方になれそうだ。」（セゾンカード／西武クレジット　1983年）
インテリゲンチア【intelligentsiya ロシア語】インテリ	物事をよく知っている知識層を指す。高学歴の別称。	◆「祖父は、インテリゲンチアと呼ばれていたらしい。」（文学全集）

- ひらがな「う」は「宇」の草体、カタカナ「ウ」は「宇」の冠より。ローマ字表記は「u」。
- 唇をすぼめて舌を下げ、口の中の空洞の奥から出す基本母音の1つ。耳にした時、優しさや柔らかさとともに落ち着きをイメージさせる効果がある。
- 五十音図のア行3文字目。

見出し語	語義と広告での用法	コピー作品例
うーん	伸びをしたり、解放感に浸っている時に発する音。	「う〜ん、マンダム。」（マンダム／丹頂　1970年）
うえ【上】	より上質な。より高級な。これまでの常識や基準を超える。上をゆく。	「ひとつ上が、見えてくる。」（河合塾　2009年）
うえる【飢える】	食べる物がなくて、ひもじい思いをする。転じて、貪欲になる。もっと欲する。ハングリー。精神的な渇望。	「飢えた好奇心に。」（FMV DESKPOWER BIBLO／富士通　2000年）
うけうり【受け売り】	他からの情報をあたかも自分の知識や論かのように述べること。	「私の意見は、朝日新聞のウケウリです。」（朝日新聞社　1991年）
うごきだす【動き出す】	①始動すること。身軽になって行動を起こし始めること。	「私が、動きだす。」（トラベルシリーズ／シャネル　2001年）

032

	②これまで静かにしていたものが始動する。新たなキャンペーンを行う際、「○○が、動き出す」などと表現する。	「ドリーム、動きだす。」（日本航空　2001 年）
うごく 【動く】 **うごかす**	①物体や人がじっとしておらず、揺れや移動が生じるさま。広告では、商品が常に活用されている、の意。	「トンボが動いている。 人が、何かを生み出している。」（トンボ鉛筆　2006 年）
	②変化する。変革する。「未来を動かす」（未来のことに変化を起こす、の意）も広告で好まれる。	「未来を、動かそう。」（石川島播磨重工業、新潟トランシス　2002 年）
	③運営される。稼働する。	「ビジネスは、情報で動く。」（日経テレコン 21 ／日本経済新聞社　2005 年）
うしなう【失う】	手中にあったものが消えてしまったり、見当たらなくなったりすること。 → なくす	「今日、高橋を失った。」（手帳の高橋／高橋書店　2004 年）
うすい 【薄い・淡い】 **うすさ**	厚さがない。かさばらない。デザインがすっきりしている。軽い。控えめ。色が濃くない。	「噂以上に、薄かった。」（「ニューコニカ」レコーダー／小西六写真工業　1984 年） 「世界仰天のうすさ」（画王／松下電器産業　1993 年）
うそ【嘘】	偽り。空言。真実ではないこと。実体が伴わないこと。幻。	「メルセデスの嘘。」（メルセデス・ベンツ日本　1991 年）
うち【内】	①以内。決められた範囲内。限度に収まる。物事のあいだ。「○○のうちに△△しよう」というコピーが多い。	「忘れないうちにファイルしようファイルしたら忘れよう」（福井商事〈現・ライオン事務器〉　1966 年） 「今年の汚れは　今年のうちに。」（花王　1978 年） 「会社は、若いうちにやめよう。」（CTC 伊藤忠テクノサイエンス〈現・伊藤忠テクノソリューションズ〉　2000 年）
	②家。いえ。我が家。お宅。よそではない。 → いえ	「うちの息子は厳父と岳父の違いも知らない、愚息だ。」（福井商事〈現・ライオン事務器〉　1975 年） 「近頃、娘の帰りが遅いので、門限は 8 時だぞ、と注意したら、うち、門なんてないじゃない、と言うのですよ。」（『週刊住宅情報』／リクルート　1985 年）

うつくしい 【美しい】 うつくしさ	①姿形の整ったさま。見目うるわしい。きれいな。景色の良い。見ほれる。 → きれい	「美しい景観と眺望は、この街の誇りです。」（積水ハウス　1981 年） 「どの国の骨が、いちばん美しいか」 （全国牛乳普及協会　1996 年） 「美しき都会の称号。」（グランスイートシリーズ／丸紅　2004 年）
	②女性のきれいな様子。美人。容姿端麗。きれい。化粧品やアパレルの広告で好まれる。 → び	「美しい人はより美しく、そうでない方は それなりに、うつります。」 （フジカラー／富士写真フイルム　1980 年） 「美しさへ、喝采。」（オッペン化粧品　1984 年） 「素肌は美しい知性です。」（イオナインターナショナル　1990 年） 「美しい 50 歳がふえると、日本は変わると思う。」（アクテアハート／資生堂　1997 年） 「一瞬も　一生も　美しく」（資生堂 CI　2005 年） 「その美しさ、前向き。」（INTEGRATE GRACY／資生堂　2014 年）
	③技術の高さに裏打ちされた美。デザインの良い。フォルムが洗練されている。立派な。機器類、住宅などのデザインの良さをアピールする。	「美しい電子部品を究めます。」（アルプス電気　1998 年） 「本物は、美しい。」（大成建設　2001 年） 「美しさをウリにしてます。」（ビューライト／日本電気　2001 年） 「美しいボディに宿る、アスリートの魂。」（アルファロメオ　Alfa 147 TI ほか／フィアットオートジャパン　2004 年）
	④映像や写真などの質や見栄えが良い。テレビやディスプレイ、写真の鮮明なさまを表現する。	「鳥になった人間を、一瞬、美しくとらえた。」（EOS-1D Mark II／キヤノン　2004 年）
	⑤心清らかな。生き方が凛としている。生き方や姿勢、未来などを形容する。	「娘よ、母より美しくなれ。」（東陶機器　1991 年） 「美しい生き方を重ねられる車に、お乗りですか。」（E-Class／ダイムラー・クライスラー日本　2002 年） 「母は、娘の美しい未来であってほしい。」（TIFFANY & Co.　2003 年）
	⑥うるわしい。見事な。望ましい。自国や郷里を素晴らしいと思うこと。	「美しき国、麗しき習い。」（髙島屋のお歳暮／髙島屋　2004 年）

	⑦清潔な。	「見せたいぐらい美しい。私のおしりです。」（ウォシュレット／東陶機器 1989年）
うっとり	甘美な音楽や味、香り、美しさなど、魅惑的なものに陶酔するさま。恍惚感で目の焦点が定まらず、上気する。	「今日、何回、うっとりしましたか。」（ビューティマガジン『マキア』／集英社 2004年） 「桜にうっとりしたあとは、紫陽花にしっとりする旅へ。」（超割／全日本空輸　2005年）
うつわ【器】	入れ物。容器。転じて、物事の尺度。人の度量。何かをする能力や技量。	「時代が新しい"器"を創る。」（岩波現代文庫／岩波書店　2000年）
うで【腕】	①人間の肩口から手首までの身体部分。	「冴えた腕・キラリ・うす型。」（シチズン時計　1978年） 「腕に、目ざまし。」（カシオ計算機 1984年）
	②腕力や技量。職人や医師の技術。スキル。また、張り切る時に力が入る場所の例え。「腕まくり」「腕を振るう」で何かの作業に張り切るさま。「腕が鳴る」でうずうずするさま。	「すいません —— 学生時代にウデを上げました。」（日本酒造組合中央会 1967年） ◆「ウデが鳴るほどの資格が取れます。」（通信教育講座）
うばう【奪う】	他人のものを無理やりに取り去る。転じて、心や関心、視線などを釘づけにする、の意。	「こころ奪う、ドライビングへ。」（新型 C-Class ／ダイムラー・クライスラー日本　2004年）
うまい 【旨い・美味い・上手い】 **うまさ**	①味が良い。おいしい。飲食物のおいしさを直情的に表現した言葉。「おいしい」と言うよりも「うまい」と言った方が男性的に聞こえるため、ビールやタバコといった男性をターゲットにした嗜好品のコピーに適する。「美し」と書いて、「うまし」と読ませる手法もある。	「うまい、やすい、はやい。」（吉野家　1994年） 『『うまさを解き明かせ』Philip Morris Products S.A. 2005』（フィリップ モリス ジャパン　2004年） 「うまし うるわし 奈良」（東海旅客鉄道　2006年） 「ビールと間違えるほどのうまさ。」（麦とホップ／サッポロビール　2008年）
	②都合が良い。達者だ。上手だ。熟練している。「上手く」とも書く。「この〇〇なら、うまくいく」の表現も用いる。	「うまい話。いろいろあります。」（パロマ　1978年） 「一緒なら、きっと、うまく行くさ。」（セゾンカード／西武クレジット 1983年）
うまれかわる 【生まれ変わる】	よみがえる。新しくなる。一新される。入れ替わる。新陳代謝をする。リフレッシュする。「毎日生まれ変わる」の表現が好まれる。 → うまれる④	「骨は、生まれ変わる。」（雪印乳業 2001年） ◆「人は毎日、生まれ変われます。」（百貨店）

あ			
か	**うまれる** 【生まれる】	①人が誕生する。出現する。登場する。 → うむ　→ たんじょう	「ようこそ、キミは音楽のある星に生まれたんだよ。」（ハイポジションUX／ソニー　1989年） 「人は男に生まれない。男になるのだ。」（人生充実路線ロングラン／日本生命保険　1990年） 「生まれたばかりのいのちがいちばん死に近い場所にいました。」（日本フォスター・プラン協会　2001年） 「運勢は、生まれた日より、選んだ服で変わると思う。」（ルミネ　2010年）
さ		②育成される。一人前になる。輩出する。	「湾岸スキーヤー、生まれる。」（ザウス／三井不動産　1993年） 「生まれてくる音楽の芽を摘まないで！」（日本レコード協会　2005年）
た		③商品を世に送り出す。創作される。創造される。「ドラマが生まれる」が典型表現。	「ドラマうまれる。」（オデッセイ／本田技研工業　2000年） 「ドラマはどこからでも生まれます。」（大和ハウス工業　2001年）
な		④商品が開発される。市場に登場する。「Aという発想からBが生まれた。」と表現することが多い。 → うまれかわる	◆「地球に愛されたい、という発想から生まれたエンジン。」（自動車） ◆「こだわりぬいて、この味が生まれた。」（コーヒー）
は	**うみ**【海】	海洋。大洋。転じて、多くのものが集まっているさま。一面に広がるさま。おぼれてしまいたいほど大量の。	「海のごちそう　どっさり、ありがとう。」（近畿日本鉄道　1979年） 「出掛けてみよう古書の海へ」（毎日ムック『神田神保町古本屋散歩』／毎日新聞社　2004年）
ま			
や	**うみだす** 【生み出す・産み出す】	生命を生んで世の中に出す。創造する。商品を開発・発売したり、商品から生じたりするものを比喩的に表す。また、人材を輩出すること。	「私たちの製品は、公害と、騒音と、廃棄物を生みだしています。」（ボルボジャパン　1990年） 「思想が、生み出すもの。メルセデス・ベンツ」（ダイムラー・クライスラー日本　2001年） 「トンボが動いている。人が、何かを生み出している。」（トンボ鉛筆　2006年） 「未来を生みだす人になる。」（立命館大学　CI　2007年） 「技術が生みだす魔法。」（新型S-Class／メルセデス・ベンツ日本　2013年）
ら			
わ			

うむ 【生む・産む】	生命を誕生させる。発生させる。増殖させる。利益を出す。 → うまれる①	「ハートが生む仕事。ハートを生む仕事。」（大和ハウスグループ　2005年）
うら【裏】	①オモテに隠されている部分。隠れた箇所。	「比べるなら、裏まで。」（岩田屋2001年）
	②ある番組と同時に他局で放送されている番組を「裏番組」と言い、テレビの広告の言葉遊びに多用された。	「ソニーが、番組のウラとオモテをなくしました。」（トリニトロンカセットカラー／ソニー　1974年） 「裏をみよ。」（二画面テレビ／松下電器産業　1979年）
	③表面には出てこない意図。心。その人の思惑。知られざる内容。	◆「この安さには、裏がある。」（スーパー）
うらぎる 【裏切る】	期待に背く。相手の信頼を踏みにじり、無にする。意外な面を見せる。覆す。「鮮やかに／見事に裏切る」が典型表現。	◆「ダイエット用はおいしくない、というあなたの常識を軽やかに裏切ります。」（健康食品）
うらやましい 【羨ましい】	①他の人が持っているものや置かれている状況に対し、「いいなあ」と思い、少々ねたましく思うこと。	「うらやましいぞ!! Jリーグ」（豊島園　1993年） 「私、誰の人生もうらやましくないわ。」（SINGLE STAGE／松下電器産業2000年）
	②自分もそうありたいと思うこと。	「護身術がある人は、どこでもノビノビ。うらやましいですね。」（シティバンク　2005年）
うり【売り】	セールスポイント。売る際に最も強調したい特長。	「美しさをウリにしてます。」（ビューライト／日本電気　2001年）
うりきれる 【売り切れる】	用意した品が完売すること。消費者の購入を急がせる効果がある。	「売り切れちゃったら、ごめんなさい。」（グリーンジャンボ宝くじ／全国自治宝くじ事務協議会　2001年）
うるおい 【潤い】 うるおう うるおす	①乾いたものに水分補給し、水気を増やすこと。飲料や酒類の広告では、喉の乾きを癒やすこと。基礎化粧品やコンタクトレンズなどのコピーでは、専らひらがなを用い、水分を含み、しっとりしたさまを表現する。	「くつろぎ、うるおい、かがやく。Kizakura」（黄桜　CI　2001年） ◆「ノドを潤すだけのビールはいらない。」（ビール） ◆「ひとみうるおう、やさしいレンズ。」（コンタクトレンズ）
	②生活が精神的に充足している様子。豊かで満足しているさま。金銭が潤沢にある様子も描写する。	◆「心も潤う、いこいの住まい。」（住宅）

あ
か
さ
た
な
は
ま
や
ら
わ

あ			

あ か さ た な は ま や ら わ

うるさい 【煩い・五月蝿い】	音が大きく、耳障りだ。転じて、見る目が厳しい。こだわりが強く、あれこれ注文を付けること。	「あのヒトは、うるさい人だ。」（岩田屋　1997年）
うるわしい 【麗しい】	美しく、立派で見事である。品格があり、壮麗なさま。文語的でシニア層をターゲットにした広告などに効く。	「美しき国、麗しき習い。」（髙島屋のお歳暮／髙島屋　2004年） 「うまし うるわし 奈良」（東海旅客鉄道　2006年）
うれしい 【嬉しい】	①喜ばしい。心躍る。良い結果が出て充実感を得たり、晴れがましい気持ちになったりすること。愉快で楽しい。	「今日は別人みたいなんて　失礼しちゃうわ　嬉しいわ」（ルミネ　2009年）
	②消費者が便利である、おいしい、商品のバリエーションが豊かなどと思うことで、満足感を得る様子を描写する。お客さんが喜ぶ。「うれしい」を「うれしさ」に代わる名詞として使うことがある。	「うれしいね、サッちゃん。」（西武百貨店　1984年） 「もっとうれしい空へ。」（50周年記念／日本航空　2001年） 「うれしいを、つぎつぎと。」（キリンビール　CI　2003年）
うわさ【噂】	人に関する根も葉もないことを言いふらすこと。風説。商品についての評判。口コミ内容。 → わだい	「噂以上に、薄かった。」（「ニューコニカ」レコーダー／小西六写真工業　1984年） 「おいしい噂は、千里を走る。」（モスフードサービス　1987年）
うん	物事を肯定する際に発する言葉。商品の価値や効能に納得している様子。	◆「うん、これなら続けられる。」（健康食品）
うん【運】	吉凶の巡り合わせ。生まれ持った幸不幸。たまたま出くわす展開。努力してもどうしようもないもの。	「最近、運がついてきてる気がしたら」（ロト6／全国自治宝くじ事務協議会　2011年）
うんせい【運勢】	運の巡り。占いなどで出るその人の運命。	「運勢は、生まれた日より、選んだ服で変わると思う。」（ルミネ　2010年）
うんどう【運動】	身体を動かすこと。スポーツ。また、何かを達成するために活動すること。 → スポーツ	「メリノウールを着る運動。」（メリノウール／国際羊毛事務局　1989年）
うんめい【運命】	自分の身の上にやってくる運勢。天の導き。与えられた天命。偶然の出会いや取り合わせ。奇跡の巡り合わせ。	「運命的な出会いをしてみせる。」（オーエムエムジー　2000年）

- ひらがな「え」は「衣」の草体、カタカナ「エ」は「江」の旁（つくり）より。ローマ字表記は「e」。
- 明るい［a］音と鋭い［i］音の中間的な母音で、舌を平たくした状態で口の中ほどから音を出す基本母音の1つ。耳にした時、強さとともに優しさや静けさを併せ持ったバランスの良さを演出する効果がある。
- 五十音図のア行4文字目。カタカナの「エ」は、漢字の「工」と読み違えられない配置やデザインなどの工夫が要る。

見出し語	語義と広告での用法	コピー作品例
え【絵】	風景や静物、人物などの構図を考え、紙やキャンバスなどに描き写したもの。線や色などを使って抽象的な概念を表現する場合もある。絵画。絵柄。転じて、映像や写真など。「絵になる」で理想的なデザインや配置の意。	「絵にもかけない面白さ」（角川書店〈現・KADOKAWA〉 1981年） 『絵になる家』が主流。」（積水ハウス 1986年） 「いい音といい絵は、音楽ファンの幸せです。」（ソニー・ミュージックエンタテインメント 2000年）
えいえん【永遠】	終わりがない永続的なもの。末永いこと。ずっと。果てしないロマンや輝きをイメージさせ、宝石や腕時計などの商品の高級感を印象づける効果がある。	◆「永遠を刻む。」（腕時計） ◆「永遠という名の愛。」（宝石）
えいが【映画】	約2時間かけて上映する映像物語。そこから、広告では商品やサービスを利用して得られる、快適で優雅なワンシーンの比喩として用いる。	「映画一本の時間で、映画のような世界へ。」（2015年春 北陸新幹線 富山へ／富山県 2014年）
えいよう【栄養】	成長するための養分。活動するためのエネルギー源。	「旅という、栄養。」（全日空商事 1983年）
えがお【笑顔】 顧客の満足や安心、幸福を象徴的に表現する語。企業側も、「笑顔」の語が入ったコピー案を積極的に採用する傾向が強いため、商品やサービスの個性を発揮するためにはプラスアルファの要素が必要となってくる。	①目を細め、口角を左右に上げた表情。笑い顔。幸せな表情。写真を撮る時のいい顔。 →いいかお →スマイル →わらう	「その瞬間、その笑顔へ。」（PowerShot S1 IS／キヤノン 2004年） 「バラと笑顔が咲く場所。」（ガーデニング霊園／いせや 2005年）
	②納得。満足顔。満たされた気持ち。ほくそ笑むこと。おいしい味やサービスに満足した表情。満悦した心情を示唆的に表す。食品・飲料系のコピーに多い。実際に笑顔を外に見せていなくても構わない。	「笑顔になろう。笑顔にしよう。」（日本マクドナルド 2004年） 「Smiles for All. すべては、笑顔のために。」（東洋水産 CI 2009年） 「いい味、いい笑顔」（コーミ CI 2010年） 「みんなに笑顔を届けたい。」（江崎グリコ CI 2010年） 「milky smile みんなを笑顔に！」（ミルキー／不二家 2014年）

	③快適な乗り心地や住環境に満足した表情。不安なく身を任せられる様子。「笑顔な〇〇」と形容詞化することもある。	「笑顔をはこぶのも、得意です。」（ゴルフワゴン／フォルクスワーゲン グループ ジャパン　2000年） 「多くのお客さまの笑顔。それが一番の実績です。」（ビジネスセレクトローン／三井住友銀行　2004年）
	④苦しい状態からの脱却。涙が乾くことの象徴的表現。	◆「あなたも誰かを笑顔にできる。」（募金活動）
	⑤商品の質の高さ、企業のサービスが円滑に行われているさまを擬人法で表現する。	「ハーモニーを奏でると、電気も笑顔になれる。」（東京電力　2000年）
えがく【描く】	描写する。絵を制作する。転じて、イメージを持つ。想像したものを具現化する。思い描く。「未来／夢を描く」に基づいたコピーが多い。	◆「描いた未来へ、踏みだそう。」（大学） ◆「でっかく描こう、マイホームの夢。」（住宅）
エキスパート【expert】	あるものに熟練した人。専門技術者。時代に即した実用性が高い人材。	「21世紀のエキスパートは、最先端の環境から生まれます。」（東京工科大学　2000年）
えくぼ【笑窪】	笑い顔になった時、頬にできる小さなくぼみのこと。若い女性の愛らしさや赤ちゃんの愛くるしさを表現する際に用いる。 → えがお	「100万＄のエクボ」（エクボ洗顔フォーム／資生堂　1979年） 「赤ちゃんは、地球の笑いえくぼ。」（キユーピーベビーフード／キユーピー　2001年）
エゴイスト【egoist】エゴイズム	自己中心的に物事を考える人。利己主義者。わがまま。ネガティブな意味ではなく「商品の品質やデザインにうるさい人」「こだわり抜く姿勢」といったポジティブな意味で用いる。 → わがまま	「エゴイストの資格　わがままな大人たちを充たすために。」（アヴァンシア V6 FF 4WD ／本田技研工業　2000年） 「二人のエゴイズム」（focus ／フォード・ジャパン・リミテッド　2001年）
エコロジー【ecology】エコ	もともとは生態学のこと。最近では、専ら環境を保護する活動や生活姿勢のことを指す。省エネルギー。「エコ」と略されることが多いが、「エコロジー」とあえて長く表記して、その永続性や意義の重さを示唆するコピーもある。「エコする」と動詞化させて使うことも。 → かんきょう	「ふつうにエコ。エコロジークラスでいきましょう。シャープ。」（ソーラー街路灯／シャープ　2004年） 「日立はエコにたし算」（日立アプライアンス　2010年）

見出し	意味	用例
エネルギー 【energy】	熱や光の源になるもの。資源。電力やガス、石油系の広告で多用される。活気や精神的なパワー。みなぎる力。 →ねつりょう	「エネルギー・フロンティア」（東京ガス　CI　2001年） 「エネルギーを、ステキに。ENEOS」（新日本石油〈現・JXエネルギー〉　CI　2008年）
エピソード 【episode】	ちょっとした話。逸話。秘話。世間に広まっていない小話。背景。なれそめ。	◆「誕生エピソードに、あなたは驚きます。」（介護用品）
えらい【偉い】	努力をして褒めるに値する。才能に優れていて、尊敬の対象になる。よくできた、と労をねぎらうこと。	◆「あきらめない、が一番エライ。」（通信教育講座）
えらぶ 【選ぶ】	①市場に並ぶ多くの商品の中から、消費者が自社製品を選択すること。「選ばれ続けて〇年」で、企業が長年築いた信頼を表現する。	「人気で選ぶのも、ひとつの見識です。」（ミサワホーム　1986年） 「選ぶ理由が、鮮明になった。」（POWER PROJECTOR SX50／キヤノン　2004年）
	②良いものとして選別する。「Aが選んだB」の表現も好まれる。	「世界が選んだ進化。」（FORESTER／富士重工業　2005年）
えんじゅく 【円熟】	時間をかけて技芸などが味わいを増し、熟達していくさま。人生経験を積み、人格が出来上がっていること。成熟。転じて、時間をかけて醸された味。住宅や金融商品、味わいを楽しむ高級酒類やプレミアム系食品などの広告に使われる。	「円熟の住まい。」（旭化成　1982年） 「円熟の条件。」（日本長期信用銀行　1987年） ◆「円熟の極みに達した味わい。」（食品メーカー）
えんしゅつ 【演出】	その場の雰囲気を盛り上げるために凝らす工夫や配慮。	◆「最高の幸せを演出します。」（結婚式場）
エンジン 【engine】	発動機。転じて、人や物を前へ動かすもの。	「元気がエンジン。」（ALSOK　1992年）

- ひらがな「お」は「於」の草体、カタカナ「オ」も「於」の草体の偏より。ローマ字表記は「o」。
- 明るい[a]音と優しい[u]音の中間的な母音で、唇を軽く丸め、舌を後ろに引き上げた状態で出す基本母音の1つ。耳にした時、大らかで強く、感情豊かなイメージを生み、大きいものや広いもの、重みのあるものを連想させる効果がある。
- 五十音図のア行5文字目。ネーミングやコピーの中で数字の「0」やローマ字の「O」と読み間違えられないように工夫するとよい。

	見出し語	語義と広告での用法	コピー作品例
あ	**おい**	誰かに呼びかける時に用いる言葉。主に男性が「そこの〇〇」「いいか〇〇しろよ」といった表現と併せて用い、対象に呼びかける。 → おーい	「おいトマト、赤くなったらジュースだぞ。」（キリントマトジュース／キリンビール　1976年）
か	**おいしい** 【美味しい】 もともとは「美しい」を意味する「いしい」に接頭語「お」が付いてできた語。漢字よりも、ひらがなで「おいしい」と表記するのが主流。文語的に「美味（びみ）なる〇〇」と表現することもある。	①味が良い。料理や飲食物の味付けが整っている。美味。うまい。 → あじわい　→ うまい①　→ びみ	「じぶん好みで、おいしくね。」（カルピス／カルピス食品工業　1982年） 「おいしい噂は、千里を走る。」（モスフードサービス　1987年） 「日本海が、おいしいカイとたずねたら　太平洋が、おいしいヨウとこたえました。」（味の素　1993年）
さ		②消費者が支持する飲食物が安全で、口にするものへの充足感がある状態。味も楽しめるさま。食品会社の目指すものであることから、「笑顔」や「楽しさ」の語とともに企業スローガンに使われることが多い。	「おいしくてつよくなる」（栄養菓子グリコ／江崎グリコ　1922年） 「おいしく、たのしく、すこやかに」（森永製菓　CI　1971年） 「おいしい顔。」（雪印乳業　1980年） 「おいしいね、安心だね、キッコーマンだからね。」（キッコーマンしょうゆ／キッコーマン　2003年） 「自然を、おいしく、楽しく。」（カゴメ　CI　2003年） 「おいしい記憶をつくりたい。」（キッコーマン　CI　2005年） 「おいしい、の　その先へ。」（日清食品　CI　2006年） 「明日をもっとおいしく」（明治ホールディングス　CI　2009年） 「乾杯をもっとおいしく。」（サッポロビール　CI　2010年）
た			
な			
は			
ま			
や			
ら		③健康で、食欲旺盛なさま。消化の良い状態。	「『人生、おいしく。』の方程式。」（三共胃腸薬／三共　2002年）
わ		④比喩的に、良い思いをする。小さな贅沢や優越感を味わって得する様子。	「おいしい生活。」（西武百貨店　1982年）

おいしさ【美味しさ】

形容詞「おいしい」よりも、名詞「おいしさ」とする方が、ブランドの持つ味が消費者に広く知られ、定番化している様子を表現する効果がある。

①おいしいこと。味が良いさま。食事を楽しむ場面。専らひらがなで「おいしさ」と表記する。
→ あじわい　→ うまい①　→ びみ

「スコットランドの伝統のおいしさ」（チェルシー／明治製菓　1971年）
「魚のおいしさが つまってる。」（猫の王国フィッシュ in ／ AIXIA　2011年）

②「おいしい②」の名詞形。食品・飲料系企業のスローガンに多く使われる。

「おいしさと健康」（江崎グリコ　CI　1971年）
「おいしさを笑顔に」（キリンビバレッジ　CI　2007年）
「価値ある、おいしさ。」（チョーヤ梅酒　CI　2009年）
「おいしさ、そして、いのちへ。Eat Well, Live Well.」（味の素　CI　2010年）
「おいしさ、キラリ☆」（明星食品　CI　2010年）
「おいしさ、思いやり、いつもいっしょに。」（ブルボン　CI　2011年）

おうえん【応援】

①サポートしたり、声援を送ったりして、対象を勇気づけたり、元気づけたりすること。支え。協賛。応援歌や応援団の形でコピーに登場する。

「あなたの応援家。」（ハイブリッドプライベートフリー／ミサワホーム　2005年）

②手助け。支援。（金銭的）援助。銀行の融資や住宅ローンの比喩表現としても使われる。「あなたの〇〇を応援します」の形をよく用いる。
→ ささえる

「社長さんの夢、応援します。」（ビジネスセレクトローン／三井住友銀行　2004年）
「ずっと応援してくれる。夜だって、休日だって、人生だって。」（みずほ銀行　2005年）

おうこく【王国】

王の治める国。我が物顔に振る舞える場所。あるものが繁栄している場所。快適に過ごせる場所。

「キミがやってきた日から、猫の王国になりました。」（猫の王国フィッシュ in ／ AIXIA　2012年）

おうさま【王様】

王に敬意を払って言う語。王様気分。広告では、あるジャンルにおいてのナンバーワン商品、右に出るものがない（高額な）商品のことを「〇〇の王様」と呼ぶ。

「メリノはケケケの王様です。」（ウールドレスシャツ／国際羊毛事務局　1989年）
◆「ミルクチョコレートの王様。」（製菓会社）

おうどう【王道】

楽な方法。近道。転じて、決め手。決め技。鉄板。最も主要で確実な手段。

◆「英会話に王道あり。」（英会話教材）

オー【oh】

興奮したり、感心したりした際に発する感動詞。言葉にならない感動を象徴的に表現する。「OH!」とも表記。

「Oh! モウレツ」（丸善ガソリン100ダッシュ／丸善石油　1969年）
◆「全てのページに『おー！』がある。」（週刊誌）

おお	驚きや嘆きを表す時に発する感動詞。 → ああ　→ おっ	「おぉ！なぜ一日は 24 時間だけな のですか。」（WOWOW　2000 年）
おーい	大きな声で呼びかける時に言う感動 詞。相手の注意を引く時にも用いる。 → おい	「おーい人間。何をみているの。」 （アイラブメガネ／ドクターアイズ 2004 年）
おおいなる 【大いなる】	大きく、意味のある。価値の高い。存 在感のある。文語的なコピーに好まれ る。	◆「大いなる資産、家族に残した い。」（銀行）
おおきい 【大きい】 手足を広げた人間の 形から出来た漢字。 大らかでゆとりのあ るさまを表す。 解字で「一」と 「人」に字を分解で きるので、「一人で も大きい」のような コピーを作れる。	①他のものと比べてサイズアップし た。大規模な。容積や容量がある。 「小さくても、大きく○○」のように、 しばしば「小」と対になって登場する ことも。	「おぉきぃ なぁ ワッ」（スカイホリ デー沖縄／全日本空輸　1977 年） 「小さく見えて、大きく乗れる。」 （新型デミオ／マツダ　2000 年）
	②動作が大ぶりな。大きく。	「大きく口を、あけまして、いただ きます！」（第一三共胃腸薬［細粒］／ 第一三共ヘルスケア　2013 年）
	③壮大な。規模がある。「夢／希望／ 喜び」などを形容する。「大袈裟な」 の意にも。 → でっかい	「狙いは、大きく。」（日本興業銀行 1990 年） 「大きな歓びを奏でます。」（New セ フィーロ／日産自動車　2001 年） 「大きな夢ほど、VIP 一枚で。」（オ リックス VIP ローンカード／オリック ス・クレジット　2005 年） 「夢が咲いた。56 年ぶりの大きな夢 が。」（2020 東京招致決定／大和ハウス 工業　2013 年）
	④よりしっかりとした。「大きな＋安 心／快適」の形で、住宅の頑丈さやセ キュリティーの厳しさなどを謳う広告 に登場する。	◆「小さなサイズに大きな安心。」 （軽自動車）
	⑤成長する。成熟する。資産が増え る。「○○は、大きくなる」「大きく育 てよう、○○」の形で、その人の成長 の手伝いをする商品があることを訴え る。	「ソ、ソ、ソクラテスかプラトンか みんな悩んで大きくなった」（サン トリーウイスキーゴールド 900 ／サント リー　1976 年） 「大きくなって、戻ってらっしゃ い。」（日本債券信用銀行　1987 年）
オープン【open】	始める。開始。開封する。公開する。	「Open! Meiji」（明治製菓　CI　2002 年）
オーラ【aura】	人や物が発する独特の空気。特別な雰 囲気。	◆「オーラのある女。」（化粧品）

オール【all】	すべて。全部。「○○ for all」の表現が好まれ、「すべての人（消費者）に」という意味で企業スローガンなどに使われる。	「Smiles for All. すべては、笑顔のために。」（東洋水産　CI　2009 年） 「Made for All」（ユニクロ　CI　2010 年）
おかあさん【お母さん】	子どもから見た母親。子どもがいそうな女性や、年配の女性に話しかける際にも用いる呼称。広告では、子どもの教育や家族の健康を気遣う世話好きな存在として描かれることが多い。 → おふくろ　→ はは　→ ママ	「おかあさ〜ん」（信州みそ「おかあさん」／ハナマルキ味噌　1968 年） 「お母さんの知恵になりたい。」（カゴメ　1985 年） 「日本のお母さんは、きっといつか、倒れると思う。」（ヘーベルハウス DEWKS II ／旭化成ホームズ　1991 年） 「お母さんだって、誰かに相談したい。」（家庭教師のトライ　2000 年） 「お母さんの水の不安、解消します。」（浄水器「C1」／日本ガイシ　2003 年） 「すべてを、『おかあさんの気持ち』で」（不二家　2007 年）
おかいどく【お買い得】	品質に対して価格が安く、消費者が買って得をするもの。 → とく	「艶やかに、軽やかに、シックな春がお買得。」（小田急百貨店　1991 年）
おかげ【お陰】	人から受けた恩恵。良い影響。支え。それらに対する感謝の気持ち。おかげさま。	「私は、あなたの、おかげです。」（岩田屋　1985 年） 「モテるオヤジに支えられ、おかげさまで 3 周年。」（月刊『LEON』／主婦と生活社　2004 年）
おかわり【お代わり】	出されたものを飲食し、重ねて同じものを欲すること。	◆「エコロジー、おかわり。」（節電プロジェクト）
おきる【起きる】	眠った状態から目を覚ます。身を起こす。忘れていたものを呼び覚ます。	「おきろ、夢。」（ジョージア／日本コカ・コーラ　2013 年）
おく【置く】	物をその場所に据えること。動かさずに残すこと。遺物とする。	「20 世紀に、置いてゆくもの。21 世紀に、持ってゆくもの。」（アクオス／シャープ　2000 年）
おくさま【奥さま】おくさん	既婚女性に対し、家庭生活を中心に振る舞っている場面に使う呼びかけ。「奥さん」にすると、より親しみを込めた呼び方になる。	「奥様おもいの実力派。」（パロマ　1988 年）

おくりもの **【贈り物】**	相手に贈る品物。プレゼント。ギフト。恵み。心を込めて誰かに渡すもの。「自分へのご褒美」を、「自分への贈り物」と表現することも。 → あいさつ	「贈りものは会話。」（松屋銀座店 1980年） 「年賀状は、贈り物だと思う。」（年賀はがき／郵便事業 2007年）	
おくる【贈る】	物や気持ちを贈呈する。進呈する。プレゼントする。心を込めて渡す。寄付する。	「『生涯の友』を贈ります。」（講談社 1986年） 「贈る言葉はぬくもり。」（白鶴酒造 1988年） 「毎月贈る支援が、子どもたちの命の糧になる。」（日本ユニセフ協会 2005年）	
おじいちゃん **【お爺ちゃん】**	親しみを込めて祖父や男性の高齢者を呼ぶ語。老化したことによって、子どもに近い愛らしさを身につけた人。 → おばあちゃん	「おじいちゃんにも、セックスを。」（宝島社 1998年） ◆「ヤンチャなおじいちゃんの乗り物です。」（クラシックカー）	
おしえる **【教える】**	情報を伝える。知識を授ける。極意を伝授する。「○○が教えてくれたこと」の表現も用いる。	「しょうゆが教えてくれた、ちいさな大切。」（いつでも新鮮 しぼりたて生しょうゆ／キッコーマン 2013年）	
おじさん **【小父さん】**	年配や年長の男性に対して使う呼称。主人。おじ。冴えない中年男性。 → おばさん → おやじ	◆「おじさんに任せていたら、この国はつまらなくなってしまう。」（雑誌）	
おしゃれ **【お洒落】**	こぎれいな身なりをして、化粧や着こなしなどに気を使うこと。着飾る。ファッション性のある。流行に敏感なさま。	「フレアティは私のオシャレの大事なスパイス」（レディースアートネイチャー「フレアティ」／アートネイチャー 2004年） 「素敵な男の『おしゃれ方程式』」。（イージーメードスーツ2着セール／髙島屋 2005年）	
おそい **【遅い】**	①時間がかかる。ゆっくり。指定した時刻を過ぎて。	「近頃、娘の帰りが遅いので、門限は8時だぞ、と注意したら、うち、門なんてないじゃない、と言うのですよ。」（『週刊住宅情報』／リクルート 1985年）	
	②間に合わない。手の打ちようがない。	「固まってからでは、遅すぎる。」（小野田セメント 1990年）	
おっ	意外なこと、驚くことに遭遇した時に発する感動詞。 → オー → おお	「おっ、買えるじゃないか。」（野村不動産 1978年）	

おつかれさま【お疲れ様】	相手の努力などに対してねぎらいの気持ちを表現して掛ける挨拶語。疲労がたまっている身体部位や使い古した道具などに対しても用いる。 → つかれる	「いちばん眠っていないのは、ニッポンの女性です。<u>おつかれさま</u>。」（ソフィーナ／花王　2000年） 「四角い毎日　<u>お疲れさん</u>。」（大分むぎ焼酎 二階堂／二階堂酒造　2000年） 「<u>おつかれさま</u>です。アリナミン。」（アリナミン／武田薬品工業　2007年）
おっと	驚きや不意の出来事、不覚を取った時などに発する声。	「<u>おっ</u>と、ウールカーペットなら、まだまにあいます。ミルク、味噌汁、しょう油など。」（ウールマーク・カーペット／国際羊毛事務局　1971年）
おつり【お釣り】	釣り。釣り銭。「おつりがくる」で十分すぎるほど、という意。	◆「<u>おつり</u>がくるほどの便利さ。」（クレジットカード）
おと【音】	①物音。サウンド。	「美味なるものには<u>音</u>がある。」（シャウエッセン／日本ハム　1985年）
	②音楽。ミュージック。録音・再生された高品質の音声。プレーヤーなどの音質。	「いい<u>音</u>といい絵は、音楽ファンの幸せです。」（ソニー・ミュージックエンタテインメント　2000年） 「<u>音</u>が、くる。映像が、くる。胸に、迫ってくる。」（La Vie S／日本電気　2000年） 「<u>音</u>で、人と人をつなぎたい。」（KENWOOD　2005年）
	③音声。画像を流すテレビ放送に対し、ラジオ放送を比喩的に言う。	「フレッシュな<u>音</u>が、おいしい季節です。」（FM東京　1981年） 「耳がある。<u>音</u>はどうする。」（J-WAVE　2005年）
	④足音。何かが活動する際に発する息吹。耳を澄ますと聞こえてくるもの。	「いつだって、時代の<u>音</u>が聞こえている。」（髙島屋　1991年）
おとうさん【お父さん】	子どもがいる男性。子どもから見た父親。父さん。とうちゃん。子どもがいそうな風情の男性や、年配の男性に話しかける際にも用いる。広告では定職に就き、主に家庭の経済面を支える大黒柱として描かれることが多い。 → ちち	「息子よ、これが<u>父さん</u>の暖かさだ。」（東京ガス　1983年） 「働いている<u>お父さん</u>より、遊んでいる<u>お父さん</u>のほうが好きですか。」（サントリーウイスキーオールド／サントリー　1984年） 「<u>父さん</u>だって、ほめれば育つ。」（西武百貨店　2001年） 「『健康』も、<u>お父さん</u>の仕事です。」（健康エコナ／花王　2004年）

おとこ【男】	①女性ではない性別の人間。女性に対する男性。生物学的にメスではない性。♂。表記は「男／おとこ／オトコ」と様々。 → おんな	「女の胸はバストといい、**男**の胸はハートと呼ぶ。」（マッケンジー／オンワード樫山　1974年） 「人類は、**男**と女と　ウォークマン。」（ウォークマン／ソニー　1982年） 「**男**も妊娠すればいいんだ。」（SKINLESS ミニ／オカモト　1987年） 「**男**は先に死ぬ。」（パルコ　1988年） 「**男**たちに最高の剃り心地を。」（ジレット エムスリー スーパー／ジレットジャパン インコーポレイテッド　2004年）
	②女性から見た異性。広告では、本来は男性向けの商品だったものを、女性向けに発売した場合などに用いる。	「**男**が、ネアンデルタール。」（CAFÉ RESORT AGF ／味の素ゼネラルフーヅ　1984年）
	③一人前の男性。分別のある人。大人。専ら表記は漢字で「男」。「男」と書いて「ひと」と読ませることもある。女性にも通じる内容のコピーであるが、男性をターゲットにした商品に用いて注意を引く。	「違いがわかる**男**（ひと）のゴールドブレンド」（ネスカフェ ゴールドブレンド／ネッスル日本　1969年） 「**男**は黙ってサッポロビール」（サッポロ黒ラベル／サッポロビール　1970年） 「人は**男**に生まれない。**男**になるのだ。」（人生充実路線ロングラン／日本生命保険　1990年） 「**男**の数だけ愛がある。」（日本生命保険　1991年） 「紳士になるまで、**男**は子供だ。」（月刊『ジェントリー』／ハースト婦人画報社　2004年）
	④厳しい社会で戦う人。肉体労働者やサラリーマンを連想させる男性像を描くことが多い。ビールや缶コーヒーのコピーに使われる。	「**男**をやっていると、咽が渇くことが多い。」（キリン シャウト／キリンビール　1994年） 「ああ、**男**のやすらぎ。」（ジョージア／日本コカ・コーラ　1995年） 「**男**ですいません。」（ジョージア／日本コカ・コーラ　2011年）
	⑤ロマンやスピード、スリルを追い求める性（さが）。男性をターゲットにした自動車の広告などに使われる。	「その**男**たちは、自分だけの『顔』を持っていた。」（3KEYS LEGACY ／富士重工業　2001年）

⑥おしゃれ心を持つ男性。衣服や化粧品、エステ、自分磨きなど、女性消費者がメインターゲットになりやすい市場において「男にも○○を」とアピールする。「いい男」を増やすためのキャンペーンなども展開される。

「男を飾る。男を遊ぶ。」（G-SHOCK／カシオ計算機　2001年）

「ニッポンに、いい男を。」（男のエステ　ダンディハウス　2005年）

⑦人。人物。奴。野郎。やや粗野でぶっきらぼうな存在を描くことが多い。「○○男」とカテゴリー化することも。

「5時から男」（グロンサン強力内服液／中外製薬　1988年）

おとな
【大人】

『『大きな人』と書いて『大人』』や、『『一人の人』と書いて『大人』』といった解字を用いたコピーも作成できる。
中高年向けの商品やサービスで「大人の○○」と銘打ったものは、おおむね50歳以上の消費者をターゲットにしていると言われる。

①成人。満20歳以上の人。成長した人間。もはや子どもではない年齢に達した人。

◆「大人になったキミに見せたい。」（カメラ）

②若くはない年齢。身体的に衰えが出始める頃の人の婉曲表現。

「おとなの肌をすべすべぷるんに。」（ソフィーナ「ファインフィット」／花王　2004年）

「感動、大人のシルク肌。ファンデーションでハリツヤまで。」（コフレドール／カネボウ化粧品　2011年）

③中高年、老年期の婉曲表現。

「大人は、とっても長いから。」（大人の休日倶楽部／東日本旅客鉄道　2005年）

「大人になった『ぴあ』世代に深く、響く。」（『おとなぴあ』／ぴあ　2000年）

④物事をよく知っていて、落ち着いていて、分別がある存在。マナー広告などでは、子どもの手本となるべき社会の年長者を指す。

「私たち大人が変われば、子どもが変わり、未来が変わります。」（公文教育研究会　2005年）

「本当にやさしい大人は、ちゃんと注意できる大人です。」（未成年者喫煙防止／JT　2012年）

⑤学校を出て、親になったり、社会で活躍したりしている人。知識や経験が豊かであるはずの人。小学生向け広告ではひらがなで「おとな」と書くこともある。

「大人になるほど、教えてもらうことが増えていく。不思議ですね。」（シティバンク　2004年）

「おとなよりずっと賢くなれる!!」（月刊『NEWSがわかる』／毎日新聞社　2004年）

「活字離れしているのは、大人の方だと思う。」（集英社　2005年）

「働く大人力 向上委員会」（ダイドーブレンド／ダイドードリンコ　2014年）

あ
か
さ
た
な
は
ま
や
ら
わ

049

	⑥ものの考え方が成熟していて、幼稚な面がないこと。思考や嗜好が子どもっぽくないこと。先を読み、計画的に行動する人。実年齢とは必ずしも一致しない。菓子や玩具、遊園地などの子ども向け商品のターゲット年齢層を高める効果がある。大人版。「大人になる」「いい大人の〇〇」「大人げないほど〇〇」などの表現がある。	「<u>大人</u>は来年が好きだなあ。」（手帳とカレンダー／伊東屋　1998 年） 「あ、<u>大人</u>になってる。」（オトナグリコ／江崎グリコ　2009 年） 「いい<u>大人</u>の、モバゲー。」（Mobage／DeNA　2010 年） 「世界は<u>大人</u>になっているでしょうか？」（手帳は高橋／高橋書店　2013 年） 「まさか、<u>大人</u>になるとはな。」（大人のきのこの山・たけのこの里／明治　2013 年）
	⑦青臭さが抜けた年齢。年を重ね、ものの良し悪しや味わいが分かる年頃。未成年にはできない楽しみを味わえる人。	「甘くないぞ、<u>大人</u>の味は。」（大倉酒造　1983 年） 「<u>大人</u>の娯楽、てんこ盛り。」（双葉文庫／双葉社　2004 年）
	⑧金銭的にも時間的にも余裕がある非若年層。自由で贅沢な選択ができたり、多少の金銭的冒険ができたりする人。「大人を楽しむ」とすることも。	「ヒトとモノ。<u>おとな</u>の関係。」（京王百貨店　1986 年） ◆「<u>大人</u>を楽しむ『贅』があります。」（通販カタログ）
おどる 【踊る・躍る】	音楽に合わせて身体を動かす。躍動する。喜びや興奮などで、胸が高鳴る。わくわくする。ひらひらと舞う。	◆「心<u>おどる</u>、楽園へ。」（航空会社） ◆「春。<u>躍る</u>わたしのスカート。」（アパレル）
おどろき【驚き】 **おどろく**	今までになかった高い技術や、それによって得られる興奮。発見。衝撃。驚異。びっくりする。はっとする。予想と異なる商品や事態に遭遇し、刺激を受ける。	◆「あなたの愛車に<u>驚き</u>を。」（エンジンオイル） ◆「<u>驚く</u>ほど、飛ぶ。」（ゴルフクラブ） ◆「この薄さに世界は<u>驚く</u>。」（パソコン）
おなか 【お腹】	腹。腹部。ものの膨らんだ部分の比喩。胃や腸。空腹感や食欲を感じる部分。整腸剤の広告でよく用いる。	「<u>おなか</u>の出たレンズは、いやだ。」（服部セイコー　1990 年） 「<u>おなか</u>の底から、愛していますか。」（ヤクルト本社　1990 年）
おねえさん 【お姉さん】	年上の女性のきょうだい。姉。おねえちゃん。年長の女児。若い女性。声を掛けられるような身近な存在。	「きれいな<u>おねえさん</u>は、好きですか。」（松下電工　1992 年）
おばあちゃん 【お婆ちゃん】	年老いた女性。孫がいるような年代の女性。年老いて、家族が見守らなくてはいけない存在。 → おじいちゃん　→ おふくろ	「<u>おばあちゃん</u>に、聞いてみよう。」（Let's Call おばあちゃん／NTT　1986 年） 「日中は、<u>おばあちゃん</u>だけ…。」（セコム　1990 年）

見出し	語釈	用例
おばさん 【小母さん】	もはや若くはない女性に対して使う呼称。専ら カタカナ書きにする。 → おじさん	◆「女は、背中からオバサンになる。」（補正下着）
おはよう 【お早う】	午前中に交わす朝の挨拶。1日の始まり。仲間内でその日に最初に出会った時に交わす挨拶。午後や夜でも使う。	"お早う ── マギーです"（ネッスル日本 1967年）
おひがら 【お日柄】	六輝（ろっき）に基づくその日の吉凶。先勝・友引・先負・仏滅・大安・赤口の六曜。	「本日は、お日柄のいい仏滅である。」（尼崎市総合文化センター結婚式場 1991年）
オフ【off】 値引きをアピールする際は「OFF」と大文字で目立たせるが、カロリーなどが削減されている場合は「off」と縮小感を出して小文字で書くことが多い。	①値引き。また、カロリーやアルコール、糖分などをカットすること。	「off を楽しもう！」（アサヒ オフ／アサヒビール 2011年）
	②仕事をしていないプライベートな時間。肩肘張らないリラックスした状態。	◆「オフにも羽織れるお洒落なジャケット。」（紳士服）
おふくろ【お袋】	一部の男性が使う母親の呼称。「母」や「母さん」よりも落ち着いた年配の女性をイメージさせる。 → おかあさん　→ おばあちゃん	「おふくろの味が帰って来た。」（パロマ 1980年）
おぼえる 【覚える・憶える】 「覚える」が頭の中に努めてとどめさせることであるのに対し、「憶える」は心の中に残るもの、大切に思い続けること、の意。	①記憶する。学習して心に留める。	「父は、単語を食べて覚えた。僕は単語を押して覚える。」（キヤノン電単／キヤノン 1980年） 「憶えていた人に、もらった。忘れていたヒトにも、もらった。」（月桂冠 1990年）
	②思う。感情を抱く。自覚する。	「ゲームに嫉妬を覚えるなんて。」（PlayStation 3／ソニー・コンピュータエンタテインメント 2011年）
おまえ【お前】	同等または下に見て使う二人称。 → あなた	「浪漫はあるか、お前に。」（スーパーニッカ／ニッカウヰスキー 1980年）
おまかせ 【お任せ】	仕事や作業を委託すること。使うと便利な製品の特長を伝える。 → まかせる	「勘定奉行におまかせあれい！」（勘定奉行／オービックビジネスコンサルタント 1997年）
おまたせ 【お待たせ】	相手を待たせた時に詫びる言葉。広告では「おまたせしました」と丁寧に言ったり、「おまた」と略して言ったりする。ダジャレを用いた表現も作れる。	「40年間お待たせしました！」（アンネナプキン／アンネ 1962年） 「うまたせ！ トゥインクルレース」（東京シティ競馬／特別区競馬組合 2003年）

おまもり 【お守り】	神社などでもらう守り札。広告では何かの安心材料を指す。心の支え。	「これから先も、いちばんのお守りは、食べものです。」（全農　2000年）
おみやげ 【お土産】	旅先や出先で買った特産品などの贈り物。挨拶に行く際に持っていく品。転じて、行く先へ伴う品。	「20世紀のおみやげに。光と音のウォークマン。」（ウォークマン／ソニー　1989年）
おめでとう	新年、誕生日、入学や卒業、受賞などを祝う挨拶。おめでとうございます。	「おめでとうの春って、何拍子。」（日本ビクター　1980年） 「おめでとう、の人も。ありがとう、の人も。」（小田急百貨店　1987年）
おもい 【思い・想い】 広告での表記は専ら「想い」を用いる。「おもい」とひらがな書きにすると「重い」にも解釈される余地が生まれるので、配列によっては適宜漢字を使用したい。	①心遣い。心づくし。「想いを届ける」が典型表現。 → おもいやり	◆「あの人への想いをお届けします。」（お歳暮）
	②配慮。優しさ。ケア。「○○への想い」の表現が多く、「○○想い」と名詞句にすることもできる。	「環境想いの技術です。」（アーレスティ　2004年）
	③情熱。思い入れ。気持ち。	「あなたの真剣な結婚への想いを大切にお預かりしたい。」（ツヴァイ　2004年）
おもいきり 【思い切り】	迷うことなく、思いの限り。満足いくまで、気が済むまで何かをすること。「思いっきり」と促音「っ」を入れることで勢いをつける効果を狙える。	「思いっきり、新鮮。」（月桂冠　1987年）
おもいだす 【思い出す・想い出す】	忘れていたこと、意識が薄かったことを、あることをきっかけに心によみがえらせる。念頭に置く。	「1（ヒト）部屋2（ニ）あかり3（サン）コンセントと思い出してください」（松下電工　1968年） 「試着室で思い出したら、本気の恋だと思う。」（ルミネ　2008年） 「あなたが思い出すわたしは、どんな服を着てるのだろう。」（ルミネ　2010年）
おもいで 【思い出・想い出】 広告では、「想い出」と記すことで、より遠く淡い記憶を呼び覚ます意味を込める。古風に「想ひで」とも。	あることや物をきっかけに「あの時こんなことをした／こんなことがあった」という記憶がよみがえること。思い出すこと。ノスタルジックに思い返す事象。故人の記憶。後で思い返したい経験。記録。 → きおく	「どんなおもいでのこるかな。」（近畿日本ツーリスト　1978年） 「想い出の街。」（岩田屋　1988年） 「モノより思い出。」（セレナV-S／日産自動車　2004年）

おもいやり 【思いやり・想いやり】	人の立場に立ち、相手がどういう気持ちになるかを考え、共感して行動を取ること。気遣い。配慮。ケア。 → まごころ	「心臓にも思いやりを！」（救心製薬　1978 年） 「思いやりって、どんな色ですか。」（ミサワホーム　1985 年） 「働く手に、やさしい思いやり。」（ユースキン製薬　1990 年） 「おいしさ、思いやり、いつもいっしょに。」（ブルボン　CI　2011 年）
おもう 【思う・想う】	①あることに対して独自の捉え方を持っている。こう考える。判断する。主語を曖昧にした上で、抽象的な内容に言及する際や、共有したい価値観を美化して確認する際に用いる。そう思わない人も存在することを前提とした主観的な提言。「A は／が、B だと思う。」が典型表現。	「住まいは、感動だと思う。」（藤和不動産　2001 年） 「さかなを食べる国は、将来だいじょうぶだと思う。」（シーチキン／はごろもフーズ　2004 年） 「証券は、ロマンだと思う。」（三菱証券〈現・三菱 UFJ モルガン・スタンレー証券〉　2004 年） 「年賀状は、贈り物だと思う。」（年賀はがき／郵便事業　2007 年）
	②考える。決意する。企業のポリシーなどを表明する際にも用いる。	「生きることのすべてに、関わろうと思う。」（がん保険など／東京海上火災保険　2001 年）
	③思いやりを持つ。慮る。大切に感じる。具体的には消費者や環境に対する企業や商品の配慮。「○○を想う」が典型表現。	「空想しながら、空を想ってきました。」（石川島播磨重工業　2004 年） 「ひとの ときを、想う。」（JT　CI　2009 年）
おもしろい 【面白い】 おもしろさ	①笑いを起こさせる。人を楽しませる。オモシロ。心惹かれる。	「人とちがう考え方をすると、おもしろいものができる。」（スズキ　2001 年）
	②知的好奇心をかきたてる。わくわく、どきどきさせるような興奮材料を提供する。出版社や書店の広告で使う。	「絵にもかけない面白さ」（角川書店〈現・KADOKAWA〉　1981 年） 「一枚の T シャツを買うよりも　一枚の T シャツを売ることのおもしろさを知った。」（『デイリー・アン』／学生援護会〈現・インテリジェンス〉1991 年） 「無名の人の経験のほうが、有名な人の話より面白いことが多い。」（文芸社　2000 年） 「その、オモシロイほうが集英社です。」（集英社新書／集英社　2001 年）

あ	おもてなし	来訪した客人を思いやって、歓迎したり、接待したりすること。もてなし。転じて、心のこもった良いサービス。「おもてなしする」と動詞化する。 → もてなす	◆「おもてなしは、更なる高みへ。」（ホテル）
か	おもみ【重み】 おもい	重いこと。転じて、ずっしりとした価値を感じること。重要性。重厚感。	◆「重みのある人生に。」（金貨投資）
さ	おや【親】	父および母。あるものの祖先。大切にしなければいけない存在。	「当社は親の味方です。」（住友林業の二世帯住宅／住友林業　1987年） 「無くしてわかる有難さ。親と健康とセロテープ」（セロテープ／ニチバン　1987年）
た	おやじ 【親父・親爺】	①父親。専ら「親父」と表記する。 → おとうさん	「えっ！　来年は親父になるのか。」（中央信託銀行　1980年）
な		②年配の男性に対して、親しみを込めて呼ぶ語。やんちゃな中年男性。「オヤジ」とカタカナで書く。 → おじさん	「モテるオヤジに支えられ、おかげさまで3周年。」（月刊『LEON』／主婦と生活社　2004年）
は	おれ【俺】	主として男性がくだけた場面で使う一人称。僕。自分。私。男性的な特徴を持つ人間以外のものが使うこともある。コピーでは、「僕」は少年のようなニュアンスが生じるため、「俺」を用いて年齢の幅を広げたり、意志の強さや野性味を表現する際に使用する。	「おれ、ゴリラ。おれ、景品。」（明治チョコレート／明治製菓　1972年） 「バナナが俺を呼んでいる」（日本バナナ輸入組合　1985年） 「俺って、あがり性なんだ。 ── 花火」（豊島園　1993年）
ま	おわる【終わる】 おわり	ある期間、継続していたものが終了する。期限が来る。打ち切られる。やむ。終焉。	「夢で終わらせるな。」（エルグランド／日産自動車　2001年） 「『明日からやろう』と40回言うと、夏休みは終わります。」（Z会の通信教育／Z会　2004年）
や	オン【on】	気を張るような公の場にいること。主として仕事中。 → オフ②	「ON　ただいま勤務時間中。」（三菱クイックカード／三菱銀行　1973年）
ら	おんがく【音楽】	音色や節、リズムなどによって奏でられる曲やメロディー。ミュージック。音楽のレッスンを受けることを「音楽する」と表現することもある。 → おと	「音楽する子は、まるい。」（カワイ音楽教室　1981年） 「ようこそ、キミは音楽のある星に生まれたんだよ。」（ハイポジションUX／ソニー　1989年） 「生まれてくる音楽の芽を摘まないで！」（日本レコード協会　2005年）
わ			

おんな【女】	①男性ではない性別の人間。男性に対する女性。♀。 → おとこ　→ じょせい	「時の流れを、女は愛と呼ぶ。時の流れを、男は人生と呼ぶ。」（ピエール・カルダン・ウオッチ／シチズン時計 1974年） 「女は、つらいよ。」（コンドーム「スキンレス」／オカモト　1987年）
	②ひと。男性にもあてはまることを言う際、「○○の人」ではなく、あえて「○○の女」と言うことで、女性をメインターゲットにした商品であることをアピールする。 → ひと	「読む女。」（文春文庫／文藝春秋 2004年） 「巡りのいい女」（からだ巡茶／日本コカ・コーラ　2009年）
	③女性というもの。女性特有の行動パターンや思考回路。	「女は三度、水を流す。」（音姫／東陶機器　1990年）
	④おしゃれや化粧をして、美しさやエレガンスを追求する心を持ち続ける人。百貨店や化粧品の企業広告などで使う。	「きょうは、艶な女。」（松屋銀座店 1981年） ◆「咲く、女。」（アパレル）
	⑤社会で活躍する女性。弱く守るべき存在とされていたが、男性と肩を並べたり、組織の原動力としての存在感を示したりする存在。1980年代に「女の時代」というフレーズが流行した。	「いま、どのくらい『女の時代』なのかな。」（西武流通グループ　1981年）
おんなのこ【女の子】	女性の子ども。女児。お嬢さん。 → じょし	「恋の終わりと　恋のはじめで　女の子は　キレイになれる。」（ルミネ 2009年） 「女子ではなくて、女の子。」（earth music&ecology　2011年）
オンリー【only】	それだけで。限定で。他にはない。	「Only W」（WOWOW　2004年）

か
が

- ひらがな「か」は「加」の草体、カタカナ「カ」は「加」の偏より。
- ローマ字表記は「ka」または「ca」。「ka」と書くと固さや歯切れの良さが強調され、「ca」と書くと固さの中にも丸みや軽やかさを含ませることができる。
- ［k］音は、舌の付け根を上あごにつけ、破裂させる無声子音。「か」はそれに［a］の母音が伴った音節。耳にした時、強さや固さ、鋭さ、乾燥感をイメージさせる効果がある。「か」の濁音「が」は、重さや勢い、男性的なイメージを喚起する効果がある。
- 五十音図のカ行1文字目。カタカナの「カ」が、漢字の「力（ちから）」と読み間違えられやすいので、文字の配列に注意したい。

見出し語	語義と広告での用法	コピー作品例
カード【card】	クレジットカードやプリペイドカード、ギフトカード、会員カード、認証カードなどの略称。転じて、切り札の意。「○○な一枚」のように「カード」という言葉を使わずに商品を示唆することもできる。 → きりふだ　→ -まい②	「技はいろいろ、カードはひとつ。」（セゾンカード／クレディセゾン　2001年） 「カードの切り方が人生だ。」（ライフカード／ライフ　2004年）
ガール【girl】	女の子。若い女性。娘。キャンペーンなどを行う女性。「〜したがる」と掛けた表現を女性向けに商品のコピーにすることもある。 → おんなのこ　→ じょし	「高気圧ガール、はりきる。」（リゾートピア沖縄／全日本空輸　1983年） 「私はすぐに、ナオリタガール」（ノーシンホワイト／荒川長太郎〈現・アラクス〉　1989年） 「今日から　デタガール!!」（コーラック／大正製薬　2011年）
- かい【回】 （数え方）	動作や経験などを数える。「回」は、繰り返し行う動作、定期的に巡ってくるもの、次がまたあると予想できるものに対して使う。数が多かったり、すぐに増える可能性の高いものにも使う。それに対し、「度」は、これっきりにしたいこと、次があるかどうか不確かな動作や催事などを数える。 → -ど	「クシャミ3回、ルル3錠！」（ルル／三共　1957年） 「ハワイ一回、ミンク一生。」（京王百貨店　1984年） 「今日、何回、うっとりしましたか。」（ビューティマガジン『マキア』／集英社　2004年） 「『明日からやろう』と40回言うと、夏休みは終わります。」（Z会の通信教育／Z会　2004年）
かいおん【快音】	耳に心地よい、爽やかで通る音。	◆「バットの快音がよく響きます。」（ラジオ野球中継）
かいかん【快感】	刺激を受けて、身も心も気持ちが良いと感じること。ジンとくる心地良さ。	「音楽にもまれる快感」（メディカルチェア／ファミリー　2002年）

かいき【回帰】	巡り戻ってくること。良さを認めて元に帰ること。	「暮れ、みんな、伝統回帰。なぜだろう。」（小田急百貨店　1982年）
かいけつ【解決】	厄介な出来事や難事件、懸案事項などを、うまく片付けること。処理する。ソリューション。	「オフィスの誰もが、使い始めた『解決力』。」（日経テレコン21／日本経済新聞社　2003年）
かいてき【快適】	住み心地が良いこと。四字熟語のように、「快適生活」「快適時間」とも。また、本来は不快な気持ちや困難な状況に陥りがちなところを、当該商品で具合よく過ごすこと。	「快適パワー、爽快通勤。」（コープ稲毛ほか／野村不動産　1981年） 「わが家の台所には『快適』という隠し味がある。」（仙台市ガス局　2005年）
かいほう【解放】	束縛され、窮屈で不便な思いをしているところを解き放つ。楽にさせる。	◆「女性解放。」（ワイヤレスブラジャー）
かいまく【開幕】	物事を華やかに開始すること。幕開け。広告では、スポーツイベントや春にオープンするものなどを紹介する際に用いる。	◆「春の旅行シーズン、開幕。」（旅行会社）
かいわ【会話】	2人以上で話をすること。挨拶をしたり、ある話題を巡って口頭で軽く言葉を交わしたりすること。意思の疎通ができ、コミュニケーションが取れる状態の比喩として使われる。 → たいわ	「贈りものは会話。」（松屋銀座店　1980年） 「会話がはずむ実績です。」（和光証券　1987年） 「僕らは、ラケットで会話する。」（ヨネックス　1987年）
かう【買う】	購入する。金銭を支払って商品を手に入れる。 → もとめる②	「金曜日はワインを買う日」（サントリーワイン／サントリー　1972年） 「愛はお金で買いましょう。」（女の愛読書フェア／講談社　1983年） 「ベンザエースを買ってください。」（ベンザエース／武田薬品工業　1985年） 「日本経済の成長を買う。」（野村證券　1991年）
かう【飼う】	動物や昆虫などに餌を与え、生きながらえさせる。養育する。養う。かわいがる。	「セントバーナードを飼うのは、立派なスポーツである。」（ヘーベルハウス／旭化成ホームズ　2001年） 「死ぬのが恐いから飼わないなんて、言わないで欲しい。」（日本ペットフード　2004年）

あ
か
さ
た
な
は
ま
や
ら
わ

かえる 【変える・換える・代える】	①変化する。良い方向へと導く。広告では、「○○を変えていく」が好まれる。 → かわる	「この味が、ビールの流れを変えた。」（スーパードライ／アサヒビール　1988年） 「よい転職がこの国を変えていく」（転職サイト「日経Bizキャリア」／日経人材情報　2003年） 「空気をかえよう」（エステー　CI　2004年）
	②変換する。転換する。還元する。	「発想を変えたら、速さの常識も変わりました。」（BJ S630／キヤノン　2001年） 「学んだ語学をキャリアに変える」（サイマル・アカデミー　2005年）
かえる 【帰る・還る】 かえり	①帰宅する。帰路。「帰宅すると、あなたの建てた快適な家が、家族の笑顔やごちそうとともに出迎えてくれる」というコンセプトを描くことができる。	「ぼくは、おとこどうしで、はいりたいから、はやくかえってきてください。」（お風呂の日／東京ガス　1987年） 「オフィスの帰りに、私の愛する隠れ家がある。」（プリメーラセダン 20G／日産自動車　2004年） 「家に帰れば、積水ハウス。」（積水ハウス　2010年）
	②帰郷する。帰国する。旅行から戻る。	「帰ったら、白いシャツ。」（スカイホリデー沖縄／全日本空輸　1978年） 「国際人になって帰ってきます。」（日本交通公社　1990年）
	③心のよりどころに思いを寄せる。回帰する。立ち返る。	「おふくろの味が帰って来た。」（パロマ　1980年） 「帰りたい町が見えた。正しく言うと、帰れない町が見えた。」（BIG JOHN／マルオ被服　1982年） 「今日は日本酒にかえろう。」（自然酒 純米酒／黄桜造造　2004年）
かお【顔】	①人間や動物の頭部で、目鼻口がある範囲。	「眼鏡は顔の一部です。」（東京メガネ　1981年） 「たばこを持つ手は、子供の顔の高さだった。」（JT　2004年）
	②顔つき。顔面。つらがまえ。「○○は、顔に出る」が典型表現。	「心は顔に出る。」（ルシード／マンダム　2005年） 「進化は、顔に出る。」（NEW ボルボ60シリーズ／ボルボ・カー・ジャパン　2014年）

	③表情。「いい顔」で消費者の満足を表現する。 → いいかお　→ ひょうじょう	「電話のむこうはどんな顔。」（日本電信電話公社　1978年） 「おいしい顔。」（雪印乳業　1980年） 「ホクホク顔に針路をとろう。」（カルピス食品工業　1991年）
	④代表。シンボル。	◆「名刺はあなたの顔。」（印刷会社）
	⑤体面やプライド。	「その男たちは、自分だけの『顔』を持っていた。」（3KEYS LEGACY ／富士重工業　2001年）
かおり 【香り・薫り】 「香」は、漂う良いにおい。かぐわしさの意。「薫」は、香草などをたいて煙を立て、良いにおいがたち込める、の意。植物に関連したにおいに使う。	①鼻に心地よい匂い。フレーバー。かぐわしく、香ばしい匂い。深みのある味わいに伴う匂い。とりわけ焼酎類、コーヒー、緑茶飲料などのコピーに好まれる。	「コーヒーは、香りの手紙です。」（味の素ゼネラルフーヅ　1976年） 「コクと香りの2層ルウ」（カレー絶品／江崎グリコ　2004年） 「芋の香り華やか。飲み口すっきり。」（一刻者／宝酒造　2011年）
	②雰囲気。胸いっぱいに吸い込みたくなるかぐわしい空気。	「街に、浪漫の薫り。」（長谷エコーポレーション　1990年）
かおる 【香る・薫る】	良いにおいがする。ほのかなにおいが漂う。	「こころ、香る。」（花王　1982年）
かかく【価格】	商品の価値を金額で示したもの。値段。比較的手軽なプライス。 → ねだん	◆「おめでたい価格で出ています。」（百貨店）
かがく 【科学】	データや実験に基づいて行う研究。客観的実証。「科学する」と動詞化し、企業が取り組んでいる開発事業などを平易に説明することがある。理屈。理論。一見不可思議な事象を「科学では説明できない」と言う。	「科学から逃げきった奴はいない。」（科学雑誌『Quark』／講談社　1982年） ◆「科学では説明できないのが、愛。」（百貨店）
かがやく 【輝く】	①きらきらと光を放つ。美しく照る。つやがあって華やかな雰囲気を持つ。	「みんなのヒトミがトマト色に輝く」（デルモンテ・トマトケチャップ／キッコーマン　1990年）
	②目立って良い。引き立てられる。際立っている。しっかりとした美しさを持っている。	「瞬間、はじける感性、輝くネクタイ。」（〈パナラ〉のネクタイ／アラ商事　2003年）
	③元気はつらつとしている。健康でいられる。健全である。比喩的に、人や物が能力を発揮する。活躍する。主役となる。充実している。	「流した汗だけ、人は輝く。」（朝日生命保険　2001年） 「人輝く、食の未来」（ニッポンハムグループ　CI　2005年） 「くつろぎ、うるおい、かがやく。Kizakura」（黄桜　CI　2008年）

あ か さ た な は ま や ら わ

059

かかわる 【関わる・拘る】	関係する。関与する。カバーできる。	「生きることのすべてに、関わろうと思う。」（がん保険など／東京海上火災保険　2001年）
かぎり 【限り】	制限。上限。ある範囲を設けること。売り出す商品などの数量があらかじめ決まっていること。「限りなく○○」の形で、際限なく。どこまでも。無限に。	「限りなく、本物志向。」（ミサワホーム　1990年） 「環境への負担も、できる限りスモールであること。」（ダイハツ工業　2002年）
かく 【書く・描く】	筆記具を使って、紙などに字や絵を描く。記入する。文房具類のコピーに使われる。	「人は、書くことと、消すことで、書いている。」（トンボ鉛筆　2006年） 「未来を書くのは、いつだって、自分だ。」（NOLTY／能率手帳／日本能率協会マネジメントセンター　2011年）
かくしあじ 【隠し味】	わずかに調味料やスパイスなどを入れ、味わいを増す工夫を施すこと。 →スパイス	「わが家の台所には『快適』という隠し味がある。」（仙台市ガス局 2005年）
かくしん【革新】	これまでの技術や方法を根底から覆して一新すること。	「走りのクオリティーを革新し続けるもの。」（アコード／本田技研工業 2005年）
かくべつ【格別】	他のものの格とは比べられないほど優れていて、非の打ちどころがないさま。特別。広告ではしばしば、「格別／別格」で並べて使われる。	「格別な白か。別格な黒か。」（ソリオ／スズキ　2011年）
かくめい【革命】	旧来の状態から急激な変革があること。抜本的革新。今までにない画期的商品を売り出す際に使われる表現。	「はっきりいって紅茶の革命です。」（サントリー缶入り紅茶テス／サントリー1985年） 「葬儀革命」（大橋メモリードホール 2004年）
かくれが 【隠れ家】	人目に付かないように、身を潜める場所。世を逃れて住む家。転じて、誰にも知られたくない自分だけの場所。	「オフィスの帰りに、私の愛する隠れ家がある。」（プリメーラセダン 20G／日産自動車　2004年）
かくれる 【隠れる】	見えなくなる。ひそむ。目立たない姿になる。「○○が隠れている」で、商品やサービスの中の心にくい工夫や演出を表現する。	「春近し。隠れ花。」（近畿日本鉄道 1978年） ◆「内側にも使いやすさが隠れてる。」（バッグ）
かげ 【影・陰】	光によって浮き上がる暗い部分。陰影。後ろ暗い部分。化粧品では、立体的な印象に仕上がる、の意。	「光と影の、立体小顔ファンデ。」（エスプリーク／コーセー　2011年）

かけがえのない 【かけがえの無い】	代わりとなるものが存在しない。取り換えが利かない。広告では価値のあるもの、今しかない貴重なものを強調する場合に用いる。	「すべては、乾杯のひとときを、かけがえのない時間にするために。」（サッポロビール　2011年）
かけざん 【掛け算】	2つ以上のものが出会い、意外な結果や効果が得られること。 → たしざん	「人のチカラは足し算ではない。それは掛け算だ。」（丸紅　2004年）
かける【駆ける】	疾走する。速く走る。進撃する。 → はしる	「駆けぬける歓び」（BMWジャパンCI　1998年頃）
かこ【過去】	①人が今まで歩んできた道。実績。これまでの経験。 → みらい①	「見知らぬ男に出会っても、過去を尋ねてはならない。」（BIG JOHN／マルオ被服　1982年）
	②商品開発の歴史。「過去にする」で、これまで市場にあったものを凌駕する。	◆「大変だったトイレ掃除を過去にします。」（洗剤）
かこむ【囲む】	取り巻く。それを中心に人が集まる。憩う。周りに人々が座る、の意。	「まるを囲もう」（まる／白鶴酒造　2011年）
かさねる 【重ねる】 かさねがさね	同じものを載せて積む。層の数を増やす。年月を過ごす。転じて、商品開発などの努力や研鑽を積む。	「重ねがさね重宝です。」（タカラみりん／宝酒造　1981年） ◆「重ねた力が、動き出す。」（重機）
かざる 【飾る】	①美しく、見栄えがするように装飾品などを添える。装う。おしゃれをする。華やかさを足す。	「男を飾る。男を遊ぶ。」（G-SHOCK／カシオ計算機　2001年）
	②格好をつけて取り繕う。余計なことをする。専ら「飾らない」の形で、肩肘を張らない気さくな様子を表す。	「飾る日も　飾らない日も　三越と」（三越／三越伊勢丹　2010年）
かしこい【賢い】	知恵や分別がある。無駄を省いて効率的な工夫ができる。スマートに。知識が豊富なさま。頭が良い。要領や手際が良い。	「母さんだまって、賢い選択。」（日本債券信用銀行　1984年） 「おとなよりずっと賢くなれる!!」（月刊『NEWSがわかる』／毎日新聞社　2004年） 「賢い人は、勉強法が賢い。」（Z会の通信教育／Z会　2005年）
かじる【齧る】	固い食べ物に歯を立てる。比喩的に、ちょっと試しに味わってみる。 → かむ　→ まるかじり	「甘い恋、かじったら、しっかり磨こうね。」（サンスター　2000年）

あ			
か	**かず【数】**	ものを勘定して得られる値。数値。品数。「Aの数だけBがある」が典型で、商品などが多彩なさまを表現する。また、「星の数（だけ／ほど）」で無数に近い多彩さを表現する。	「好奇心の<u>数</u>だけ、私がいる。」（京王百貨店　1984年） 「男の<u>数</u>だけ愛がある。」（日本生命保険　1991年） 「道の<u>数</u>だけ、日本がある。」（週刊『街道をゆく』／朝日新聞社　2005年）
さ	**かぜ【風】**	①気流。肌で感じる空気の流れ。逆風。風通しの良さ。	「<u>風</u>に向かって立て。」（小学館　1982年）
た		②世の中の気運。形勢。流行。	「あしたらしい<u>風</u>。」（電動二輪「イーニリン」／ヤマハ発動機　2012年）
な		③雰囲気。校風。社風。 → くうき	「感じますか、京女の<u>風</u>」（京都女子大学　2004年）
	かそく【加速】	①速度が増すこと。スピードアップ。アクセルを踏んで得られる快感。	「<u>加速</u>するダンディズム。」（NEWバサラ／日産自動車　2001年） 「春、サーブが<u>加速</u>する。」（サーブ／ヤナセ　2005年）
は		②貯蓄や資産がみるみる増える。	「<u>加速</u>度つけてふやします。」（日本長期信用銀行　1982年）
ま		③より早まる。回転が良くなる。効率が上がる。	「130年目の原点。知の進化が<u>加速</u>する。」（同志社大学　2004年）
や	**かぞく【家族】**	夫婦の配偶関係および親子関係のある人の一団。ファミリー。生活を共にする集団。大切な命。ペットを指すことも。	「家は、<u>家族</u>の夢でできている。」（パナホーム　2003年） 「タイヤは、<u>家族</u>のいのちをのせている。」（ブリヂストン　2004年）
ら	**かだい【課題】**	取り組まなければいけない問題。課せられたテーマ。 → もんだい	「歯周病予防は、一生つきあっていく<u>課題</u>です。」（サンスターガムシリーズ／サンスター　2000年）
	かたおもい【片思い・片想い】	恋愛感情を一方的に持って焦がれること。一方からだけ熱烈に慕うこと。	「好きは、<u>片想い</u>。似合うは、両想い。」（ルミネ　2009年）
わ	**かたち【形・型】**	①物理的な形状。商品のデザイン。目で見たり、手で触れたりできる。広告での表記は「カタチ」が多い。	「『キモチ』と『<u>カタチ</u>』を伝えるモノ。」（WAZA2012伝統的工芸品展／東武百貨店池袋店　2012年）

	②具現化した姿。現実。実態。金銭。「愛をカタチに」や「便利さのカタチ」のように、抽象的なものや理念を具体化する際に用いる。宣伝対象に関連したキーワードを1つ盛り込むと分かりやすい。表記は「カタチ」または「かたち」を用いる。 → すがた	「カタチは性能から変わる。」（オリンパス光学工業　1990年） 「場所と時間を越えた、新しい教育のカタチ。」（家庭教師のトライ　2005年） 「夢をかたちに」（スーパーコンピュータ／富士通　2010年） 「映画への愛をカタチにしたら、チャンネルがひとつできました。」（WOWOW　2012年）
かたまり【塊】 「魂」と読み間違えられないように、文字の配置に工夫。	ものが寄り集まって、1つの固いまとまりになること。群れ。集結体。「○○の塊（のような）」が典型表現。	「メルセデスの情熱、その塊のような一台。」（新型SLK-Class／ダイムラー・クライスラー日本　2004年）
かたる【語る】	物事や考えを順序立てて他人に伝える。話したり、文章に書いたりして意見を発表する。メッセージを伝える。まとまった内容を相手に話す。 → はなす	◆「美しいというだけでは、語り尽くせない邸宅がある。」（住宅） ◆「語りたい未来があります。」（化学メーカー）
かち【価値】	①価格に対する質や量。 → バリュー	「1万円が、1万円の価値を持つ道がある。」（新生銀行　2001年）
	②その商品を手に入れる意義。自動車や住宅などの高額商品のコピーでは、「性能」や「品質」「デザイン」などが金銭を出すのに値するもの。	「価値ある決断。」（ミサワホーム　1988年） ◆「価値も性能も、揺るぎない。」（自動車）
	③賞賛に値するもの。ブランドの品質の高さや誇りも比喩的に表現する。	「価値ある、おいしさ。」（チョーヤ梅酒　CI　2009年）
かち【勝ち】	勝利。他人よりも抜きん出ていること。優位に立って負けていないこと。最近は「勝ち○○」と名詞を伴い、"勝つための"や"勝ちに行く"を表現する。 → まさる	「幸せになっちゃった二人が勝ちです。」（オーエムエムジー　1985年） 「勝ちにいく。」（アートネイチャー　2002年）
かちかん【価値観】	物事の価値の判断基準。広告では、既成概念を打破することを提唱する。	「シンプルに、豊かに。新しい45歳への『新しい価値観』！」（『Grazia』／講談社　2005年）
かつ【勝つ・克つ】	あるものに挑み、打ち負かすこと。成功すること。ライバルに差をつける。ゲームやレースなどで勝利する。 → まさる	「みんなが勝てたら、ええのにねェ。」（カゴメ野菜ジュース／カゴメ　1978年） 「コムスメに勝つ！」（『ニキータ』／主婦と生活社　2004年）

あ	**かっこういい** **【格好良い】**	姿形が整っていること。かっこいい。先進的で洗練されている様子。凛としている。憧れの対象。格好をつけて、それがサマになっている様子。広告では専ら「カッコいい」または「カッコイイ」とカタカナ書きにする。	◆「カッコいいシニアが日本を変える。」（ファッション誌） ◆「カッコいいクルマって何だろう。」（自動車）
か	**かっさい【喝采】**	観客の賞賛や歓迎の声が上がる様子。 → はくしゅ	「美しさへ、喝采。」（オッペン化粧品 1984 年）
さ	**かって【勝手】**	都合の良いこと。自分の便宜で尺度を持つこと。好きなように振る舞う。	「害虫と決めたのは人間。益虫と決めたのも人間。勝手なんだから。」（名和昆虫博物館 1999 年）
た	**かつてない**	これまでに決してない。画期的な。新企画や今までにない商品などを売り出す際に用いる。	「ハートの強さが、かつてないパフォーマンスを生んだ。」（コルト プラス／三菱自動車工業 2005 年）
な	**かつやく** **【活躍】**	活発に動き、目立った成果を上げること。良い成績を残すこと。使われる。役立つ。	◆「社会で活躍する人材しか育てません。」（大学） ◆「もっとお金に、活躍の場を。」（銀行）
は	**かつよう【活用】**	物事を生かして用いること。	◆「五段活用のクローゼットです。」（家具）
ま	**がつん**	硬くて大きい物が強く当たる音、大きな衝撃や刺激を与えるさま。拳で殴られる感覚の擬音語。酒類や飲料に含まれる刺激物が通常の商品より濃い場合、その迫力を表現する。	◆「がつんと言ってくれる酒。」（酒造会社） ◆「ガツンとやりがいのある仕事が待っている。」（求人）
や	**かて【糧】**	生きる源。心の支え。力づけるもの。具体的には、水や食料などのこと。	「毎月贈る支援が、子どもたちの命の糧になる。」（日本ユニセフ協会 2005 年）
ら	**かなえる** **【適える・叶える】**	適合させる。沿う。願ったことを実現させる。成就させる。	「夢はちょくちょくかなえたい。」（日本生命保険 1991 年）
わ	**かなでる** **【奏でる】**	音楽を演奏する。歌を披露する。コンサートチケットの広告に好まれる。比喩的に、企業や商品が消費者と共鳴し、豊かで安心な状態を保つ、の意。「メロディー」「リズム」「ハーモニー」などの語を伴うことが多い。	「ハーモニーを奏でると、電気も笑顔になれる。」（東京電力 2000 年） 「大きな歓びを奏でます。」（New セフィーロ／日産自動車 2001 年） 「生薬が奏でる、心臓（ハート）のすこやかリズム。」（生薬強心剤「救心」ほか／救心製薬 2004 年） 「未来ヲ奏デル。」（若築建設 2004 年）
	かなり	わりと。並み以上に。相当。けっこう。	「ふえ方、かなり刺激的。」（野村證券 1985 年）

かのうせい **【可能性】**	何かができる見込み。潜在能力。商品としての機能。	◆「可能性は、親の愛でよく育つ。」（学習机）
かのじょ【彼女】	女性の三人称。広告では、傍らで見ていて気になる女性を示唆する。「彼女は、○○」と比喩を使う手法がある。女性の恋人。ガールフレンド。	「彼女は眩しい、もん白蝶。」（松屋銀座店　1981年） 「男の感性が、彼女をセクシーにした。」（京王百貨店　1981年） 「ピントに手間どると、彼女は行ってしまう。」（Canon AL-1／キヤノン　1982年） 「彼女を泣かせたのは、この本か。」（角川文庫／角川書店〈現・KADOKAWA〉　2004年）
かぶりつく **【齧り付く】**	大きく口を開けて食いつく。かじる。 → かじる　→ かむ	「ガブリつくってたまらない」（マックグラン／日本マクドナルド　2004年）
かまわない **【構わない】**	気にしない。問題にしない。大したことではない。開き直りを表現したり、強気のコピーに使うと効果的。	「年齢とか、別に聞かれてもかまわないんだけど。」（『InRed』10／宝島社　2004年）
がまん【我慢】	耐えること。痛みや欲求などの表に出したい感情や表情を抑えること。	「ガマンは、女の敵である。」（タケダ漢方便秘薬／武田薬品工業　1984年）
かみさま【神様】	神を尊敬を込めて呼ぶ語。自然や芸術を司る存在。転じて、何かに非常に卓越した人。エキスパート。神業を持つ人。カリスマ。貴重な物や機会を授けてくれる神々しさをまとう人。 → めがみ	「神様がくれた音。」（コルグ　1987年） 「山の神様がくれた水」（サントリー南アルプスの天然水／サントリー　1995年） ◆「麦の神様も、うなづく美味さ。」（ウイスキー） ◆「お金の神様が味方です。」（投資信託）
かむ【噛む】	上下の歯を合わせ、その間で食べ物などを咀嚼する。ガムやグミ、チュアブル薬品の広告で用いる。 → かじる	「かむことは、考えること。」（フリスクガム／カネボウフーズ〈現・クラシエフーズ〉　2001年） ◆「噛みごたえが、ごちそうです。」（入れ歯安定剤）
から【殻・骸】	卵などの外側を覆っている硬い覆い。外界から隔絶しているもの。限界。	「カラを破れば、新しい私。」（日本放送出版協会　2003年）

からだ 【体・身体】	①人間の肉体。健康を維持するための資本。精神に対する身体。健康を維持するための食品やサプリメントの広告に頻出する。広告では、「体」や「身体」の漢字よりも、「カラダ」や「からだ」の表記を用いることが多い。	「体が、かわいい。」（明治ブルガリアヨーグルト／明治乳業　1984年） 「からだの芯からきれいになる。」（黒豆茶／フジッコ　2001年） 「からだは疲れを貯金する。しかも、きちんと利子がつく。」（シーチキン／はごろもフーズ　2004年） 「ココロとカラダ、にんげんのぜんぶ。」（オリンパス　CI　2007年）	
	②身。身体。元手がなくても。	「からだひとつでできるボランティア。」（はたちの献血／日本赤十字社　2012年）	
かるい 【軽い】 かろやか	①重量があまりなく、楽に動かせること。歯ごたえがサクサクとしたさま。	「あゝ軽かった　カルカッタ」（ピックアップ／明治製菓　1970年）	
	②うきうきした気持ち。服装などが軽快に動けるさま。	「艶やかに、軽やかに、シックな春がお買得。」（小田急百貨店　1991年）	
	③ちょっと。大問題ではないが。深刻ではないさま。	「かるくヤバい。」（サッポロスリムス／サッポロビール　2005年）	
かれい【華麗】	→ はなやか		
かわいい 【可愛い】	①小さくて愛らしい。大げさではない。キュート。子どもらしさがある。着飾っていて見目うるわしい。デザインやキャラクターなどに、人を惹き付ける美しさや独特の魅力がある。	「このままじゃ、私、可愛いだけだ。」（朝日新聞社　2004年） 「何を着ても　かわいくない日も、たまにはあるけど。」（ルミネ　2009年） 「可愛くならなきゃって　思うのは、ひとりぼっちじゃ　ないってこと。」（ルミネ　2010年） 「カワイイくせに、ラクにはける。」（ユニクロイージーレギンス／ユニクロ　2012年）	
	②いとおしい。愛すべき。自分にとって大切な。	「体が、かわいい。」（明治ブルガリアヨーグルト／明治乳業　1984年） 「かわいい資産には、旅をさせよ。」（シティバンク　2005年）	
	③小規模な。ちょっとした。小さくてほほえましい。	「キレイがふくらむ、カワイイ投資。」（エイボンカラー／エイボン・プロダクツ　2001年）	
かわいそう 【可哀相】	気の毒な。不憫な。痛々しい。せっかくのものが無駄になるさま。	「どこに預けても一緒。それじゃ、かわいそうだよ。ボーナスが。」（新生銀行　2001年）	

かわく 【乾く・渇く】	「乾く」は水分や湿り気が干上がること。「渇く」は、喉や身体が水分を欲する状態。渇望。飲料系の広告には専ら後者を用いる。	「男をやっていると、咽が渇くことが多い。」（キリン シャウト／キリンビール　1994年）
かわる 【変わる】	①変化する。翻る。別のものになる。老舗ブランドやロングラン商品などが、時代の変化に対応しつつも、本質部分は変化しないでいることを謳うコピーで用いる。「変わる」と「変わらない」を共に用い、変化に対応する姿勢がぶれないことを表現する。 → かえる【変える】　→ へんか	「やがて、いのちに 変わる もの。」（ミツカングループ　CI　2004年） 「時代は 変わる。ラガーは 変わるな。」（キリンラガービール クラシックビール／キリンビール　2007年）
	②進化する。より良い方向に進む。改良する。改革する。生まれ変わる。「変える」と対比するコピーも作れる。 → かえる【変える】	「変われば変わる ほど私だ。」（集英社新書／集英社　2000年） 「かわる たびに、時代を変えていく。」（シビック／本田技研工業　2000年）
	③意識改革をする。姿勢や考えを改める。「○○が変わると、△△も変わる。」の形を用い、大人に向けたメッセージ性のある広告に用いる。	「美しい50歳がふえると、日本は 変わる と思う。」（アクテアハート／資生堂　1997年） 「キッチンが、ドラマチックに 変わる。」（ユーロシェフ 美ストロースター／パロマ　2004年） 「私たち大人が 変われば、子どもが 変わり、未来が変わります。」（公文教育研究会　2005年） 「あなたが気づけばマナーは 変わる。」（JT　2008年）
かんがえかた 【考え方】	着想。発想。思考の仕方。広告では、商品に対する今までにないアイデアを指す。コンセプト。「○○という考え方」の形で、新技術を宣伝する広告などで使われる。「○○とは違う考え方」とすると、他との差別化を図る表現が作れる。 → はっそう	「このメルセデスは、他にはない "考え方" で、できています。」（A-Class／ダイムラー・クライスラー日本　2000年） 「人とちがう 考え方 をすると、おもしろいものができる。」（スズキ　2001年） 「墓地を作るのではない。公園を作るという 考え方。」（花小金井ふれあいパーク／いせや　2005年）
かんがえる 【考える】	①思考する。難しいことを頭の中であれこれ問う。答えは出なくてもよい。	「かむことは、考える こと。」（フリスクガム／カネボウフーズ〈現・クラシエフーズ〉　2001年） 「考え ない日。」（ヌーベル月桂冠／月桂冠　2004年）

		②より良い答えが得られるように思慮を巡らせる。その結果、自社商品やサービスを選んでもらえるように謳う。	「『考えてみれば、人間も自然の一部なのだ。』」（キューピーマヨネーズ／キューピー　1971年）「♪よーく考えよう　お金は大事だよ」（アメリカンファミリー生命保険　2004年）
		③企業が消費者を思って配慮する。工夫を施す。思いやる。「○○を考える」や「考える○○」の表現が、主力商品の中核的コピーになったり、企業スローガンになったりすることが多い。	「考える遊園地。」（豊島園　1991年）「窓を考える会社」（YKK AP　CI　2008年）「ひとくちから、未来を考える。THINK GREEN KAGOME」（カラダNEXT／カゴメ　2012年）
		④何かのテーマを巡って考察を行う。意見を交わす。	「いい飲み方、あなたと考えたい。」（宝酒造　CI　1988年）
	かんきょう【環境】	①人や生物を取り囲み、命や生活、成長、発達などに影響を及ぼす周りの状況。自然。企業の技術や努力などで守らなければいけない対象。企業広告のコピーなどに使われ、「環境技術」「環境性能」といった言葉を伴い「環境に配慮した生産活動ができる技術／性能」の意味を表す。→ エコロジー	「環境への負担も、できる限りスモールであること。」（ダイハツ工業　2002年）「環境想いの技術です。」（アーレスティ　2004年）「燃費こそ、環境性能です。」（ハイブリッドカー インサイト／本田技研工業　2005年）
		②状況。取り巻く周辺。与えられた背景。バックグラウンド。	◆「秀才は、恵まれた環境から生まれます。」（学習塾）
	かんけい【関係】	ものとものの関わり。間。関連。広告では、「人と商品」の構図。	「ヒトとモノ。おとなの関係。」（京王百貨店　1986年）
	かんげき【感激】	心が大きく揺さぶられ、感動に心が奮い立つこと。感極まること。→ かんどう	◆「体重計に乗るたび感激を。」（ダイエット食品）
	かんしゃ【感謝】	ありがたいという気持ちを抱くこと。また、それを表現すること。→ ありがとう	「感謝に、人柄。感謝に、銘柄。」（東武百貨店　1982年）

かんじる【感じる】	何かに触れて刺激を受ける。実感する。肌で良い印象を抱く。身に着ける商品の広告に適している。また、時流や空気感なども表現できる。	「あ、感じる。新しい秋。」（東武百貨店池袋店　1982年） 「守られていると感じる空間。」（ニューポロ／フォルクスワーゲン グループ ジャパン　2000年） 「感じる靴。」（婦人靴売り場／京王百貨店新宿店　2001年） 「感じますか、京女の風」（京都女子大学　2004年）
かんせい【完成】	最後まで仕上がること。完全に成し遂げられたもの。長年の商品開発の末に発売される商品の広告などに使われることが多い。	◆「ついに完成、理想の邸宅。」（住宅） ◆「完成された機能とデザインが、走りを魅了する。」（自動車）
かんせい【感性】	感覚の鋭さ。ものの感じ方。「センス」よりも「感性」と言った方が、感受性豊かな印象を与える効果がある。 → センス	「男の感性が、彼女をセクシーにした。」（京王百貨店　1981年） 「私の家は、私の感性でつくる。」（エルイデオ／ナショナル住宅産業　2000年） 「瞬間、はじける感性、輝くネクタイ。」（〈パナラ〉のネクタイ／アラ商事　2003年） 「感性のキャッチボール。」（川崎重工業　2005年）
かんせい【歓声】	歓喜の声。広告では、専らスポーツ観戦をしている観客の上げる声を指す。	「歓声か、悲鳴か。世界の言葉はふたつになる。」（日本アバイア　2002年）
かんたん【簡単】	手短。シンプル。難しくないこと。手間がかからず、短時間の限られた作業で操作や調理が完了できること。扱いが単純で手軽なこと。	「世の中なんて、カンタンさ。」（太陽神戸銀行　1990年） 「ずっと好きでいられるって、簡単なことじゃないんだ。」（角川文庫／角川書店〈現・KADOKAWA〉　2004年）
かんど【感度】	物事に対する感じやすさ。転じて、電波の入り具合。	「感度いかが？ ピッ。　ピッ。」（西武百貨店　1977年）
かんどう【感動】	①日常とは異なる体験をして刺激を受けること。 → かんげき	「いま、感動の時代。」（日本交通公社　1982年）
	②映画や音楽、出版物で得られる心震える体験。楽しいものとは限らない。	「でっかい感動、二千回。文春文庫、ブンブン。」（文春文庫／文藝春秋　2000年）
	③観戦や中継番組などに接し、興奮とともに受ける精神的な刺激。高揚感。	「感動の裏に私達がいます。」（セイコー、セイコーエプソン　2002年）

	④商品やサービスから得られるうれしさや満足感を表現する。	「タカシマヤで、感動時間。デパートインメント！」（髙島屋のお歳暮／髙島屋　2004 年）
	⑤商品に対して抱く好印象。感激。ある商品を使ってみて、その性能の高さや抜群の効果に消費者が満悦すること。「わぁ、これすごい」と思うこと。	「ステアリングを握った瞬間、その憧れは感動へ。」（ランドローバー／BMW ジャパン　2002 年） 「感動、大人のシルク肌。ファンデーションでハリツヤまで。」（コフレドール／カネボウ化粧品　2011 年）
	⑥見事な。見栄えのする。見惚れる。住宅の住み心地に心動かされること。	「海。その感動の眺望と暮らす。」（東急ドエル　逗子披露山シーサイドコート／東急不動産　2000 年） 「住まいは、感動だと思う。」（藤和不動産　2001 年）
	⑦企業が消費者に提供したいと願う目標。志。高い品質。抽象的なメッセージに添えて、企業を印象づける言葉を盛り込むとよい。	「YAMAHA は "感動創造企業" を目指します。」（ヤマハ　CI　1997 年） 「感動といっしょに、生きていこう。」（デサント　2004 年） 「その感動を、わかちあう。」（アサヒ飲料　CI　2009 年）
かんぱい【乾杯】	酒などの飲み物を飲み干すこと。転じて、宴会の冒頭でグラスを合わせ、祝辞を交わす儀礼。	「ぶどう派に乾杯。」（メルシャンワイン／三楽オーシャン　1980 年） 「乾杯をもっとおいしく。」（サッポロビール　CI　2010 年）
がんばる【頑張る】	「我に張る」の意味で、自分の意志を通すこと。期待に応えられるように耐えて努力すること。「がんばらない」で、無理をしない範囲でマイペースで生活・行動することを促す。 → ファイト	「がんばった人には、NCAA.」（バイオバランス飲料〈NCAA〉／サントリー1982 年） 「がんばらない血糖値対策を。」（グルコケア／大正製薬　2005 年）
かんぺき【完璧】	完全な。隙のない。パーフェクト。あることに備えてぬかりのないさま。	◆「これで完璧、初めての海外旅行。」（旅行保険）

- ひらがな「き」は「幾」の草体、カタカナ「キ」は「幾」の上部に由来する。ローマ字表記は「ki」。
- [k] 音は、舌の付け根を上あごにつけて破裂させる無声子音。「き」はそれに [i] の母音が伴った音節。耳にした時、強さや固さ、鋭さ、狭さ、明るさをイメージさせる効果がある。
- 「き」の濁音「ぎ」は、重さや衝撃感、動作や状態の強調を喚起しやすい。ローマ字表記は「gi」。
- 五十音図のカ行 2 文字目。

見出し語	語義と広告での用法	コピー作品例
キーワード【keyword】	時代を読み解いたり、商品のコンセプトをアピールしたりする際、カギとなる言葉やフレーズ。	「40 代からのクルマ選び キーワードは『やんちゃ』か『シブイ』」（月刊『ストレート』／扶桑社　2004 年）
きえる【消える】	それまであったものが、時間が経ったり、遠くに行ってしまったりして姿がなくなる。存在が分からなくなる。消失する。消滅する。 →けす	「テーブルから、あたたかい味が消えませんように。」（マギーブイヨン／ネスレ日本　2001 年）
きおく【記憶】	①出来事を頭の中で覚えておくこと。忘れないでいること。「記録」と対にして名言風に用いられることもある。 →おもいで	「おいしい記憶をつくりたい。」（キッコーマン　CI　2005 年） ◆「記録よりも、記憶に残る名作です。」（映画）
	②残ること。残照。蓄積。厳しい環境に置かれたことを覚えていること。	「森は記憶している。」（三井不動産　1991 年）
	③データなどを保存・保管すること。	「私を、記憶するカーナビ。」（サイバーナビ／パイオニア　2002 年）
きがえる【着替える】	身に着けている物、衣類やアクセサリーなどを別の物に替える。装いを新たにする、心機一転する、の意。	「なぜ、時計も着替えないの。」（服部時計店　1979 年）
きがる【気軽】	ためらいや手間などがなく、簡単に行動できること。こだわりなく接することができるさま。	「気軽になるから持って行く。」（JCB カード／ JCB　1982 年）
きく【効く】	効果がある。効用が表れる。「何となく良さそう」「いいことがあるかも」という漠然としたニュアンスで「効く」を用いることが多い。	◆「疲れには、旅が効く。」（旅行会社） ◆「家族の未来に効く保険。」（生命保険）

あ	**きく** 【聞く・聴く】	①音楽や音声を耳にする。気配を感じ取る。「時代の音を聞く」のように用いる。ラジオ番組で、「聞く」をキーワードにキャンペーンなどを展開することもある。	「みる、きく、芽ばえる。」（NHK テキスト／日本放送出版協会　2005 年）
か		②尋ねる。質問する。問う。知恵を拝借する。アンケートを取る。	「おばあちゃんに、聞いてみよう。」（Let's Call おばあちゃん／ NTT　1986 年） 「風のことは 風に聞け、人のことは本に聞け。」（Best105 講談社文庫／講談社　1987 年） 「聞くよりそっと引くのが、上司のプライド。」（『現代新語情報辞典』ほか／学習研究社　2001 年） 「板前さん 100 人に聞きました。急須でいれた緑茶にもっとも近いのはどれ？」（綾鷹／日本コカ・コーラ 2012 年）
さ た な			
は	**きこえる** 【聞こえる・聴こえる】	耳に入る。比喩的に、気配や息遣いを感じる。	「いつだって、時代の音が聞こえている。」（髙島屋　1991 年） 「魂の鼓動が聞こえる。」（朝日新聞社 1991 年）
ま	**きざむ【刻む】**	何かを細かく切る。転じて、いつくしみながら時間を過ごす。人生や心に何かを彫りつけたり、印象づけたりして、忘れさせないでいるの意。「時を刻む」は、時計の広告によく用いられる表現。	「今を心に刻む旅。」（日本航空　2000 年） 「心に刻みたい瞬間がある。」（セイコーウオッチ　2001 年） 「あなたの人生を刻ませてください、とグランドセイコーは言った。」（グランドセイコー／セイコーウオッチ 2003 年）
や ら わ	**ぎじゅつ【技術】**	精巧な機械を作ったり、実現が難しいと思われていた消費者の望みを科学的に叶える力。研究を重ねた上で編み出した、人間生活をより快適にする技。	「しあわせ技術。」（日立製作所　1985 年） 「美しいという技術もある。」（セイコーウオッチ　2004 年） 「環境想いの技術です。」（アーレスティ　2004 年） 「ワクワクとあなたの間に。富士通の技術」（富士通　2012 年） 「技術が生みだす魔法。」（新型 S-Class ／メルセデス・ベンツ日本 2013 年）

きじゅん【基準】	基本となる水準。物事の基礎的な尺度。比較する時の基となるもの。 → きほん	◆「グローバル基準の語学力。」（英会話スクール） ◆「住みやすさの基準を変えました。」（住宅）
キス【kiss】	口づけ。好きなものに愛情を注ぐさま。キッス。接吻。親しみを込めた挨拶。「キスする」と動詞化することが多い。	「キッスは目にして、ぽ ！」（レディ80／カネボウ化粧品　1981年） 「キスというものを、ここしばらく、していない。」（尼崎市総合文化センター結婚式場　1996年） 「頭の先からキスの雨。」（EOS Kiss X2／キヤノン　2010年）
きずな【絆】	人と人とのつながり。結束。情愛。	「時は絆。」（服部時計店　1983年） 「都市に、絆。」（積水ハウス　1984年）
きせき【奇跡】	あり得ないような出来事。ミラクル。劇的な効果が見られる商品を宣伝したり、卓越した才能を持った人の興行などを宣伝するのに用いる。	◆「奇跡の音色に酔う。」（コンサート） ◆「あの人も生まれかわった、奇跡のダイエット法」（ダイエット本）
きせつ【季節】	①春夏秋冬が1年で巡ること。四季。転じて、時の移り変わり。懐かしさを伴うコピーで使われる。	◆「季節は、線路に乗ってやってくる。」（鉄道会社） ◆「季節は巡る。時代は回る。」（ウイスキー）
	②時節。最盛期。盛りとなる時分。シーズン。	「フレッシュな音が、おいしい季節です。」（FM東京　1981年）
きぜつ【気絶】	非常にびっくりすることに接し、一時的に気を失うこと。	「気絶するほど『キレイな美脚』！」（『oggi』／小学館　2013年）
きたい【期待】	「こうなってほしい」と願い、その実現を楽しみに待つこと。消費者の希望や願望。	◆「期待を裏切らない、鮮やかな進化。」（自動車）
きたえる【鍛える】	練習や訓練を重ね、強靭な肉体や精神を作ること。厳しい現場に耐え得る能力を目指して鍛錬すること。 → みがく	「がっこうは、キミを鍛える海である。」（小学館　1981年） 「流れがキミを鍛える。」（進学Z会／Z会　1986年） 「きたえた翼は、強い。」（全日本空輸　2011年）
きちんと	乱れていないさま。やるべきことをしっかりやっていること。ちゃんと。礼儀や正しい生活習慣などを守らせるための広告でも用いる。 → ちゃんと	「この家には、きちんと四季がくる。」（日本電建　1990年） 「からだは疲れを貯金する。しかも、きちんと利子がつく。」（シーチキン／はごろもフーズ　2004年）

あ
か
さ
た
な
は
ま
や
ら
わ

きっかけ	何かを始める時に、引き金になること。ちょっとした手がかり。	「きっかけは、フジテレビ」（フジテレビジョン　2005年）
きづく【気付く】	ちょっとしたことに気持ちが向く。新たなことに気が回る。気が付く。	「あなたが気づけばマナーは変わる。」（JT　2008年）
ぎっしり	ある空間に、物が隙間なく入っているさま。三次元的な混雑。充実しているさま。「びっしり」は平面に隙間なく物が詰まっている様子。また、そのイメージ。	◆「この1台に、ぎっしり最新性能。」（自動車） ◆「オモチャ箱には夢がぎっしり。」（玩具）
きっちり	緩んだ部分がないさま。きちんと。 → しっかり	「サカイ、安い、仕事キッチリ！」 （サカイ引越しセンター　1989年）
きっと	もとは、非常に短時間であること、急に、の意。転じて、かなりの可能性で実現することを予想・予言すること。恐らく。必ず。間違いなく。「きっと○○する」が定型表現。また、広告では「もっと」や「ほっと」などと韻を踏んで語を重ねる作品が多い。	「一緒なら、きっと、うまく行くさ。」（セゾンカード／西武クレジット　1983年） 「きっと、もっと、ほっと、するさ。」（日本興業銀行　1986年） 「日本のお母さんは、きっといつか、倒れると思う。」（ヘーベルハウス　DEWKS II／旭化成ホームズ　1991年） 「いつか、きっと、宝物になる。」（ハイブリッド-Z／ミサワホーム　2000年） 「時代を変えるのは、きっとスマイルだ。」（東京電力　2001年） 「ほっと、もっと、きっと、出光」（出光興産　2005年） 「明日は、きっと、できる。」（ミズノ　CI　2007年）
きにいる【気に入る】	自分の嗜好に合う。いいな、と思う。心に残って好きになる。贔屓（ひいき）にする。ファンになる。 → すき	「気に入ったフレーズは二度読み返す。―スローに過ぎていく、秋の一日。」（光文社文庫／光文社　2004年）
きになる【気になる】	心配する。気がかりである。詳細を知るために調べてみたくなる。目に付く。どうにかしたいと思う。	◆「同期の出世が気になりだしたら。」（ビジネス誌）
きぬ【絹】	蚕が吐いた糸の繊維を原料にした布地。なめらかで贅沢なものの例え。 → シルク	◆「絹のような指どおり。」（シャンプー）
きのう【機能】	機械などが持つ能力。具体的に果たす役割。「昨日」と掛けたコピーも。 → せいのう	◆「機能のことは忘れて、自由に使おう。」（家電）

きひん【気品】	そこはかとなく漂う品の良さ。さりげない上品さ。上質な作りや雰囲気。住宅などの仕上げの良さ。「貴賓」と掛けたコピーも作成できる。	「気品、賛辞に満ちて。」（積水ハウス 1981年） 「気品の間。」（住友林業 1991年） 「極めた人は、優雅と気品を忘れない。」（萬年筆グランセ／パイロットコーポレーション 2004年）
きひんせき【貴賓席】	身分の高い人が座る席。特別な席。眺望を楽しむ部屋の優越感を表現する。 → せき → とくとうせき	◆「都心の眺望を愉しむ貴賓席。」（タワーマンション）
きぶん【気分】	①その時の体調や天気、ちょっとした出来事や人との交流で変化する気持ちの起伏。心理状態。	「セブン‐イレブン いい気分。」（セブン‐イレブン／ヨークセブン 1974年） 「底ぬけに明るい気分がいい。」（オーシャンブライト／三楽オーシャン 1983年） 「うまさ新気分。」（キリンびん生／キリンビール 1987年）
	②雰囲気。なりきり感。「〇〇気分」と表現することが多い。	◆「学生気分が抜けないスーツに。」（ネクタイ）
きぼう【希望】	将来に託す期待や望み。こうあってほしい、こうなりたいと思うこと。明るい方向へ進むさま。リクエスト。 → きたい	「あのときも、これからも、希望を運ぶ翼でありたい。」（2020東京開催決定／日本航空 2013年）
きほん【基本】	物事の根本的な部分。基礎。基となるもの。 → きじゅん	「流行でなく、人工でなく、体の基本。」（明治乳業 1985年）
きまま【気まま】	自分のペースで、思い通りに物事を進めること。気の向くまま。	◆「本日、気ままに雲の上。」（航空会社）
きまり【決まり】	決着。結果。決断。ルール。秩序。規則。カタカナで書くと軽さが出る。 → きめる①	「いわば、法律。コーヒーにクリーミング。おいしいキマリです。」（ネッスル日本 1990年）
きみ【君】 広告では「キミ」とカタカナ書きにすることが多い。	①相手を同等または目下だと思う場合に使われる二人称。同志に対する二人称。「あなた」よりも男性的に聞こえる。 → あなた	「いわゆる、キミの味方になれそうだ。」（セゾンカード／西武クレジット 1983年） 「キミは、どこへ向かうのか。」（週刊『ディアス』／光文社 2001年）
	②親しい女性や恋人を連想させる二人称。	「キミが好きだと言うかわりに、シャッターを押した。」（OM10／オリンパス光学工業 1979年） 「いまのキミはピカピカに光って」（X-7／ミノルタカメラ 1980年）

	③（自分の）子どもや赤ちゃんを連想させる二人称。	「僕の<u>君</u>は世界一。」（パルコ　1981年） 「<u>君</u>は何才まで、一緒に入ってくれるだろうか。」（お風呂の日／東京ガス　1988年） 「ようこそ、<u>キミ</u>は音楽のある星に生まれたんだよ。」（ハイポジションUX／ソニー　1989年） 「いつか大人になる<u>キミ</u>へ。」（スタジオ・アン　2010年）
	④生徒に対する二人称。塾や予備校の広告でよく用いる。	「流れが<u>キミ</u>を鍛える。」（進学Z会／Z会　1986年） 「身近な不思議に<u>きみ</u>も挑戦しよう！」（自然科学観察研究会／毎日新聞社　2004年） 「強くナレ。<u>塾</u>は、<u>キミ</u>を強くスル。」（河合塾　2012年）
	⑤自分のペット。ペットフードの広告に好まれる。動物やキャラクターなどに対して親しみを込めて呼ぶ際にも用いる。	「はじめて<u>君</u>と、あーん。」（シーバアミューズ／マース ジャパン リミテッド　2012年） 「<u>キミ</u>がやってきた日から、猫の王国になりました。」（猫の王国フィッシュ in／AIXIA　2012年）
きめて【決め手】	最終的な決着となる手段。決定的な方法。決断の基になる有力な手がかり。	「しょうゆが さしみをおいしくする<u>決め手</u>です。」（高級割烹しょうゆ本膳／ヒゲタしょうゆ　2003年） 「<u>決め手</u>は、対話力。」（英会話COCO塾／ニチイ学館　2012年）
きめる **【決める】**	①決定する。指定する。 → きまり	「〈アンネの日〉と<u>きめ</u>ました！」（アンネナプキン／アンネ　1961年） 「お前の名を<u>決め</u>たのも、この椅子。」（マルニ木工　1980年）
	②決意する。多くのものの中から1つを選び出す。選択する。	「自分で<u>決め</u>よ。」（朝日生命保険　1991年）
	③自分の思う通りの形にする。ビシッと決定づける。格好を付ける。ポーズを取る。カタカナで「キメる」と書くこともある。	「『わたし流』で<u>キメる</u>！」（劇団ひまわり　2004年） 「狙いどおりに<u>決める</u>旅。」（JAL悟空／日本航空　2005年）
	④左右する。	「朝。男の一日を<u>決める</u>時間。」（日本経済新聞／日本経済新聞社　2004年）

きもち 【気持ち】	①何かに接した時に、どのように思い、感じるかを表したもの。感情。心持ち。「キモチ」と書くことが多い。 → きぶん	「気持ちのいい春 いい読書」（光文社 2000 年） ◆「あなたのキモチによりそえる介護を。」（介護施設）
	②心情。思いやり。願い。考えていること。「きもちをわかる」をコンセプトにした作品や、「きもち」と「かたち」に韻を踏ませたコピーが多い。	「おしりの気持ちも、わかってほしい。」（ウォシュレット／東陶機器 1984 年） 「すべてを、『おかあさんの気持ち』で」（不二家　2007 年） 「『キモチ』と『カタチ』を伝えるモノ。」（WAZA2012 伝統的工芸品展／東武百貨店池袋店　2012 年）
きもちいい 【気持ちいい】	気分が爽快になったり、感触や乗り心地などが優しく、快感を抱かせたりするさま。気持ちが良いこと。	「申し訳ないがキモチイイ。」（エリエール／大王製紙　2001 年）
キャッチボール 和製英語	ボールを投げて、相手が受ける遊戯。双方の円滑なコミュニケーションを表す。	「感性のキャッチボール。」（川崎重工業　2005 年）
キャリア 【career】	職歴。仕事上で積んだ経験。経歴。 → けいけん	「最初から、キャリアのある人なんていない。」（転職サイト「日経 Biz キャリア」／日経人材情報　2004 年） 「学んだ語学をキャリアに変える」（サイマル・アカデミー／サイマル・インターナショナル　2005 年）
ぎゅっと	凝縮されたさま。中身が濃い様子。食品や飲料では、うまみやエキス、身体に良い成分が詰まっている状態。	「ひたむきに生きた時代のあの感動が、ぎゅっと詰まっています。」（『昭和ニッポン 一億二千万人の映像』／講談社　2004 年） 「じゃがいもが ぎゅっ！」（じゃがビー／カルビー　2010 年）
きょう 【今日】	①昨日の翌日。この日。本日。トゥデイ。この時間。発売日や申し込み日を伝える広告でも用いる。 → ほんじつ	「きょうは、艶な女。」（松屋銀座店 1981 年） 「今日、私は、街で泣いている人を見ました。」（チョコラ BB ／エーザイ 1989 年） 「センパイも今日、決意した。」（栄光ゼミナール　2005 年） 「今日は別人みたいなんて　失礼しちゃうわ　嬉しいわ」（ルミネ　2009 年）

		②相変わらず。例外なく。日常的に。「今日も○○」の形で、消費者にその行動を習慣化させることを目的とするコピーによく見られる。	「今日もパソコンにイジメられた。」（できるシリーズ／インプレス　2000年）「ジョージア、今日も上出来。」（ジョージア／日本コカ・コーラ　2008年）
		③当該商品を使って生活する現在。現状。個々の日常。毎日の連鎖。企業スローガンにも使われる。	「昨日も、今日も、これからも。」（三菱重工業　2005年）「今日を愛する。」（ライオン　CI　2012年）「新しい今日がある」（セブン&アイ・ホールディングス　CI　2012年）
きょうえん【共演】	主役となる人同士が一緒に出演すること。大きな目玉が複数ある企画。	「3億・1億、夢（ドリーム）の共演。」（ドリームジャンボ／全国自治宝くじ事務協議会　2002年）
ぎょうしゅく【凝縮】	エッセンスを煎じ詰めること。濃縮。見どころや機能を一点に集める。→ ぎゅっと	◆「高性能を凝縮したマシン。」（自動車）
きょうそう【競争】	どれが優れているか勝負すること。優劣を決める争い。	◆「競争はしない。だから品質が保たれる。」（自然食品）
ぎょうてん【仰天】	天を仰いでびっくりすること。ずば抜けた特長に非常に驚くこと。	「世界仰天のうすさ」（画王／松下電器産業　1993年）
きょねん【去年】	今年から見た前の年。昨年。広告では少し前の過去を指す。	「きょねん、広告で約束したこと、できているか、見に来てください。」（岩田屋　1992年）
きらい【嫌い】	好きではない。自分の思っているものや趣味とするものにそぐわない。広告では「好き」と「嫌い」を対（つい）にして、人の心の動きの複雑さを描くものがある。	「自分のこと、嫌いですか？」（劇団ひまわり　2004年）「際立つのは好きだ。派手は嫌いだ。Love & Hate」（Premium Sports Golf GTX／フォルクスワーゲン グループ ジャパン　2005年）
きらきら	星や宝石などが放つ光が連続して瞬くさま。転じて、輝くような生命力や笑顔などを形容する。	「きらきらしてると、誰だって写したくなる。」（写ルンです Night&Day／富士写真フイルム　2004年）
きらり	瞬間的に輝きを見せるさま。光るものを持っている様子。	「冴えた腕・キラリ・うす型。」（シチズン時計　1978年）「おいしさ、キラリ☆」（明星食品　CI　2010年）
きりふだ【切り札】	比喩的に、最終手段として取っておいた絶対的な方法。→ カード	◆「自由への切り札。」（クレジットカード）

きる【切る】	刃物などで物を切断する。離れる。突然終わる。転じて、気持ちが途切れる。	「精神力だけでは、テープを<u>切れ</u>ない。」（カロリーメイト／大塚製薬 1983年） ◆「<u>切れ</u>ないヤル気を、育てます。」（学習塾）
きる【着る】	①衣服を身に着ける。着用する。羽織る。広告では「服を着ておしゃれをする」「着ることは、その人の生き様である」という趣旨で用いることが多い。アパレル業界のコピーによく使われる。言葉遊びを含むコピー作品も多い。	「見られたくないから、コートを<u>着</u>る。見せつけたいから、コートを<u>着</u>る。」（オンワード樫山 1981年） 「怖いもの<u>着</u>たさ。」（伊勢丹 1986年） 「メリノウールを<u>着</u>る運動。」（メリノウール／国際羊毛事務局 1989年） 「あした、なに<u>着</u>て生きていく？」（earth music&ecology 2010年）
	②身に着ける。まとう。「緑を着る」で自然の中に住む、の意。	「緑を<u>着</u>ると、あったかいな。やさしいな。」（三井不動産 1983年） 「緑を<u>着</u>る家。」（積水ハウス 1990年）
きれ【切れ】	切れ味。すっきりとしたのどごし。	「コクがあるのに、<u>キレ</u>がある。」（アサヒビール 1986年）
きれい【綺麗・奇麗】	①汚れていない。清潔な。衛生的な。純な。	「ほしいのは、<u>きれい</u>な水。」（日本ユニセフ協会 2001年）
	②清らかな。心が純粋で、それが表にもにじみ出ている様子。	「香り華やか。<u>綺麗</u>なうまさ。そば焼酎 雲海。」（本格そば焼酎 雲海／雲海酒造 2005年頃）
	③整っていて美しい。しっかり手入れされている。おしゃれ。女性向けの商品の購買意欲を高める効果がある。「きれい」を名詞としても使う。美容系の商品の広告では、「きれいを○○する」の形も増えている。「美しい」が客観的な美を表すのに対し、「きれい」は本人の努力や工夫を含めた美を表現する傾向がある。 → うつくしい	「<u>きれい</u>なおねえさんは、好きですか。」（松下電工 1992年） 「<u>キレイ</u>がふくらむ、カワイイ投資。」（エイボンカラー／エイボン・プロダクツ 2001年） 「私を<u>きれい</u>にする百華店。」（髙島屋 2004年） 「<u>きれい</u>を、ふりまく。」（SALA／カネボウ化粧品 2005年） 「恋の終わりと 恋のはじめで 女の子は <u>キレイ</u>になれる。」（ルミネ 2009年）
	④美容に良い。浄化されてすっきりする。	「からだの芯から<u>きれい</u>になる。」（黒豆茶／フジッコ 2001年）
	⑤すっかり。すっぱり。完全に。「きれいに～する」の形が好まれる。	◆「野菜が<u>きれい</u>に溶けています。」（野菜ジュース）

見出し語	語義と広告での用法	コピー作品例
きわだつ【際立つ】	他と比較した時に、その差が歴然としていること。優れた面が目立つこと。(他社製品との)差異が顕著なさま。	「際立つのは好きだ。派手は嫌いだ。Love & Hate」(Premium Sports Golf GTX／フォルクスワーゲン グループ ジャパン　2005年)
きわまる【極まる】	限界の状態になる。果てまで至る。これ以上ない境地に達する。	「歓び、極まる。」(ニュー BMW3 シリーズ／BMW ジャパン　2012年)
きわみ【極み】	究極の。最高峰。企業の技術の粋を集めた商品の宣伝に使われる。	◆「観劇の極み。」(音響システム)
きわめる【極める・究める】	①とことんまで突き詰める。究極の域に達する。これ以上ないものになる。高級感を演出する商品の広告に使われ、文語的に「ここに極まれり」「いざ極めん」と表現することもある。	「極めた人は、優雅と気品を忘れない。」(萬年筆グランセ／パイロットコーポレーション　2004年) 「自分を伸ばす。資産を極める。答えは野村のFAでした。」(野村證券 2005年)
	②深く探求して、物事の真理を知る。真髄を知る。「究める」は学究する、の意。	「美しい電子部品を究めます。」(アルプス電気　1998年)
きんだん【禁断】	危険なほど魅惑的なもの。御法度。 → みわく	「君は禁断の、フルーツ。」(KAGOME 100／カゴメ　1983年)

- ひらがな「く」は「久」の草体、カタカナ「ク」は「久」の初めの２画に由来する。ローマ字表記は「ku」。
- [k]音は、舌の付け根を上あごにつけ、破裂させる無声子音。「く」はそれに[u]の母音を伴った音節。耳にした時、軽さや固さ、優しさ、落ち着きをイメージさせる効果がある。
- 「く」の濁音「ぐ」は、確かさや充実感、動作や状態の継続を喚起しやすい。ローマ字表記は「gu」。
- 五十音図のカ行３文字目。

見出し語	語義と広告での用法	コピー作品例
くう【食う】	「食べる」のくだけた男性的な言い方。転じて、生計を立てる。	「くうねるあそぶ。」(セフィーロ／日産自動車　1988年)
くうかん【空間】	広がりのある部分。空いている所。住宅や自動車内のスペースの広さを謳う広告などで用いる。	「空間の快適性は、ここまで進化した。」(ミサワホーム　1986年) 「緑に憩う快適空間、誕生！」(木下工務店　1990年) 「守られていると感じる空間。」(ニュー ポロ／フォルクスワーゲン グループ ジャパン　2000年)

くうき 【空気】	①地球を覆っている気体。大気。環境の比喩。人間が生きるために常時吸って吐く気体。転じて、身近な生活環境。空気清浄機やエアコンなどのコピーに使われる。	「商品は空気です。」（大気社　1976年） 「人と空気のあいだに、いつも ダイキン」（ダイキン工業　2001 年） 「空気を洗うのも TOTO の仕事です。」（ハイドロテクト技術／東陶機器 2004 年）
	②その場の雰囲気。流れ。 → かぜ	「空気をかえよう」（エステー　CI 2004 年）
クール【cool】	①涼しく、清涼感がある様子。ひんやりしているさま。 → つめたい　→ ひえる	「新人諸君。クールなスーツを作る会社はアオキである。」（AOKI　2001年）
	②かっこいい。落ち着いている。冷静。媚びていない。	「アタマはクール。ココロはカラフル。」（『Colorful』／ぴあ　2004 年）
クオリティー 【quality】	品質。商品のレベル。抽象的な名詞に付き、商品の価値を謳うコピーに使われる。 → しつ　→ ひんしつ	「安全というクオリティを『軽自動車』に。」（ek ワゴン／三菱自動車工業 2001 年） 「走りのクオリティーを革新し続けるもの。」（アコード／本田技研工業 2005 年）
くすぐる	相手の心にうまく働きかけて、刺激を与える。買いたい気持ちにさせる。	◆「学びたい気持ちをくすぐられたら。」（通信教育講座）
くすり【薬】	病気や痛み、傷などを治すために服用するもの。薬品。薬剤。塗り薬や貼り薬なども含む。製薬会社の広告にしばしば「くすり」「おくすり」の形で使われる。ストレスや傷心などを癒やすもの。リラックスに効くもの。精神の特効薬。	「ハートのおくすり」（救心カプセル／救心製薬　2008 年）
くせに【癖に】	広告では、「○○なくせに△△」の形で、見た目と機能や価格とのギャップを強調する口語表現。	「カワイイくせに、ラクにはける。」（ユニクロ イージーレギンス／ユニクロ 2012 年）
くせになる 【癖になる】	好ましくない習慣が身についてしまうこと。転じて、楽しさやおいしさ、便利さなどに魅了され、やみつきになること。思わずリピートしてしまいたくなる魅力を持つことをアピールする。表記は快い場合はカタカナで記すことが多い。 → はまる	「クセになる爽快感。」（日本経済新聞／日本経済新聞社　2004 年）

ください 【下さい】	相手に向けて、何かをお願いする時に用いる。懇願する。訴える。	「ベンザエースを買って<u>ください</u>。」 （ベンザエース／武田薬品工業　1985年） 「落ちたとたんゴミになる。しっかり貼って<u>ください</u>な。」（セロテープ／ニチバン　1988年） 「あなたから、幸せになって<u>ください</u>。」（岩田屋　1989年） 「愛して<u>ください</u>、あなたの心臓。」（生薬強心剤「救心」ほか／救心製薬2005年） 「自分の夢まで、自己採点しないで<u>ください</u>。」（河合塾　2008年）
くち【口】	口腔。物を食べたり飲んだりする顔の部分。声を出す器官。お口。虫歯・口臭予防や入れ歯クリーナー、ガムなどの商品コピーでは「お口」を用いることが多い。 → ひとくち	「お<u>口</u>の恋人」（ロッテ　CI　1960年） 「バイ菌、バイバイ。きれいなお<u>口</u>で病気の予防！」（北海道歯科医師会2004年） 「大きく<u>口</u>を あけまして おめでとう ございます。」（日本マクドナルド2013年）
くちどけ 【口溶け】	口の中に入れた時に、唾液や体温で食べ物が溶けること。スイーツ類の広告に使われることが多い。	「<u>口</u>どけの良さは、ひと口で説明できないので、ひと口お試しください。」（メルティーキッス／明治製菓1993年）
くっきり	輪郭がはっきりとしているさま。境界線が明らかである。周りにあるものと明確に区別できる様子。画質などが鮮明なこと。	「<u>くっきり</u>鮮やか、高画質画像。」（日立製作所　1982年） 「夏の夜に<u>くっきり</u>。心に<u>くっきり</u>。文春文庫、ブンブン。」（文春文庫／文藝春秋　2000年）
くっつく	2つのものが接着する。寄り添う。	「できれば、あなたと、<u>くっつき</u>虫。」（岩田屋　1986年）
ぐっと	強い力を込めたり、しっかりと握ったりすること。衝撃的に。一段と。	「スッと踏めば、<u>グッ</u>と応える。」（BMWジャパン　2002年）
グッド【good】	良い。美しい。望ましい。 → いい	「人生に<u>グッド</u>デザインを。」（トヨタホーム　2004年） 「停滞はバッド。変化は<u>グッド</u>。」（earth music&ecology　2012年）
くつろぎ【寛ぎ】	のんびりすること。ゆっくりすること。リラックス。くつろぎを得るさま。表記は「くつろぎ」とひらがなで書くことが主。	「確かな、<u>くつろぎ</u>。」（キリンビール1978年） 「<u>くつろぎ</u>、うるおい、かがやく。Kizakura」（黄桜　CI　2008年）

くとうてん **【句読点】**	文章を読み易くするために打つ句点「。」や読点「、」のこと。比喩的に、物事にひと区切り付ける、の意。	「三〇年目の句読点。」（全国労働者共済生活協同組合連合会　1987年）
くに【国】	①国家。	「どの国の骨が、いちばん美しいか」（全国牛乳普及協会　1996年） 「長生きして、ヨカッタと言える国にしよう。」（セゾンカード／クレディセゾン　2004年）
	②日本。日本のもの。「この国」で自国、すなわち現代日本社会を指す。「美しい／美しき」などの形容詞を伴うことが多い。	「この国には、まだ掃除しきれていない20世紀が、いっぱいあると思う。」（宝島社　2001年） 「よい転職がこの国を変えていく」（転職サイト「日経Bizキャリア」／日経人材情報　2003年）
	③ある文化や習慣を持つ人が集まり住む場所。「〇〇の国」の形で、食文化を描く広告のコピーに多い。婉曲的に日本を指す。	「ごはんの国の食器洗い機です」（日立製作所　1987年） 「私たちはふれあいのある国に住んでいます。」（グンゼ　1987年） 「お箸の国の人だもの。」（味の素　1989年） 「美しき国、麗しき習い。」（髙島屋のお歳暮／髙島屋　2004年） 「さかなを食べる国は、将来だいじょうぶだと思う。」（シーチキン／はごろもフーズ　2004年）
くふう【工夫】	手元にあるものを使って、より便利で効率的な方法を編み出すこと。「ひと工夫」で、ちょっとしたアイデア。	◆「ひと工夫で、お金が笑う。」（銀行）
くみあわせ **【組み合わせ】**	2つ以上のものを一緒に用いた時の相性。パートナーシップ。 → コンビ	「僕たちは、最高の組み合わせだよ。」（住友信託銀行　2001年）
くらす【暮らす】 **くらし**	生活する。生計を立てる。日々を過ごす。特に家庭内において豊かで穏やかな日常を送ることを指す。	「いつも暮らしの中に」（ライオンCI　1991年） 「海。その感動の眺望と暮らす。」（東急ドエル 逗子披露山シーサイドコート／東急不動産　2000年） 「日本人は暑さと暮らす天才だった」（あけぼのの水羊羹「夏がきた」／曙　2000年） 「いっしょに　いっしょう　くらしたい。」（東急不動産、新日鉄都市開発ほか　2003年）

あ

か

さ

た

な

は

ま

や

ら

わ

クラス【class】	階級。等級。組。自分で選び取って所属するグレードという意味もある。	「ふつうにエコ。エコロジー<u>クラス</u>でいきましょう。シャープ。」（ソーラー街路灯／シャープ　2004 年）
くらべる **【比べる・較べる】** **くらべ**	２つ以上のものを並べ、その差を見る。優劣を付ける。照らし合わせて比較する。かつては「知恵くらべ」の表現をよく用いた。	「ふやせふやせの知恵<u>くらべ</u>であります。」（日本長期信用銀行　1988 年） 「<u>比べる</u>なら、裏まで。」（岩田屋　2001 年）
グラマラス **【glamorous】**	肉感的な魅力。人を惹き付けるような活気や華やかさに満ちたもの。	「髪に、<u>グラマラス</u>な艶。」（TSUBAKI／資生堂　2014 年）
クリア【clear】	①澄んだ。雑味のない。透明感のある。素肌などに曇りのない。ビール系飲料や基礎化粧品のコピーに使われる。	◆「<u>クリア</u>でクールなのみごたえ。」（炭酸飲料） ◆「あなたの肌はもっと<u>クリア</u>に。」（基礎化粧品）
	②明晰な。分かりやすい。	「スマートでいたい、コントロールしたい、これからは<u>クリア</u>で行く。」（シティ クリアカード／シティバンク　2003 年）
くる【来る】	①観光地などに誘致する表現。「来て」や「来い」（恋）をもじったものも。	◆「故郷に恋。戻って<u>来い</u>。」（Uターン就職）
	②迫る。琴線に触れる。刺激のある物が、効くさま。「きた」で効果が届いているさまを表すこともできる。	「<u>キターーーッ</u>！」（サンテ FX 目薬／参天製薬　1991 年） 「音が、<u>くる</u>。映像が、<u>くる</u>。胸に、迫って<u>くる</u>。」（La Vie S／日本電気　2000 年）
くるま【車】 専らカタカナで「クルマ」と書き、自動車、特に商品としての乗用車を表す。「車」と書く場合もある。	車輪が付いていて、人や物を乗せて動くもの。自動車。原動機付き四輪車。愛車。高級車には文学的・哲学的な表現を用い、コンパクトカーには親しみやすい表現を用いると効果的である。自動車が運転する人にとってどのような存在であるのかを謳うコピーや、自動車がどのような性能を持っているか、売り込みたい特徴は何かを切り口にした作品も多い。	「その名を聞いて、ときめく<u>クルマ</u>は少ない。」（新型スカイライン／日産自動車　2000 年） 「美しい生き方を重ねられる<u>車</u>に、お乗りですか。」（E-Class／ダイムラー・クライスラー日本　2002 年） 「その<u>クルマ</u>は、私の美意識を挑発する。」（NEW LEGACY／富士重工業　2004 年） 「誰もが振り返る<u>クルマ</u>を作りたかった。コンパクトカーで。」（プジョー 206／プジョー・ジャポン　2005 年） 「<u>クルマ</u>がずっと愛されるために。」（デンソー　CI　2010 年） 「翼をもった<u>クルマ</u>へ」（SKYACTIV／マツダ　2011 年）

見出し語	語義と広告での用法	コピー作品例
グレードアップ【grade up】	格上げすること。ランクを上げること。より力を付けること。	「国語力・英語力 グレードアップ宣言」（『明鏡国語辞典』『ジーニアス英和辞典』ほか／大修館書店　2005年）
くろ【黒】くろい	色が暗いこと。漆黒。ブラック。濃い色。しばしば白と対比される。日焼けした肌の色の誇張表現。日本人にとっての髪や瞳の標準色でもある。	「ヨロンは黒い肌を支持しております。」（全日本空輸　1977年）「格別な白か。別格の黒か。」（ソリオ／スズキ　2011年）
くわしい【詳しい】	細かであること。よく知っていること。通じている。	◆「あなたにくわしい銀行です。」（銀行）
くわだて【企て】	企画。計画。戦略。もくろみ。	「豊かさへのくわだて。」（コンチェルト／本田技研工業　1988年）

- ひらがな「け」は「計」の草体、カタカナ「ケ」は「介」を略したもの。ローマ字表記は「ke」。
- [k]音は、舌の付け根を上あごにつけ、破裂させる無声子音。「け」はそれに[e]の母音を伴った音節。耳にした時、軽やかさや柔らかさと同時に、高級感や知性をイメージさせる効果がある。
- 「け」の濁音「げ」は、重量感や確かさ、強さと結びつきやすい。ローマ字表記は「ge」。
- 五十音図のカ行4文字目。

見出し語	語義と広告での用法	コピー作品例
けいかい【軽快】	軽やかで気持ちよく体が動くこと。素早い身のこなしができること。	「軽快、わらじ山（サン）ダル。」（WAVE REVIVE OD／ミズノ　2012年）
けいかく【計画】	①何かを達成するために、立てておく予定。	「どんな夢も、手帳に書けば、計画になる。」（NOLTY/能率手帳／日本能率協会マネジメントセンター　2011年）
	②手順の見積もり。プラン。広告では「○○計画」と銘打ってプロジェクトを推進したり、委員会を発足させて消費者に意識改革を促す目標を立てたりすることがある。→いいんかい	「合言葉は、ダイジョウブカ？ 21世紀大丈夫化計画。」（三菱電機　1994年）「エコペ計画」（王子ネピア　2004年）
けいき【景気】	経済の動向。商売の状態。その場の雰囲気。転じて、社会の元気を象徴的に表現する。	◆「景気のいい話、ここにあります。」（ビジネス誌）
けいけん【経験】	人がいろいろな場面を体感したり実践したりして、積み重ねていくもの。→キャリア	「無名の人の経験のほうが、有名な人の話より面白いことが多い。」（文芸社　2000年）

あ	けいこく【警告】	気を付けなければいけないことを、戒めて告げること。注意よりも強い。	「警告：このラスト、映画通ほどダマされる。」（映画『ミッション：8 ミニッツ』 2011 年）
か	げいじゅつ【芸術】	美術や音楽などで表現される、技の高さ。至高の出来栄え。優れた作品や高級感ある商品を「芸術品」と言う。→ アート → びいしき	◆「いわば日本酒の芸術品。」（酒造会社）◆「技術も芸術も、お手のもの。」（照明メーカー）
さ	げきじょう【劇場】	芝居・映画などを見せるための施設。転じて、ドラマチックな物事が展開される場所や物を表現する。	◆「波乱という名の人生劇場。」（保険プラン）
た	げきてき【劇的】	まるで演劇に出てくるような心を揺さぶる場面。目を見張る状態。	「たのしさ劇的。」（日本ビクター 1979 年）
	けしき【景色】	自然界にある風景。眺め。転じて、趣や彩りのこと。	◆「ほほ染めて、春景色。」（化粧品）◆「景色の見える贈りもの。」（百貨店）
な	けす【消す】	①消滅させる。なくす。見えなくする。転じて、ゼロにする。削る。→ きえる	「人は、書くことと、消すことで、書いている。」（トンボ鉛筆 2006 年）
は		②電源を切る。スイッチをオフにする。	「女性よ、テレビを消しなさい。」（角川文庫／角川書店〈現・KADOKAWA〉 1976 年）「アカリは消しても、アイデアは消さないで！」（省エネルギーリサイクルアイディア募集／東京電力 1991 年）
ま	けつい【決意】	強い意志を持って、何かを決めること。決心。→ けっしん	「センパイも今日、決意した。」（栄光ゼミナール 2005 年）
や	けっか【結果】	成果。努力をした末に出るもの。「結果を出す」が典型表現。	「最悪の時代に、最高の結果を出そう。」（『日経ビジネス』／日経 BP 社 2003 年）「結果を出すなら、トライの『短期特訓』」（家庭教師のトライ 2004 年）
ら	けっきょく【結局】	とどのつまり。揚げ句の果て。やはり。	「結局飲んでる黒ラベル」（サッポロ黒ラベル／サッポロビール 1990 年）
わ	けっさく【傑作】	①出来栄えの非常に良い作品。「最高」を伴い、映画や小説の宣伝文句で「シリーズ最高傑作」のように用いる。	◆「拍手を浴びて、シリーズ最高傑作、ついに公開。」（映画）
		②高級なジャンルの商品の中でも、最も質が良いもの。転じて、企業が総力を挙げて送り出す逸品。	「メルセデス史上、最高傑作のC。」（新型 C-Class SEDAN ／メルセデス・ベンツ日本 2011 年）

けっしょう **【結晶】**	努力や愛情などが成就し、形になること。工夫や苦心などが究極の形で出現するさま。	「三〇年の、美の結晶。」（オッペン化粧品　1983年） 「創造力、結晶。」（堀内建設　1987年）
けっしん【決心】	心に決めること。こうすると決意すること。覚悟。 → けつい	◆「決心が合格を引きよせる。」（予備校） ◆「ボーナスもらったら、すぐに決心。」（銀行）
けつだん【決断】	心を決めること。きっぱりと結論を出すこと。判断を下すこと。住宅などの高額商品の購入に踏み切ること。英断。	「建てる決断。」（殖産住宅　1979年） 「広い視野からの決断。」（岡三証券　1980年） 「価値ある決断。」（ミサワホーム　1988年）
けんか【喧嘩】	人と人が意地を張り合って起こすいさかい。争い。些細なことを巡る対立。商品に対するこだわりの衝突を表現する際にも使う。	「ケンカして、買った。」（マルニ木工　1981年） 「ケンカをやめた。だから、もう負けない。」（PARCO CULTURE PARK／パルコ　1984年）
げんき **【元気】**	①体調が良く、活気がみなぎるさま。精神的に張りがあり、明るく活発な様子。子どもが健やかに成長している様子。	「いろんな命が生きているんだな〜元気で。とりあえず元気で。みんな元気で。（トリスウイスキー／サントリー　1981年） 「亭主元気で留守がいい〜」（ゴン／大日本除虫菊　1986年） 「赤ちゃんの元気は、人類の元気だと思う。」（ニューメリーズ／花王　1991年） 「元気出していきましょう」（エーザイ　CI　2000年） 「AKACHAN! GENKI! NIPPON!」（ネピア GENKI!／王子ネピア　2007年）
	②ビジネスに活気があり、経済活動が盛んなさま。健全な状態にあること。「○○が元気になる」「○○を元気にする」の表現を用いる。	「元気がエンジン。」（ALSOK　1992年） 「みずほなら、あなたの円が元気になる。」（みずほ銀行　2004年） 「元気、点灯します。」（弘電社　2005年）
けんきゅう **【研究】**	物事を調べ、思考を重ねて真理や仕組みを探る作業。学術上の業績や貢献。	◆「あなたの快適を研究しました。」（エアコン）

見出し	語釈	用例
けんこう【健康】	心身が健やかなさま。丈夫なこと。病気などをしていない状態。健全。健常。「健康になる」や「健康でいること」を略して言う際にも用いる。 → すこやか	「疲れを残すか。健康を残すか」（ヤクルト本社　1969 年） 「おいしさと健康」（江崎グリコ　CI　1971 年） 「無くしてわかる有難さ。親と健康とセロテープ」（セロテープ／ニチバン　1987 年） 「健康をやさしく見守るオムロンです。」（オムロン　1992 年） 「健康がブームになるなんて、異常だ。」（体内環境正常化／カゴメ　2000 年） 「『健康』も、お父さんの仕事です。」（健康エコナ／花王　2004 年） 「緑効青汁で健康貯金」（緑効青汁／アサヒ緑健　2011 年）
げんてん【原点】	基になる点。基準。根源。比喩的に、初心の意。開発精神や企業理念などを再確認する時にも用いる。	「珈琲原点。」（ネッスル日本　1983 年） 「創造の原点は、ロマンです。」（東京重機工業　1986 年）
げんば【現場】	物事が行われているその場。事件が起きている場所。目の当たりにしているもの。	「あなたは毎週、歴史の現場に立つ。」（週刊『再現日本史』／講談社　2001 年）
けんり【権利】	あることをする、あるいは、しないようにする能力。勝ち取った社会的な自由。	「あなたには、もっとセクシーになる権利がある。」（カロヤンガッシュ／第一製薬　2004 年）
げんり【原理】	認識や行動の基になる法則。根本的な考え方。本質的要素。	「原理が違う。これが次世代の映像力。」（POWER PROJECTOR SX50 ／キヤノン　2004 年）

- ひらがな「こ」は「己」の草体、カタカナ「コ」は「己」の初めの 2 画に由来する。ローマ字表記は「ko」。
- ［k］音は、舌の付け根を上あごにつけ、破裂させる無声子音。「こ」は、それに［o］の母音を伴った音節。耳にした時、固さや確かさ、穏やかさ、小ささをイメージさせる効果がある。
- 「こ」の濁音「ご」は、強さや激しさ、速さや勢いの良さを喚起しやすい。ローマ字表記は「go」。英語の GO や、数字の 5 と掛けたコピーも作れる。
- 五十音図のカ行 5 文字目。

見出し語	語義と広告での用法	コピー作品例
こ【子】	①子ども。赤ん坊。 → こども	◆「われは海の子、魚の子。」（水産会社） ◆「この子たちの夢がかなう未来を目指したい。」（環境技術）
	②女性の名前によく付けられる字。転じて、企業名を想起させる女性像を演出するキャラクターとして「ハナコ」を筆頭に名付けることがある。	「ハナコ、今日の折りこみを、見よ。父」（'92秋のインターナショナルファッション／住商オットー〈現・オットージャパン〉1992年） 「よりみちこさんの、東京ソラマチ。」（東京ソラマチ／東武鉄道　2012年）
こい【来い】	→ くる	
こい【恋】 旧字「戀」の上部は、「糸＋糸」、そして「言」から成る。これは、からまった糸を言葉で分けようとしても、簡単には分けられない様子を意味する。そこに「心」を加え、人が思い乱れてしまうこと。	①ある人に強く惹かれ、恋愛感情を抱いて切ない気持ちになること。燃える心。惚れること。ときめく心。広告では、積極的に物事に取り組んだり、消費行動を取ったりすることの象徴的モチーフとして用いることが多く、恋をして、服や化粧品を買って着飾ろうと推奨するものが多い。恋愛する気持ちを思い出させ、商品へと導く小説のようなフレーズを用いた作品も少なくない。 → はつこい	「恋をしてれば　この広告は　他人事でない。」（尼崎市総合文化センター結婚式場　1991年） 「甘い恋、かじったら、しっかり磨こうね。」（サンスター　2000年） 「試着室で思い出したら、本気の恋だと思う。」（ルミネ　2008年） 「恋の終わりと　恋のはじめで　女の子は　キレイになれる。」（ルミネ　2009年） 「恋を呼ぶコロン」（HAPPY BATH DAY Precious Rose ／コーセー　2013年）
	②ある商品に惚れること。意欲的になる。ハマる。「恋」と「濃い」を掛けているコピーもある。	「百年の恋は、しょうゆの味がする。」（いつでも新鮮　しぼりたて生しょうゆ／キッコーマン　2014年） ◆「恋に落ちる肌ざわり。」（アパレル）
	③ある場所に行きたい、行ってみたいと強く思うこと。「愛（会い）に恋（来い）」と掛け、観光客誘致の広告などに用いる。	「大地も恋をしております。」（でっかいどぉ。北海道／全日本空輸　1985年） 「愛に雪、恋を白。」（JR SKI SKI ／東日本旅客鉄道　1998-1999シーズン）

こい【濃い】	色が深い。濃度が高い。リッチ。通常基準よりも味わいや含有成分が濃厚な商品を「濃い○○」「濃い味△△」とネーミングすることが多い。比喩的に、充実しているさま。存在感があること。 → こく　→ のうこう	「愛が、濃い。」（夏のギフト キリンの高果汁飲料／キリンビール　1990年） ◆「濃い感動をお約束します。」（旅行会社）
こいしい【恋しい】	切なく心惹かれるさま。切望。	「冬がもっと恋しくなる。」（コート特集／浜屋百貨店長崎店　2004年）
こいする【恋する】	恋愛する。思わず惚れ込んでしまうほど魅力的な。ときめきを持った。	「愛されたい。あなたから。恋されたい。あなた以外にも。」（ルミネ 2008年）
こいびと【恋人】	①恋愛関係、相思相愛関係にある相手のこと。	◆「恋人ができたら、行きたい場所ナンバーワン。」（テーマパーク）
	②なくてはならないパートナーを比喩的に表す。良きパートナー。相棒。	「お口の恋人」（ロッテ　CI　1960年）
こううん【幸運・好運】	幸福を感じる運気。良い巡り合わせ。 → こうふく　→ しあわせ	◆「あとは幸運の女神に祈るだけ。」（くじ）
こうか【効果】	ある商品やサービスを利用して得られた好結果。期待通りの効き目。	◆「メキメキ効果が見える授業。」（学習塾） ◆「最小努力、最大効果。」（ダイエット食品）
ごうか【豪華】	華やかで立派な様子。贅沢で派手なこと。期待以上にゴージャスなさま。	「豪華絢爛」（マキアージュ オーラヴェール コレクション／資生堂　2012年）
こうきしん【好奇心】	知らないことを知りたいと思う欲求。もっと知識や見聞を広めたいとして抱く興味。消費者が自社製品を買うことによって好奇心が満たされることを謳う。	「好奇心の数だけ、私がいる。」（京王百貨店　1984年） 「好奇心旺盛。」（東急ハンズ　1990年） 「好奇心、一〇〇点満点。」（学習研究社　1991年） 「飢えた好奇心に。」（FMV DESKPOWER BIBLO／富士通　2000年）
こうこく【広告】	①広く告げること。呼びかけ。告知。ある商品が発売されていることを、広く世に告げ、説明を添えたり、買ってもらうように説得したりすること。およびその媒体。	「たった6人の方へ、広告します。」（全国自治宝くじ事務協議会　1999年）

		②広告というメディア。ある程度の節度が求められ、客観的に世間の批評を仰ぐこともある。	「広告を愛して、しかって。」(日本広告審査機構 2005年) 「あなたの一言が、広告を育てる一歩になる。」(日本広告審査機構 2005年)
		③コピーの中に「広告」という語をあえて使い、消費者にあらためて広告と向き合う姿勢を問うたり、「○○広告。」の形で、「この広告は通常の広告とは違う」というメッセージを伝える。	「この家建てる人、この広告読んでいるかな。読まないとソンするな。」(硝子繊維協会 1975年) 「信頼という言葉が、広告でよく使われるけど。まずホントかなと、疑ってみる。」(住友林業 1983年) 「誇大広告。」(豊島園 1985年) 「大きく言うことでもないので、小さく広告します。」(YKK AP 2002年) 「ちょっと変わった広告。」(JT 2005年)
こうどう【行動】		あることを行うために、頭の中で考えるだけでなく実際に動くこと。行為。	「行動する知性。」(中央大学 CI 2007年)
こうひょう【好評】		評判が良いこと。消費者から好意的に受け入れられている状態。	◆「らくらくダイエット、好評継続中。」(健康食品)
こうふく【幸福】		幸せで、心が満ち足りているさま。幸運。ありがたみ。ゆったりと味わう満足感。「幸せ」よりも文語的で、家族的でささやかな喜びを謳う場合が多い。「○○という幸福」のパターンに則ったものが多い。 → こううん　→ しあわせ	「本を読む幸福で、地球をうずめたい。」(集英社 1991年) 「被写体の幸福。」(キャメディア／オリンパス光学工業 2000年) 「幸福は、ごはんが炊かれる場所にある。」(ほっともっと／プレナス 2008年) 「そのへんにある幸福です。」(デッカルチェ／赤城乳業 2011年)
こうふん【興奮】		体験を通して、非常に強い刺激を受けること。商品が与える精神的高揚感。	◆「あなたを興奮させる性能があります。」(自動車)
こうぼう【工房】		もともとは、芸術家や職人などの仕事場を指す。広告では、手作りで何かを生産する場所、の意。	「未来工房。アルプス電気。」(アルプス電気 1998年)
こうや【荒野】		荒れた野原。転じて、厳しい場所。きつく感じること。試練の場。	「荒野にいたときよりシカゴにいたときのほうが寂しかった。」(パイオニア 1980年)
こえ【声】		①音信。便り。その人の様子や近況のこと。電話の広告でしばしば用いる。	「声だけでも、こっちへ来ないか。」(国際電信電話 1987年)

		②商品を使った感想。消費者の意見。アドバイスやリクエスト。	◆「お客様の声に、いつも耳をすませています。」（個人向けサービス）
	こえる【超える・越える】	想像や予想を上回る。限度を超す。しのぐ。自動車の広告などで、性能の高さが消費者の予想を凌駕することを伝えることが多い。	「創造は、想像を超える。」（Alfa GT／フィアットオートジャパン　2004年） 「届けたい想いが、空を越える。」（フェデックス〈フェデラル エクスプレス〉　2005年）
	ゴー【go】	行く。行け。勢いを付けて消費者に行動を促す時に好まれる。数字の55を「ゴーゴー」と読ませることもできる。	「ルーツ飲んでゴー！」（Roots／JT　2007年）
	ゴール【goal】	目標。努力の到達点。最終地点。企業の商品開発の最終目的。	◆「ファッションにゴールはない。」（アパレル）
	こきゅう【呼吸】	息を吸って吐くこと。酸素を取り入れること。生きている状態。転じて、通気性や換気性が良いこと。 → しんこきゅう	「暖房も呼吸します。」（東京ガス　1988年）
	こきょう【故郷】	自分が生まれ育った場所。郷里。長く住む場所。マンションの広告にも用いる。	「新原風景。この街が新しい故郷になりますように。」（パークシティ武蔵野桜堤／三井不動産レジデンシャル　2012年）
	こく	スープや酒類などを飲んだ時に舌の奥で感じる深みのある味わい。濃厚なのどごし。専ら「コク」と表記する。 → こい【濃い】	「コクがあるのに、キレがある。」（アサヒビール　1986年） 「コクと香りの2層ルウ」（カレー絶品／江崎グリコ　2004年）
	ごくごく	ビールをはじめとするドリンク類を勢いよく飲む擬音語。すんなり飲めることを強調する。	「ごくごく、幸せ。」（のどごし生／キリンビール　2013年）
	ここ	①この場。すぐ目の前。その地点。	「ここには、ひだまりの匂いがある」（貞静学園　2004年）
		②最近。このごろ。	「キスというものを、ここしばらく、していない。」（尼崎市総合文化センター結婚式場　1996年）
		③出版物の中。映画の内容。作品世界。	「本はここから、少しだけ自由になる。」（BOOK PLUS／角川書店〈現・KADOKAWA〉　2000年） 「ここから、はじまる。まっすぐ、つたえる。」（ちくまプリマー新書／筑摩書房　2005年）

	④消費者のニーズに応える場所や物、企業。ありどころ。技術の粋。限界ギリギリのところ。「○○がここにある」「○○はここまで来た」などの表現を用いる。	「スカパー！は、ここまでやる。」（スカイパーフェクト・コミュニケーションズ　2002年） 「あなたの"夢中"がここにある。」（ヴィクトリア　2004年）
ここち【心地】	気分。気持ち。商品を使って得た感触。	「男たちに最高の剃り心地を。」（ジレット エムスリー スーパー／ジレット ジャパン インコーポレイテッド　2004年）
ここちよさ 【心地良さ】 **ここちよい**	①あるものを使ってみて感じた快さ。心地いいこと。	「ひらめき　はかどり　ここちよさ」（コクヨ　CI　2004年）
	②快適で、使う人の気分が爽やかになる様子。 →　きもちいい	「ビルを、まるごと、心地よくする。」（三菱電機ビルテクノサービス 2004年）
こころ【心】 「心」の字は、心臓を表す。「シン」と読み、"染みわたる"の意味を持つ「沁」「浸」などと同じ系列にある。 「こころ」は、「凝（こごる）」が語源とする説が有力。体の中にあるモヤモヤしたものが凝り固まった、の意。	①精神。心理。肉体に対するもの。身体部位と対比させて用いることが多い。	「アタマはクール。ココロはカラフル。」（『Colorful』／ぴあ　2004年） 「経済、心、脳、すべてつながっている。」（大和証券グループ　2005年） 「ココロとカラダ、にんげんのぜんぶ。」（オリンパス　CI　2007年）
	②考え。主義。生きる姿勢。情熱。いつも忘れずにいること。	「心は顔に出る。」（ルシード／マンダム　2005年）
	③真心。温かい気持ち。思いやり。心遣い。 →　まごころ	「いつも心に 灰皿を。」（日本たばこ産業　1986年） 「一杯のスープで、心まで温めてあげたくて。」（モスフードサービス 1990年） 「カラダにいいもの、心をこめて。」（はごろもフーズ　1991年） 「心温まる微笑みをください。」（ペ・ヨンジュン特集／ SKY PerfecTV! ／スカイパーフェクト・コミュニケーションズ　2004年） 「『包む』ことでモノにココロが染み込んでいきます。」（Della & James 銀座　2004年）

	④感動。感激。情熱。商品やサービスを通して刺激を受けた時の、精神の高揚。	「**ココロ**が動く時、手の中にイクシ。」（IXY DV／キヤノン　2001年） 「**こころ**奪う、ドライビングへ。」（新型 C-Class／ダイムラー・クライスラー日本　2004年） 「熱い**心**をサポートします。」（アイデム　2005年） 「**こころ**、はずむ、おいしさ。」（エバラ食品工業　CI　2011年）
	⑤思い入れ。「○○ごころ」とも表現する。	「ときめいて、きもの**ごころ**新発見。」（ハクビ京都きもの学院　1982年）
	⑥印象。記憶。「心に刻む○○がある」が典型表現。	「今を**心**に刻む旅。」（日本航空　2000年） 「**心**に刻みたい瞬間がある。」（セイコーウオッチ　2001年）
	⑦好奇心。何かを求める心情。	「読書は**ココロ**の夏休み」（光文社文庫／光文社　2000年） 「**こころ**で読む、日本。」（週刊『古寺をゆく』／小学館　2001年） 「**心**みのる秋」（NHK文化センター 青山教室　2004年） 「**こころ**の履歴書」（講談社文庫／講談社　2005年）
	⑧より良い生活や商品を求める姿勢。志。企業スローガンなどに採用されることが多く、消費者の満足感を象徴的に表す。	「**こころ**、香る。」（花王　1982年） 「**ココロ**も満タンに」（コスモ石油　CI　1997年） 「自然と調和する **こころ**豊かな毎日をめざして」（花王　CI　2009年）
こころざし【志】	心が目指すところ。達成したい願い。望み。予備校の広告などでは、実力より少し上にある志望校を指す。	「目標は高く。**志**は高く。自分のいちばんに向かって。Aim High（エイム ハイ）！」（河合塾　2005年）
こころづよい【心強い】	気持ちの支えになる。安心できる。信頼を寄せられる。	◆「いつもの保障にプラスワンが**心強い**。」（保険）
こせい【個性】	①個人に特有の特徴や性格。人柄。キャラクター。個人が持っている伸ばすべき才能。潜在能力。学ぶことで目覚める可能性。ポテンシャル。「知性」とペアで使われることもある。	「あなたの**個性**値を伸ばす大学」（亜細亜大学　1989年） 「あふれる知性が、丸の内の**個性**になる。」（丸善 丸の内本店　2004年）
	②消費者、所有者のライフスタイルを映し出すもの。他にはない。独特の。	「惰性から**個性**へ。」（ロバートブラウン／キリン・シーグラム　1979年）

こぞう【小僧】	男児に対して、親しみを込めながら見下して言う呼称。転じて、無邪気さ。 → こども	◆「オトナになったプラモ<u>小僧</u>たちに。」（玩具）
こたえ【答え】	問いに対する回答。呼びかけへの返答。結論。商品やサービスを利用して得られた成果。 → せいかい	「自分を伸ばす。資産を極める。<u>答え</u>は野村の FA でした。」（野村證券 2005 年）
こたえる【応える】	応じる。要望や働きかけに対して反応する。	「求める力。<u>応える</u>自信。」（木下工務店　1991 年）
こだわり【拘り】	①些細なことに心をとらわれること。拘泥。執着。転じて、1980 年代頃からは些細なことにまで心を配る、の意でも用いるようになった。凝る。吟味して選ぶ。素材を厳選する。	◆「ポケットの内側まで<u>こだわって</u>創りました。」（アパレル） ◆「食への<u>こだわり</u>は、私の生き方。」（食品メーカー）
	②小さな工夫を施す。技術的な妥協をしない。	「食品の情報は正しくあってほしい。つくった人の『<u>こだわり</u>』や『信用』をどうやって買う人まで届けるか。」（NTT データ　2005 年）
ごちそう【ご馳走】	食べるのが楽しみな豪華で特別な食事や食材。体が喜ぶもの。食の恵み。 → ごほうび	「海の<u>ごちそう</u>　どっさり、ありがとう。」（近畿日本鉄道　1979 年）
ごちそうさま【ご馳走様】	ご馳走になった時のお礼の挨拶。食事の終わりの挨拶。	「『17 分で<u>ごちそうさま</u>』サラリーマンのお昼です」（ジョア／ヤクルト 1975 年）
こつ【骨】	物事をうまく扱うための要領。呼吸。勘どころ。気を付けなければいけないポイント。専ら「コツ」と表記する。	「朝日を楽しむ<u>コツ</u>がある。」（朝日新聞社　2004 年）
こつこつ	少しずつ、着実に物事を研鑽していくさま。地道に努力する様子。貯蓄や学習関連の広告に好まれる。	「<u>コツコツ</u>・すくすくファンドです。」（クラッスラ・ファンドⅡ／岡藤商事　2004 年）
こどう【鼓動】	心臓が行う、体に血液を循環させるリズミカルな運動。内面の動き。	「魂の<u>鼓動</u>が聞こえる。」（朝日新聞社 1991 年）
ことし【今年】	今の年。1 月から 12 月まで。現在。トレンドや世の中の緩やかな潮流を表現するのに用いる。 → きょねん	「<u>今年</u>の汚れは　<u>今年</u>のうちに。」（花王　1978 年） 「<u>ことし</u>のコートに、お似合いね。」（京王百貨店　1991 年）

あ
か
さ
た
な
は
ま
や
ら
わ

ことば
【言葉】
語源には主に3つの説があり、「言＋葉」とするもの、「事＋葉」とするもの、「言／事＋端」とするものがある。

①言語。言語表現。コミュニケーションの手段。出版社、特に国語辞典の広告に多い。

「時代は、新しい**ことば**を選択する。」（三省堂書店　1981年）

「渇いた胸に、**言葉**がしみる。」（小学館　1986年）

「**言葉**に景色を。」（ビジュアル国語大辞典『大辞泉』／小学館　2000年）

「正真正銘『**ことば**の力』」（『明鏡国語辞典』ほか／大修館書店　2005年）

②人間が、音声や文字を用いて行う意思伝達や感情表現。

「歓声か、悲鳴か。世界の**言葉**はふたつになる。」（日本アバイア　2002年）

③伝える内容。メッセージ。せりふ。比喩的に、贈り物に込めた思い。
→ ひとこと

「贈る**言葉**はぬくもり。」（白鶴酒造　1988年）

こども
【子ども・子供】
最近では教育機関や児童福祉分野を中心に「子供」と表記するのを避ける傾向があり、広告でも「子ども」や「こども／コドモ」と書くことが多い。

①親から見た子。息子や娘。専ら成人前の幼い子を指す。
→ こ

「**子ども**はみんな、できる子。」（公文教育研究会　1984年）

「**こども**といっしょにどこいこう。」（ステップワゴン／本田技研工業　1996年）

「親に殴られる**子ども**。じゃ、誰に抱きしめてもらえばいいんだ。」（日本フォスター・プラン協会　2005年）

②大人に対して、年若で幼い人。
→ おとな

「**子ども**が一番！のパパとママへ。」（『日経キッズプラス』／日経ホーム出版社　2005年）

「私たち大人が変われば、**子ども**が変わり、未来が変わります。」（公文教育研究会　2005年）

③未熟者。世慣れていない大人。青二才。好みが幼稚な人。

「紳士になるまで、男は**子供**だ。」（月刊『ジェントリー』／ハースト婦人画報社　2004年）

④支援を必要としている幼い命。

「毎月贈る支援が、**子ども**たちの命の糧になる。」（日本ユニセフ協会　2005年）

このうえない
【この上ない】
上に来るものがない。勝るものがない。これ以上ない。最高の。

◆「**この上ない**悦楽と優越。」（自動車）

このごろ
【この頃】
近頃。ここ最近。今どき。広告では、現状のサービスや品揃えの比喩。
→ ころ　→ さいきん

◆「**このごろ**漢字が書けなくて。」（万年筆）

このまま	現在の状態を保って。今のまま。現状維持を嘆き、変化が必要であることを伝えるニュアンスがある。 → そのまま　→- まま	「このままじゃ、私、可愛いだけだ。」（朝日新聞社　2004 年）
このみ【好み】	好きであること。お気に入り。嗜好。「○○好み」の形が多い。	「じぶん好みで、おいしくね。」（カルピス／カルピス食品工業　1982 年） 「あなた好みに、染まりたい。」（紀文　1985 年）
ごほうび【ご褒美】 「褒美」の漢字が「衣で保つ美しさ」に分解できるため、女性向けの衣料や宝飾品、化粧品、美容サービスの広告コピーに応用できる。	本来「褒美」とは、人を褒めてその労をねぎらい、報賞を与えること。2000年代に入ってから「自分に／人生にご褒美」の形で、普段は手が出しにくい贅沢な商品を購入するきっかけとして多用されるようになった。頑張った自分をねぎらう小さな贅沢を謳うコピーにも使われる。 → ほめる	「ごほうび、ごほうび」（SAPPORO "でか星" のみごたえ〈生〉／サッポロビール　2003 年） 「この夏を 乗り切ったご褒美 秋の旅」（超割／全日本空輸　2004 年） 「人生のごほうびに、ご夫婦で。」（近畿日本ツーリスト　2005 年） 「自分への 小さなご褒美、いかがですか。」（ダイドーブレンド デミタスコーヒー／ダイドードリンコ　2013 年）
こまる【困る】	どうしていいのか分からず、当惑する。解決策が見いだせずに悩む。迷惑する。	「ボンド木工用だけ有名で、困ってます。」（コニシ　2014 年）
コミュニケーション【communication】	人と人とが意思疎通をしたり情報を伝達したりすること。触れ合い。付き合い。会話。交流。	「あなたのためのコミュニケーションが、ある。」（富士通　2000 年） 「地球をもっとコミュニケーションあふれる星に。」（日立コミュニケーションテクノロジー　2004 年）
こめる【込める】	含ませる。入れ込む。1 カ所に集める。詰める。忍ばせる。	「カラダにいいもの、心をこめて。」（はごろもフーズ　1991 年）
ごめんなさい【ご免なさい】ごめん	①詫びの言葉。ごめん。お詫びの後のリードコピーで、その理由を説明する広告が多い。軽い断り。本当のお詫び広告では用いない。 → すみません	◆「ごめんなさい、値下げはできません。」（スーパー）
	②おあいにくさま。優越感を表現する。ライバル商品をしのぐ新商品を発売した場合に皮肉を込めてお詫び調の広告にしたり、「売り切れ御免」を用いて購買の決断を促したりする。	「ゴメン、課長より、いい椅子で。」（マルニ木工　1981 年） 「売り切れちゃったら、ごめんなさい。」（グリーンジャンボ宝くじ／全国自治宝くじ事務協議会　2001 年）
	③「ごめんあそばせ」の意。	◆「春・シフォンで、ごめん遊ばせ。」（アパレル）

ごらく【娯楽】	趣味などを楽しむこと。レジャー。	「大人の娯楽、てんこ盛り。」（双葉文庫／双葉社　2004年）
ごらん【ご覧】	何かをすることを勧める表現。行動を促す言葉。	「触ってごらん、ウールだよ。」（国際羊毛事務局　1981年）
こる【凝る】	手間を惜しまず工夫を施す。カタカナで表記することが多い。	「コッた名前には、訳がある。」（あいおい損害保険　2001年）
これ	近くにあるもの。ここのもの。今そこにあるものを指し示す語。ある特定の商品。コピーの後で商品名に目がいくように展開する。	「これでもか、これでもか、としまえん」（豊島園　1983年） ◆「ボクはこれだけで仕事する。」（タブレット端末） ◆「私はコレで就職しました。」（新聞）
これから	①この先。今から。ここを始めとして。この地点。	「人生の味が出るのは、これからだ。」（センチュリー／ミサワホーム　2004年）
	②今後も。同様に。「これからも」の形で、変わらぬさまを表現する。	「これから先も、いちばんのお守りは、食べものです。」（全農　2000年） 「昨日も、今日も、これからも。」（三菱重工業　2005年） 「あのときも、これからも、希望を運ぶ翼でありたい。」（2020東京開催決定／日本航空　2013年）
	③この商品が発売されて以降。この商品を購入した後。「これからは○○の時代」や「これからは△△で行く」が典型表現で、対象商品やサービスに接したことをきっかけに新鮮な変化があったことを描写する。	「スマートでいたい、コントロールしたい、これからはクリアで行く。」（シティ クリアカード／シティバンク　2003年） 「これからは、質の家、愛着の家、住み継がれる家。」（積水ハウス　2004年）
ころ【頃・比】	時間や時代の頃合いを表す語。時期。だいたいの時。当時の年齢。思い返して言う語。何かをするのに適している時分。	◆「あの頃の自分に戻ったみたいだ。」（植毛サービス） ◆「若いうちが、学びごろ。」（図鑑） ◆「そろそろウチもお年頃。」（住宅）
こわい【怖い・恐い】	恐ろしい。恐怖に感じる。嫌。悪いことになっては困る。	「美人がこわい。」（自家用自動車保険／東京海上火災保険　1978年） 「死ぬのが恐いから飼わないなんて、言わないで欲しい。」（日本ペットフード　2004年）

こんな	このような。これほど。予想を上回るような商品やアイデア、サービスに触れた時の気持ちに添えることが多い。驚きや快適さ、便利さを強調する。「こんな○○があったのか」が典型表現。	「こんなの、電話で、どう話す？」（ホームコピーファックス／シャープ 1991年） 「こんな私たちのセンスを受け入れてくれるなんて、フトコロの深い家ね。」（ヘーベル・マイハウス／旭化成ホームズ 2003年）
こんにちは **【今日は】**	昼間あるいは日中に出会った人に対して交わす挨拶の言葉。新商品や新習慣を擬人化して紹介することも。 → さようなら → ハロー	◆「こんにちは、ゴミの出ない新包装。」（パッケージ） ◆「鼻毛がコンニチハ？」（美容用品）
コンビ	コンビネーションの略。組み合わせ。2つで1組になるものを指す。 → くみあわせ → パートナー	「いいコンビで、いい朝を。」（日本マクドナルド 2012年）

さ
ざ

- ひらがな「さ」は「左」の草体。カタカナ「サ」は「散」の草体の上部に由来するとする説が有力。ローマ字表記は「sa」。
- [sa] 音は、前歯の付け根部分に舌先を近づけ、摩擦させて出す無声子音 [s] に、[a] の母音を伴った音節。耳にした時、爽やかさや速さ、軽さ、鋭さをイメージさせる効果がある。
- 「さ」の濁音「ざ」は、摩擦感や騒音、粗さ、雑多な感じを喚起する。ローマ字表記は「za」。
- 五十音図のサ行 1 文字目。

見出し語	語義と広告での用法	コピー作品例
さ【差】	2 つ以上のものを比べた際に違いがあること。ギャップ。数値などに開きがあり、その部分に商品の本質の違いが見いだせること。広告では、「差」を重ねて違いを強調するコピーが多い。 → ちがう②	「あったか差で選びたい。」（三菱電機 1983 年） 「使いやす差は、タッチの差。」（リンナイ　1984 年）
ざ【座】	座る位置。場所。席。占めるところ。	「肩のこらない、妻の座のすわり方。」（尼崎市総合文化センター結婚式場 1993 年）
さあ	人に誘いかけたり、急がせたりする時に掛ける言葉。いよいよ。レッツ。新年の広告はもとより、商品購入の決断を促したり、迷っている人の背中を押すコピーに添えられる。表記は「さあ」以外にも「さぁ」「さ」も可能。 → さて	「さあ来い熟年。」（日本生命保険 1981 年） 「さあ、さっぱりと。夏のおそうじ。」（花王　1982 年） 「さあ、愛情の頂点へ急ぐのよ。」（シーバ カクテル／マスターフーズ リミテッド　2001 年） 「さぁ行け、ニッポン！特等席は、フジテレビ。」（フジテレビジョン 2002 年） 「さぁ、今年は何をたし算しよう。日立はエコにたし算」（日立アプライアンス　2013 年）
さいあく【最悪】	最も悪いこと。甚だしく悪い状況。不調。経済的な低迷。 → さいてい	「最悪の時代に、最高の結果を出そう。」（『日経ビジネス』／日経 BP 社 2003 年）

さいきん【最近】	現在から遡って比較的近い日付。この頃。近頃。 → このごろ	「最近、ますます、女房です。」（味の素　1984年） 「最近、運がついてきてる気がしたら」（ロト6／全国自治宝くじ事務協議会　2011年） 「最近、地球って小さくなった？」（ANA HANEDA 世界10都市大増便／全日本空輸　2014年）
さいご【最後・最期】	一番あと。最も終わり。終末。この先はない、の意。 → さいしょ	「『20世紀最後の誘惑。』」（ルノールテーシア／ルノー・ジャポン　2000年）
さいこう【最高】	最も度合が高いこと。考え得る中で最も素晴らしいもの。理想的。非常に気分が良いこと。ベスト。また、「最高傑作の○○」のように、ジャンルやクラスの中で最も良いものを指すこともある。 → ベスト①	「男たちに最高の剃り心地を。」（ジレット エムスリー スーパー／ジレット ジャパン インコーポレイテッド　2004年） 「メルセデス史上、最高傑作のC。」（新型 C-Class SEDAN ／メルセデス・ベンツ日本　2011年）
ざいさん【財産】	個人の所有する経済的に価値のあるもの。相続の対象になる財貨や資産。転じて、最も大切なもの。 → しさん	◆「安全は、家族の財産です。」（警備保障サービス）
さいしょ【最初】	一番目に。初め。はな。スタート時。 → さいご	「最初から、キャリアのある人なんていない。」（転職サイト『日経 Biz キャリア』／日経人材情報　2004年） 「いっしょう、いっしょの、さいしょに、」（『ゼクシィ』／リクルート　2010年）
さいぜん【最前】	最も前方。一番前。フロント。転じて、目の前に遮るものがない場所。	◆「潮風の最前席で。」（マンション）
さいてい【最低】	最も値が低いこと。値段が最も安いこと。最もレベルが低いこと。 → さいあく	「史上最低の遊園地。」（豊島園　1990年）
さいてん【採点】	答案に書かれた答えがどれくらい正解しているのか点数化し、評価を下すこと。	「自分の夢まで、自己採点しないでください。」（河合塾　2008年）
さいのう【才能】	人が持っている潜在的な能力。素質。素養。努力や訓練、機会を与えることによって開花するもの。 → のうりょく	◆「才能が花開く舞台、たくさん。」（求人サイト）
さいわい【幸い】	→ しあわせ③	

さえる【冴える】 さえ	音や光などが澄んでいる。鮮やか。感覚などが研ぎ澄まされる。鋭さがある。	「冴えた腕・キラリ・うす型。」（シチズン時計　1978年） 「冴え一番。」（大倉酒造　1981年）	
さがす **【探す・捜す】** さぐる	何かを見つけ出すためにいろいろな場所を当たる。物のありかを感覚的に求め、見つけようとする。欲しいものを手に入れようと活動する。	「世界に美味を探る。」（紀文　1979年） 「ない『モノ』を探せ！」（東急ハンズ　1991年） ◆「探し物は、これですね。」（オンラインショップ）	
さき【先】	①時間的に前に。	「男は先に死ぬ。」（パルコ　1988年）	
	②先進する。ひと足早く行く。「先に行く」や「○年先を△△する」の形で用いることもある。 → リード	「のぞみへ。先に、行ってるね。」（日本航空　2003年）	
	③前途。向こう。発展した後。さらなる展開。次のステップ。果て。開けゆく未来をイメージさせる効果がある。 → つぎ②　→ むこう	「その先の日本へ。」（山形新幹線〈つばさ〉開通／東日本旅客鉄道　1992年） 「ムダの先へ。」（Docucentre Color f450／富士ゼロックス　2004年） 「おいしい、の その先へ。」（日清食品　CI　2006年）	
さく【咲く】	①花が開く。開花する。特に春や夏のキャンペーンやセールを展開する際に効果を発揮する。 → まんかい	「咲きそろいました！　春の旅。」（日本交通公社　1979年） 「燃えるように咲きたい八一夏。」（全館フラワーパレード／髙島屋　1981年）	
	②比喩的に、人々の注目を浴びるべく才能や力を発揮する。夢が形になること。笑顔などがこぼれる。	「長生きがしたいんじゃない。咲いていたいんだよ。」（大正製薬　1991年） 「バラと笑顔が咲く場所。」（ガーデニング霊園／いせや　2005年） 「夢が咲いた。56年ぶりの大きな夢が。」（2020東京招致決定／大和ハウス工業　2013年）	
さくさく	歯切れの良い音。ハサミなどでリズムよく紙や布を切る音。	「さくさくさく、ぱちん。」（国際羊毛事務局　1974年）	
さぐる【探る】	→ さがす		
ささえる **【支える】**	物事が危ない状態にならないように押さえる。支援・支持する。	◆「先進の安心を支えるテクノロジー。」（電機メーカー）	

さしあげる【差し上げる】	「与える」の謙譲語。献上する。提供する。贅沢な時間や気分を与えてくれる商品、ギフトや懸賞の広告に使われる。	「さしあげたのは、時間です。」（サントリーウインターギフト／サントリー 1986年） 「贅沢な時間をさしあげたい。」（朝日建物 1990年）
- さつ【冊】 （数え方）	書籍や雑誌、カタログ、ノートや手帳、通帳などを数える。「1冊」と言えば紙を綴じたものの意味になるため、コピーの字数の節約ができる利点がある。「○○情報が満載の一冊」のようにも言うことができる。	「ポンと一冊、あなたのポケットへ。」（集英社文庫／集英社 2004年） 「90万冊の知が騒ぐ!!」（ジュンク堂書店 2004年） 「万が一冊。」（『くらしの法律百科』／集英社 2004年）
さっそく【早速】	物事にすぐに取りかかるさま。速やかな行動。本題に早々に入る様子。	「さっそくですが、ニッポンをどう楽しんでもらいます？」（祝、東京招致決定！／JTB 2013年）
さっぱり	①爽やかなさま。清潔で汚れていないこと。晴れやか。	「さあ、さっぱりと。夏のおそうじ。」（花王 1982年）
	②（否定語を伴い）まったく。すっかり。冴えない様子。	「授業でバッチリ！ テストでサッパリ！ そんな経験ないですか？」（Z会の通信教育／Z会 2001年）
さて	物事を始める際に発する語。新企画を開始する際のコピーにも用いる。 → さあ	「さて、そろそろ 反撃しても いいですか？」（NTTドコモ 2007年）
さびしい【寂しい】	→ さみしい	
さびる【錆びる】	長時間空気に触れ、金属の表面が黒ずんだ状態になること。腕前や美貌が衰えること。	「さびない、ひと。」（エリクシール／資生堂 1999年）
サプライズ【surprise】	意外なこと。驚かされる出来事。とっておきのびっくりさせる企画。当事者たちが秘密にしている計画。	「一冊まるごとモードなサプライズがいっぱい！」（月刊『シュプール』／集英社 2004年）
サポート【support】	支援すること。補助。助け。	「熱い心をサポートします。」（アイデム 2005年）
さます【覚ます】	活動を始める。活用できる状態になる。	◆「息子のやる気が目を覚ました。」（学習塾）
さみしい【寂しい・淋しい】 さびしい	孤独を感じたり、盛んだったものが衰退したことを知って感じたりする物悲しさ。物足りなさ。味気ない。「○○なのは、ちょっとさみしい」が典型表現。	「荒野にいたときよりシカゴにいたときのほうが寂しかった。」（パイオニア 1980年）

さようなら	別れ際に言う挨拶の言葉。悪習慣など に決別を告げる時にも用いる。「さよ なら」と言うことも。 → こんにちは　→ バイバイ	「さよなら ハロー」（からだ巡茶／日 本コカ・コーラ　2007 年）
サラダ【salad】	生野菜に具材を添え、ドレッシングな どで食べる料理。健康的で爽やか、自 然の彩りのあるものの比喩表現。	「風景サラダ、北海道。」（全日本空輸 1980 年）
さらり	べたつきがなく、さっぱりとしている さま。軽く物事をこなす意味でも用い る。	◆「夏。麻をさらりと着こなそう。」 （百貨店）
さりげない	わざとらしさがない。自然に。そぶり を見せずに。	◆「さりげなく男が香る。」（化粧品）
さる【猿】	ヒト以外の霊長目哺乳類の総称。広告 のビジュアルでは人間に似た愛くるし い存在として登場することが多いが、 「サルでもできる」「サル並み／以下」 と、蔑む意味を含む。	「反省だけなら猿でもできる。」（チ オビタドリンク／大鵬薬品工業　1991 年） 「ヒトは、本を読まねば サルであ る。」（宝島社　2012 年）
さわぐ【騒ぐ】	音を立てたり、声を出したりして、う るさく振る舞う。動揺する。ざわざわ する。「血が騒ぐ」をもじった「知が 騒ぐ」を用いたコピーも登場する。	「90 万冊の知が騒ぐ!!」（ジュンク堂 書店　2004 年） 「現代人の『知』がさわぐ」（学研 M 文庫／学研パブリッシング　2013 年）
さわやか【爽やか】	すがすがしい感じ。晴ればれとして快 い。爽快な。味がさっぱりしている。 清涼飲料水のコピーに使われる。	「スカッとさわやか コカ・コーラ」 （日本コカ・コーラ　1962 年） 「さわやかになる、ひととき。」（日 本コカ・コーラ　1991 年）
さわる【触る】	手のひらで触れる。「触れる」よりも、 実際に手に取って商品の良さを感じさ せる意味がある。 → ふれる	「さわるショッピング大賛成!」（丸 井　1970 年） 「触ってごらん、ウールだよ。」（国 際羊毛事務局　1981 年）
さんさく【散策】	のんびりと散歩すること。目的なくぶ らぶら歩くこと。	「若葉の下で ページ散策」（光文社 2000 年）
さんまい【三昧】 ざんまい	一心不乱に何かに興じるさま。堪能す ること。時間の余裕や金銭がないと楽 しめないものの広告に用いる。 → づけ	「今年は、とことん旅三昧。」（週刊 『鉄道の旅』／講談社　2003 年）

- ひらがな「し」は「之」の草体、カタカナ「シ」も「之」の草体を3画と捉えて変形させたもの。
- ローマ字表記は「shi」「si」または「ci」。「shi」と書くと品の良さや落ち着き、湿度感をイメージさせ、「si」「ci」と書くと透明感や軽さ、異国感が強調される。
- [si]音は、前歯の付け根部分に舌先を近づけ、摩擦させて出す無声子音[s]に、[i]の母音を伴った音節。耳にした時、静けさや穏やかさ、湿度感、鋭さ、速さを喚起させやすい。
- 「し」の濁音「じ」は、ローマ字表記に「ji」「gi」「zi」がある。不動のイメージや根気、重々しさを演出する。拗音(ゃ、ゅ、ょ)を伴って、歯切れの良さや勢いを表現する。
- 五十音図のサ行2文字目。カタカナの「シ」が、まれに「ツ」と読み間違えられることがあるため、文字の配列に注意したい。

見出し語	語義と広告での用法	コピー作品例
し【死】	死ぬこと。命がなくなること。生命の危機。消滅。 →しぬ	「生まれたばかりのいのちがいちばん死に近い場所にいました。」(日本フォスター・プラン協会　2001年)
じ【字】	言葉を記すのに用いる符号。文字。漢字。	「休む、という字は、木のそばに人がいる。」(SHAWOOD／積水ハウス 2014年) ◆「川の字から、大の字に。」(住宅リフォーム)
しあわせ【幸せ】	①幸福。その人にとっての至福。平穏で落ち着いた生活や環境。具体的に結婚や出産といった人生のイベントを指すこともある。 →こうふく	「幸せになっちゃった二人が勝ちです。」(オーエムエムジー　1985年) 「焦点は、しあわせ。」(オーエムエムジー　1991年) 「そのしあわせに掛ける保険です。」(がん保険／東京海上日動あんしん生命保険　2004年)
	②幸運。運が良いこと。ラッキー。 →こううん	「シアワセはルーレットと共に！」(人生ゲーム／タカラ〈現・タカラトミー〉　2004年)
	③理想的な状態。幸い。満足。恵まれている立場をありがたく思う気持ち。実現したい切なる願い。 →ハッピー	「あなたから、幸せになってください。」(岩田屋　1989年) 「いい音といい絵は、音楽ファンの幸せです。」(ソニー・ミュージックエンタテインメント　2000年) 「ごくごく、幸せ。」(のどごし生／キリンビール　2013年)

		④笑顔の拡大。誰か他の人の助けになること。最近では「AはBをしあわせにする」などの使い方も増えている。	「しあわせ技術。」（日立製作所　1985年） 「チョコレートは、ひとを幸せにする。」（明治製菓　2005年）
	シーズン 【season】	季節。何かを行うのに適した時季。目的を持って過ごす一定期間。	◆「実りのシーズン。」（銀行）
	シーン【scene】	光景。何かが行われる場面。名場面。	「一足百景。色んなシーンに、この一足。」（LD40Ⅱ／ミズノ　2012年）
	しかく【資格】	何かをするのに必要となる条件。それに適した身分。ワンランク上のクオリティーを求める男性向けの広告に使うと効果がある。	「エゴイストの資格」（アヴァンシアV6 FF 4WD／本田技研工業　2000年） 「名機の資格。」（ニコンD80／ニコン2006年）
	しかくい 【四角い】	角が四隅にある形であること。正方形または長方形。ゴツゴツしているさま。四角四面。肩肘張った状態。頭や考え方が生真面目で、柔軟性に欠ける姿勢。	「シカクい頭をマルくする。」（日能研　CI　1986年） 「四角い毎日　お疲れさん。」（大分むぎ焼酎 二階堂／二階堂酒造　2000年）
	しかけ【仕掛け】	仕組み。からくり。やり方。作戦。商品の特長の秘密。	「その魔法には、タネと仕掛けがあります。」（ストレッチパンツ専門店「ビースリー」／バリュープランニング2012年）
	しかる【叱る】	欠点を指摘して、声を荒げてとがめる。「怒る」よりも教育的で、相手の態度などに改善を望む意味が強い。	「広告を愛して、しかって。」（日本広告審査機構　2005年）
	じかん 【時間】	①物事を楽しむひととき。じっくり味わう機会。何時間何分という具体的な時間ではなく、ゆったりとした時の経過を指す。 →とき	「さしあげたのは、時間です。」（サントリーウインターギフト／サントリー1986年） 「君の時間をください。」（服部セイコー　1990年） 「たいせつな時間は、写真の中で生きている。」（富士写真フイルム　2004年） 「タカシマヤで、感動時間。デパーテインメント！」（髙島屋のお歳暮／髙島屋　2004年）
		②自由になる時間。猶予。読書をする余裕。	「時間がないんだ　青春は。」（角川文庫／角川書店〈現・KADOKAWA〉　1979年） 「ひとりの時間を、大切に。」（集英社　1980年）

あ か さ た な は ま や ら わ

106

	③経過した年月。歳月。	「たしかな 時間。ゆたかな 時間。」（東海道新幹線 40 周年／東海旅客鉄道 2004 年） 「肌 時間旅行へ。」（アスタリフト／富士フイルム　2012 年）
	④時刻。日数。かける時間の長さ。教育プログラムなどが短期で効果があることをアピールする場合にも用いる。	「場所と 時間を越えた、新しい教育のカタチ。」（家庭教師のトライ　2005 年）
しげき【刺激】	気持ちを興奮させるもの。何かを始めようという気持ちを抱かせる材料。	「ふえ方、かなり 刺激的。」（野村證券 1985 年）
しげん【資源】	生活や生産活動をする際のエネルギー源。比喩的に、社会を動かす原動力。	「団塊は、資源です。」（宝島社　2006 年）
じけん【事件】	発生した事柄。意外な出来事。ちょっとした話題になる仕掛け。	◆「この価格は事件だ。」（百貨店）
じげん【次元】	発想の局面。考えを巡らせるレベル。自社商品が他の商品とは異なるレベルに達していることを謳う。	「比類なき 次元へ。」（BMW 7 シリーズ／ BMW ジャパン　2003 年）
しごと【仕事】	①職業。本業。肩書。就職先。	「サラリーマン という 仕事は あり ません。」（セゾンカード／西武クレジット　1987 年） 「仕事を聞かれて、会社名で答えるような奴には、負けない。」（『ガテン』／リクルート　1998 年）
	②企業がどんな業務を行っているのか、「○○をする仕事」の表現を用いて簡潔に説明する。一般の消費者に業務内容が把握される機会が少ない企業の広告などで使われる。	「地図に残る 仕事。」（大成建設　1993 年） 「いい 仕事で名をのこそう。」（マイクロソフト　2002 年） 「穴をあけるのが、仕事です。」（石川島播磨重工業　2003 年） 「空気を洗うのも TOTO の 仕事です。」（TOTO ハイドロテクト技術／ TOTO　2004 年） 「ハートが生む 仕事。ハートを生む 仕事。」（大和ハウスグループ　2005年）
	③役割。やるべきこと。機能の成果。	「大麦の 仕事。」（麒麟淡麗〈生〉／キリンビール　2000 年） 「『健康』も、お父さんの 仕事です。」（健康エコナ／花王　2004 年）

あ			

じざい【自在】
自分の意のまま。心のおもむくまま。自由自在を連想させる、「自由」とペアにしたコピーが作成できる。
→ じゆう②

「どこまでも自由。どこまでも自在。」（NEW BMW X3 ／ BMW ジャパン 2004 年）

しさん【資産】
人や団体が持つ積極財産。株式や証券、土地、建物など。比喩的にその人の持つ能力や資質のこと。
→ ざいさん

「あなたの日本語が、資産です。」（アルク　1991 年）

しじ【支持】
それが良いと支えること。サポート。その商品を愛顧している人のこと。

「ヨロンは黒い肌を支持しております。」（全日本空輸　1977 年）

しじょう【史上】
歴史上。これまでの歩みの中で。広告では、企業の商品ラインナップで初めて登場したものを「史上初」「史上空前」「史上最大」のように表現する。「自分史上最高〇〇」と言って、この商品を使えば、今までにない効果が期待できることを表す。

「史上最低の遊園地。」（豊島園　1990 年）
「メルセデス史上、最高傑作の C。」（新型 C-Class SEDAN ／メルセデス・ベンツ日本　2011 年）

じしん【自信】
自分を信じ、堂々とした振る舞いができるさま。自分の正しさを疑わない気持ち。自分の価値を認めていること。

「誕生日。年齢にプラスされていくのは、自信。」（ローヤルゼリー 基礎化粧品／山田養蜂場　2001 年）

しずか【静か】
しずけさ
騒がしくなく、ひっそりと落ち着いているさま。自動車などのエンジン音やタイヤの走行音がうるさくないこと。サイレンス。

「静かなる動へ。」（REGNO ／ブリヂストン　2003 年）
◆「静けさが耳に心地いい。」（高原リゾート）

しせい【姿勢】
体の構え。背筋や手足の動きや位置。物事に取り組む態度。取り組み。

◆「問われるのは、ものづくりの姿勢です。」（電機メーカー）

じせだい【次世代】
次の世代。近未来。科学や技術の発展の次なるステージ。
→ じだい【次代】　→ せだい③

「原理が違う。これが次世代の映像力。」（POWER PROJECTOR SX50 ／キヤノン　2004 年）

しせん【視線】
瞳が向けられている方向。注目。
→ してん

◆「新素材に熱視線。」（繊維メーカー）

しぜん【自然】
①人間が生活してきた森林や海山のこと。森羅万象。人の手を加えていないもの。

「自然には敗けたほうがいい。」（全農　1989 年）
「自然とは、必死にあそべ。」（シチズン時計　1991 年）
「自然と調和する こころ豊かな毎日をめざして」（花王　CI　2009 年）

	②農業を営む場所。そこで取れる素材、特に野菜。天然もの。	「『考えてみれば、人間も自然の一部なのだ。』」（キユーピーマヨネーズ／キユーピー　1971年） 「自然を、おいしく、楽しく。」（カゴメ　CI　2003年） 「自然のまま、という贅沢。」（お〜いお茶　濃い味／伊藤園　2004年） 「掘りだそう、自然の力。」（カルビー　CI　2006年）
	③健康。野性味。「自然児」は、純粋でたくましく、元気な子どものこと。	「ぼくは自然児。」（日本交通公社　1978年） 「自然児は丈夫です。」（全農　1980年）
	④飾らない、肩の力が抜けた状態。リラックス。	「日々の自然は、人生の贅沢です。」（セントレージ・ギャラリー／ミサワホーム　2000年）
しそう【思想】	考えて思ったこと。思考。ものの考え方。短時間の思いつきではなく、長時間培った考え方や深い思慮、譲れない主義を表す。	「思想が、生み出すもの。メルセデス・ベンツ」（ダイムラー・クライスラー日本　2001年）
- したい	ある行動を取りたいと希望すること。熱望すること。消費者の心中を代弁する広告で使われる。	「酸っぱいこと、したい。」（トマト＆レモン／カゴメ　1980年） 「ロマンチックが、したいなぁ。」（サントリーウイスキーレッド／サントリー　1980年）
じだい【次代】	次の世代。広告では「時代」とともに用いることが多い。	「時代の家。次代の家。」（ミサワホーム　1988年）
じだい【時代】	①社会の潮流。変化していく風潮。移ろいゆく世間。広告では、時代の変化に敏感・柔軟であるか、抗うか、のどちらかのスタンスでコピーが書かれることが多い。	「時代なんか パッと変わる。」（サントリーリザーブ シルキー／サントリー1984年） 「私たちは、新しい時代の息吹を感じています。」（和光証券　1991年） 「いつだって、時代の音が聞こえている。」（髙島屋　1991年） 「時代が新しい"器"を創る。」（岩波現代文庫／岩波書店　2000年） 「時代は変わる。ラガーは変わるな。」（キリンラガービール クラシックビール／キリンビール　2007年）
	②ある人たちや考え方が中心になって社会を牽引する時期。	「いま、どのくらい『女の時代』なのかな。」（西武流通グループ　1981年）

あ

か

さ

た

な

は

ま

や

ら

わ

		③時分。今どき。ご時勢。	「初めに光ありき。いま迎えた光通信の時代。」（日本電気　1979年） 「この時代、肩書きよりも、ものをいう。」（日本ダイナースクラブ　1984年）
		④トレンド。商品基準や品質。「時代を作る／感じる」「新時代の○○」などが典型表現。	「時代の主流に、なる。」（シンセ・レゾン／トヨタホーム　2000年）
	しつ【質】	ものの内容の良さや、それに見合う価値。 → クオリティー　→ ひんしつ	「これからは、質の家、愛着の家、住み継がれる家。」（積水ハウス　2004年）
	しっかり	緩みや油断がないさま。確実で信頼できる様子。簡単には失われないこと。	「落ちたとたんゴミになる。しっかり貼ってくださいな。」（セロテープ／ニチバン　1988年） 「甘い恋、かじったら、しっかり磨こうね。」（サンスター　2000年）
	じっかん【実感】	体を通して感じられること。リアルに体験する感じ。 → たいかん　→ てごたえ	◆「実感、芳醇なる味わい。」（ビール）
	じっくり	焦らず、時間をかけて何かを行う様子。入念に。気の済むまで。	◆「じっくり相談。しっかり納得。」（保険関連サービス）
	じつげん【実現】	「こうなったらいいな」とか「こうしたいな」と思っていることを、現実のものにすること。実行すること。達成。商品化の意味でも用いる。	「理想は実現された。」（ミサワホーム　1983年）
	じっせき【実績】	残した功績や成績。あげてきた成果。広告では、他社に抜きん出て良い数字を出している場合に、それを売りにして宣伝する。	「会話がはずむ実績です。」（和光証券　1987年） 「多くのお客さまの笑顔。それが一番の実績です。」（ビジネスセレクトローン／三井住友銀行　2004年）
	しっと【嫉妬】	より優れたものや美しいものに対して抱くねたみの気持ち。やきもち。商品の優れた面を「嫉妬されるほどのもの」として宣伝する。	「宝石すら、嫉妬する。」（Himiko／光岡自動車　2008年） ◆「猫に嫉妬をおぼえるなんて。」（キャットフード）
	じっと	動かずにいる様子。目を凝らして静かに見る。おとなしくしていること。	「じっとしてなんか　いられない。」（劇団ひまわり　1990年）
	しっとり	①ほどよく水分や脂分を含んでいる様子。肌がカサカサしておらず、みずみずしいさま。味わい深いさま。	「しっとり包まれた未体験のおいしさ。」（クレープグラッセ／ハーゲンダッツ ジャパン　2011年）

	②落ち着いていて風情があること。上品でがさつさがないさま。「うっとり」と対にするコピーも作れる。	「しっとり表情のある我家。」（有楽土地　1983年） 「桜にうっとりしたあとは、紫陽花にしっとりする旅へ。」（超割／全日本空輸　2005年）
しっぱい【失敗】	試みた末に、思わしい結果が出ない状態。教訓として参照したい悪い例。「失敗しないための〇〇」の形式で、転ばぬ先の杖となる商品を宣伝する。	「失敗したくない重要な荷物に、もうハラハラさせはしない。」（フェデックス〈フェデラル エクスプレス〉2013年）
じつりょく【実力】	本当の力量。実際の力。本領。商品が発揮する真の力や効果。潜在的なパワー。 → そこぢから	「奥様おもいの実力派。」（パロマ　1988年） 「上手な水分補給も、実力です。」（ポカリスエット／大塚製薬　2000年） 「モルトの実力をみせることにしました。」（竹鶴12年ピュアモルト／ニッカウヰスキー　2000年）
しつれい【失礼】	作法がなっていないこと。無礼。礼儀をわきまえない振る舞いや言葉。	「今日は別人みたいなんて　失礼しちゃうわ　嬉しいわ」（ルミネ　2009年）
しつれん【失恋】	恋に破れること。好意を寄せていた相手にふられること。傷心。	◆「失恋には、旅が効く。」（旅行会社）
していせき【指定席】	あらかじめ指定された人が座る席。予約席。	「マド側はみんなの指定席。」（YKK AP　2004年）
してん【視点】	ものの見方。観点。目線。ビジョン。 → しせん	◆「未来を見つめる、技術の視点。」（電機メーカー）
しなやか	上品でたおやかなさま。髪などが柔らかく、かつ弾力がある様子。比喩的に伸びやかな生き方や性格のこと。	「しなやかな骨のある男。」（松屋銀座店　1988年） 「このしなやかな髪、しばっちゃうのが もったいない。」（アジエンス／花王　2011年）
シナリオ【scenario】	台本。脚本。人生の設計図。予定表。思い描く展開。	◆「しあわせのシナリオ・ライター。」（保険プラン）
しぬ【死ぬ】	命が絶える。息を引き取る。天寿を全うする。広告で使うと強いメッセージを伝えることができる。 → し	「男は先に死ぬ。」（パルコ　1988年） 「人は貧しいという理由で死んではいけない。」（日本フォスター・プラン協会　1999年） 「死ぬのが恐いから飼わないなんて、言わないで欲しい。」（日本ペットフード　2004年）

あ

か

さ

た

な

は

ま

や

ら

わ

あ			

しぶい【渋い】	比喩的に、派手でなく、落ち着いた趣があるさま。味わい深い個性のある中年以上の男性に対する褒め言葉。	「40代からのクルマ選び キーワードは『やんちゃ』か『シブイ』」（月刊『ストレート』／扶桑社 2004年）
じぶん【自分】	①己。我。自身。主体性、自主性の意味で用いる。マイセルフ。 → わたし②	「じぶん好みで、おいしくね。」（カルピス／カルピス食品工業 1982年） 「自分で決めよ。」（朝日生命保険 1991年） 「疲れた自分を、ほめてあげたい。」（アリナミンA／武田薬品工業 1992年） 「自分の道を、歩くのだ！」（ジョージア／日本コカ・コーラ 2005年） 「未来を書くのは、いつだって、自分だ。」（NOLTY/能率手帳／日本能率協会マネジメントセンター 2011年）
	②その商品やサービスを利用した消費者自身。「自分を好きになる」の表現が好まれる。	◆「来年の誕生日。自分がもっと好きになる。」（基礎化粧品） ◆「自分史上、最高に充実。」（大学）
	③個性や潜在能力を持った自己の存在。自我の本質。自意識。	「じぶん、新発見。」（西武百貨店 1980年） 「自分を読む。」（角川書店〈現・KADOKAWA〉 1988年） 「自分を育てる。自分で育てる。」（日本通信教育連盟〈現・ユーキャン〉 2001年） 「自分のこと、嫌いですか？」（劇団ひまわり 2004年） 「じぶんって、すごい。」（栄光ゼミナール 2005年） 「ハミガキって、自分磨きだ。」（オーラツー／サンスター 2013年）
じまん【自慢】	自分の能力や作品、所有物に誇りを持ち、他者にアピールする勇気。	「家自慢、街自慢。」（東急不動産 1979年）
しみこむ【染み込む・沁み込む】	水分が浸透する。染み通る。吸収される。味が行き渡る。特に飲料の広告で、味や効力、水分などが身体に行きわたることを謳う。	「カフェインゼロで、まっすぐしみこむ元気ブレンド！」（アサヒ 十六茶／アサヒ飲料 2009年） 「スーッとしみこむCの水。」（C1000レモンウォーター／ハウス ウェルネスフーズ 2013年）
しみる【染みる・沁みる】	色や液体が移ること。転じて、心に深い影響が残る。感じる。	「しみるぜ。」（ルーツ／JT 2014年）
しや【視野】	視界の広さ。見える範囲。知識。 → ビジョン	◆「視野が広いと見えるもの。」（証券会社）

112

じゃ	「では」の略。それならば。「それじゃ」や「このままじゃ」などの口語表現を用い、前で述べたことや背景を打ち消す意味で用いられる。 → じゃない	「どこに預けても一緒。それじゃ、かわいそうだよ。ボーナスが。」（新生銀行　2001年） 「このままじゃ、私、可愛いだけだ。」（朝日新聞社　2004年） 「親に殴られる子ども。じゃ、誰に抱きしめてもらえばいいんだ。」（日本フォスター・プラン協会　2005年）
シャープ【sharp】	尖っていて鋭いこと。転じて、鋭敏で切れが良いこと。明晰。	「目のつけどころが、シャープでしょ。」（シャープ　CI　1990年）
しゃかい【社会】	人が集まって生活を共同で送る場所。人が教育や生産を行う集団。世の中。	「カゼは、社会の迷惑です。」（ベンザエースD錠／武田薬品工業　1983年）
しゃかいじん【社会人】	社会の中の人。仕事をして生計を立てている大人。広告では、学校を卒業してなお、社会で活躍するために常に勉強を怠らない人を描くことが多い。	「実は社会人も読んでいる。イキのいい参考書」（『大学入試 出典朝日新聞 2000年版』／朝日新聞社　2000年） 「できる社会人は『ことば力』が違う。」（『明鏡国語辞典』ほか／大修館書店　2005年）
じゃない	「ではない」の略。口語表現で、何かの存在や意義を否定する時に用いる。個人的な発言において軽い否定や疑問、他の選択肢があることを示す役割がある。広告では、「○○だけじゃない」の形で、その他にも選択肢があることを提示する。「いいんじゃない」で、消費者に新しい価値観を提案し、同意や妥協を求める。 → じゃ	「じゃない。」（西武百貨店　1987年） 「長生きがしたいんじゃない。咲いていたいんだよ。」（大正製薬　1991年） 「治療は恥ずかしいことじゃない。」（ED治療薬／ファイザー製薬〈現・ファイザー〉　2001年） ◆「こんな軽いお酒があっていいんじゃない？」（酒造会社）
ジャパン【Japan】	日本。国際的な視点を持って日本を見る広告やキャンペーンで用いる。 → にっぽん	◆「Explore Japan.」（ホテルチェーン）
しゃべる【喋る】	①ぺちゃくちゃ話す。楽しく会話する。コミュニケーションをする。比喩的に、商品が言葉やメッセージを発したり、対話をしたりすること。 → はなす	「笑ったり、喋ったり、するコート。」（京王百貨店　1990年） 「WOWOWと しゃべろう。」（WOWOW　2005年）
	②秘密事項を他人にもらす。口外する。	「結末ってつい、人にしゃべりたくなるよな。」（角川文庫／角川書店〈現・KADOKAWA〉　2004年）

	見出し	語釈	用例
あ	**しゃれた** 【洒落た】	粋で気の利いていること。流行の。おめかししている。	「ちょっとコジャレた美容室に行けば、すぐに1万円くらいかかる時代に、」（マーチ キューブ／日産自動車 2000年）
か	**じゆう** 【自由】	①束縛されていない。解放される。好きなように選べる。憲法の条文にならい、「○○選択の自由」というコピーも作成できる。	「憲法第二十二条には『職業選択の自由』と書いてある。」（Salida（サリダ）／学生援護会〈現・インテリジェンス〉 1990年） 「選択の自由。」（FM NoteBook シリーズ／富士通 1991年） 「本はここから、少しだけ自由になる。」（BOOK PLUS ／角川書店〈現・KADOKAWA〉 2000年） 「愛と自由と安さを。」（西友 2013年）
さ		②意のままに操作できる。どこへでもアクセスできる。また、「じゆう」の「ゆう」をもじって、「u」が入っている社名の広告に好まれる。	「どこまでも自由。どこまでも自在。」（NEW BMW X3 ／ BMW ジャパン 2004年） ◆「自由、4（フォー）U（ユー）。」（通信会社）
た	**しゅうかん** 【習慣】	日常的に行う行動。個人的なならわし。	「幸福な習慣を、たいせつに。」（TIFFANY & Co. 2001年）
な	**ジューシー** 【juicy】	みずみずしく、汁気が多いさま。潤沢。果汁や肉汁が豊富な様子。「樹脂」や「14」に掛けることも。 → みずみずしい	「私は、ジューシー。三菱樹脂。」（三菱樹脂 2003年） 「ジューシー おいしい 果汁ハイチュウ」（ハイチュウ／森永製菓 2010年）
は	**じゅうじつ** 【充実】	内容が詰まっていて、豊富なこと。ぎゅっと実が入っていること。転じて、生活に精神的な張りがあること。	◆「人生充実。選べる自由。」（カルチャースクール）
ま	**じゅうなん** 【柔軟】	柔らかさの中に、しなやかさがある様子。対応力や応用力があること。	「挑戦・柔軟・誠実」（JFE ホールディングス 2002年）
や	**しゅぎ【主義】**	物事に対する確固たる態度。思想的立場。イズム。商品に妥協がないさまを表現する際に用いると効果的。	「主義がある。」（キリンラガービール／キリンビール 2000年）
ら	**じゅくする** 【熟する】	果実などが十分に熟れる。時機が整う。熟練する。熟す。	「友よ。機は、熟した。」（IBM マルチステーション 5550 ／ 日本 IBM 1983年）
わ			

じゅくせい 【熟成】	十分に熟して完成したもの。人間が時間をかけて成熟することの例え。酒類の広告に使われる。 → せいじゅく	「まろやかな熟成の味。」（黄桜酒造 1982 年） 「熟成したまろやかさが特徴。」（アサヒビール　1990 年）
しゅくふく 【祝福】	お祝い。幸福を祝うこと。	「すべての人生に、祝福がある。」（TIFFANY & Co.　2001 年）
じゅくれん 【熟練】	長い経験により、慣れていて巧みな腕前。職人の持つ技の形容に用いる。	◆「熟練の技が生みだす奇跡。」（工芸展）
しゅじんこう 【主人公】	小説や映画などの最も中心となる登場人物。比喩的に、商品を使う人。	◆「誰もが暮らしの主人公。」（生活情報誌）
しゅちょう 【主張】	意見や権利を強く押し出すこと。言い張ること。ポリシー。 → いけん	「主張が住み良さになる。」（殖産住宅 1980 年）
じゅみょう 【寿命】	人の命が続く長さ。住宅などが使える期間。期限。	「家の寿命は、森の寿命でもある。」（三井ホーム　2000 年）
しゅやく【主役】	小説や映画などの主人公の役。ある場面において中心的役目を果たす人。最も注目されるもの。	◆「家族が主役の家づくり。」（住宅） ◆「もやしが食卓の主役に！」（調味料）
しゅりゅう 【主流】	最も主要となる流れ。本流。住宅の広告に用いることが多い。	「『主流』になる家。」（ミサワホーム 1978 年） 「『絵になる家』が主流。」（積水ハウス　1986 年） 「時代の主流に、なる。」（シンセ・レゾン／トヨタホーム　2000 年）
しゅん【旬】	野菜や果物、魚介類などが最もよく取れて味が良い時期。最盛期。「旬な○○」で最も流行しているもの、話題の人物なども表す。	「イヤな世の中だねぇ。一年中、旬だとぉ。」（紀文　1990 年） 「旬に酔う。」（黄桜酒造　1991 年） 「旬な男向上委員会」（日本経済新聞／日本経済新聞社　2004 年）
しゅんかん 【瞬間】	①まばたきをするほどの短い時間。瞬時。広告では、人間が直感的に判断したりセンスを感じたりすることも含む。短くも決定的な判断を下すに足りる時間を表す。 → いっしゅん	「瞬間、はじける感性、輝くネクタイ。」（〈パナラ〉のネクタイ／アラ商事 2003 年） 「その瞬間、その笑顔へ。」（PowerShot SI IS ／キヤノン　2004 年）
	②たちまち。みるみる。その商品に接するとすぐに。	「ステアリングを握った瞬間、その憧れは感動へ。」（ランドローバー／BMW ジャパン　2002 年）
じゅんぱく 【純白】	真っ白。混じりけのない白色。潔白や純潔の象徴。	「青春は、純白だ。」（JR SKI SKI ／東日本旅客鉄道　2012-2013 シーズン）

あ			
か	**- しよう**	ある行動や体験をしたり、商品を購入したりするように消費者に呼び掛ける表現。レッツ。旧仮名遣いで「～せう」というと、少し脱力したニュアンスを演出できる。	「諸君。学校出たら、勉強しよう。」（日本経済新聞／日本経済新聞社　1982年） 「スー　しませう。」（森下仁丹　1984年） 「肩のちからをヌキませう。」（久光製薬　1990年） 「結婚に、アクセスしよう。」（キューピッド　2000年） 「心にアロマをチャージしよう。」（リセッシュアロマチャージ／花王　2011年）
さ			
た	**しよう【仕様】**	やり方や方法。最も適した様式。仕立て。	「そのシートは、走りの遺伝子をもつ。特別仕様車、登場。」（MAZDA ATENZA／マツダ　2005年）
な	**しょうがい【生涯】**	人の一生の間。終身。比喩的に、商品が使われている期間。 → いっしょう①	「生涯、見飽きない。」（朝日建物　1984年） 「土地は生涯の舞台。」（三井不動産　1985年）
は	**しょうげき【衝撃】**	強く当たって受ける激しいダメージ。心に受ける大きなショック。広告では、「正直」と掛けて「○度目の衝撃」と表現することも多い。	「三度目のショウゲキ。」（IXY DV3／キヤノン　2002年） ◆「震えるほどの衝撃価格。」（ディスカウントショップ）
ま	**じょうけん【条件】**	あるものを認定したり、受け入れたりするための前提となる項目。裏付けとなる理由。	「美人の条件。」（明治乳業　1985年） 「円熟の条件。」（日本長期信用銀行　1987年）
や	**しょうごう【称号】**	あるステータスや資格を示す呼び名。そう呼ばれることに価値があるもの。ドラマやロマン漂う文語的なコピーに仕上がる。	「ダービー馬。その称号は、ただ一頭のみに許される。」（日本ダービー／日本中央競馬会　2004年） 「美しき都会の称号。」（グランスイートシリーズ／丸紅　2004年）
ら			
わ	**じょうしき【常識】**	世間一般の人が共有している知識やわきまえ。広告では、あるジャンルの商品ならこの程度の機能しかないと思われている枠。それに対し、「常識を破る／変える／裏切る／外れる」の表現を用い、既成概念にとらわれない発想から生まれた商品の斬新さをアピールする効果を狙う。「常識破りの○○」のように、名詞句にすることもある。 → わく	「発想を変えたら、速さの常識も変わりました。」（BJ S630／キヤノン　2001年） 「紙以外にも書ける、常識外のボールペンです。」（マルチボールペン／パイロットコーポレーション　2005年） ◆「常識は、裏切るためにある。」（自動車）

じょうしつ 【上質】	上等な質。広告では、商品の品質が良いことに加え、品格があり、楽しみを与えてくれるという意味も含む。自動車のコピーに好まれる。ちょっとした贅沢へといざなう表現にも用いる。 → じょうとう	「細部にわたって上質。」（ブルーバード シルフィ／日産自動車　2000 年） 「コンパクトがはじめて出会う上質。」（ティーダ／日産自動車　2004 年） 「新しい上質が走り出す。」（ベリーサ／マツダ　2004 年）
しょうしんしょうめい 【正真正銘】	まったく本物であること、嘘偽りがないこと。まさに。まったくもって。	「正真正銘『ことばの力』」（『明鏡国語辞典』ほか／大修館書店　2005 年）
じょうず【上手】	物事を巧みにこなせること。うまくやりこなせること。仕上がりが良い。	「上手な水分補給も、実力です。」（ポカリスエット／大塚製薬　2000 年）
じょうでき 【上出来】	出来栄えが良いこと。優れた作品や商品であること。	「ジョージア、今日も上出来。」（ジョージア／日本コカ・コーラ　2008 年）
しょうてん 【昇天】	天に昇ること。転じて、死ぬほど衝撃的な体験をすること。	「240 名様、昇天。」（豊島園　1984 年）
しょうてん 【焦点】	注目部分。人の関心が寄せられるところ。フォーカス。論点。	「そして、成熟の焦点へ。」（シティ能見台／京浜急行電鉄　1991 年） 「焦点は、しあわせ。」（オーエムエムジー　1991 年）
じょうとう 【上等】	等級が上である。優れているさま。 → じょうしつ	◆「とびきり上等なごあいさつ。」（ギフト商品）
じょうねつ 【情熱】	燃えるような熱い感情。何かに一生懸命取り組む姿勢。転じて、商品開発に注ぐ熱意。商品を提供する側の強い思い入れ。自動車の広告に多い。	「特別な日、特別な装い、いつもの情熱。」（BMW 525i 503i ／ BMW ジャパン　2001 年） 「メルセデスの情熱、その塊のような一台。」（新型 SLK-Class ／ダイムラー・クライスラー日本　2004 年）
しょうぶ【勝負】	相手と対戦をして、勝ち負けを決めること。真剣に準備して挑むさま。	◆「女の勝負は、服である。」（アパレル）
じょうぶ【丈夫】	元気なこと。体が健康で強いこと。転じて、動じない強さがあること。	「自然児は丈夫です。」（全農　1980 年）
じょうほう 【情報】	あることについての知らせ。メッセージ。ニュース。計算をしたり、判断をしたりするための内容。コンテンツ。	「情報がいのちなんだ。」（エプソン1982 年） 「食品の情報は正しくあってほしい。つくった人の『こだわり』や『信用』をどうやって買う人まで届けるか。」（NTT データ　2005 年）
しょうめい 【証明】	ある事柄が本当であるかどうかを明らかにすること。証拠立て。	◆「野菜の証明。」（農園野菜）

しょうらい【将来】	これからやってくる未来。この先起こり得る出来事。「未来」よりも、より具体的で現在に近い時点を指す。 → みらい②	「将来性を問う。」（長谷川工務店 1985年） 「家にも将来設計を。」（パナホーム／ナショナル住宅産業 2000年） 「さかなを食べる国は、将来だいじょうぶだと思う。」（シーチキン／はごろもフーズ 2004年）
しょく【食】	①食べること。食事をすること。正しい食生活を送ること。企業のスローガンなどに使われることが多い。 → たべる	「人輝く、食の未来」（ニッポンハムグループ CI 2005年） 「食よく、バランスよく。」（フジッコ CI 2010年） 「食のちからを、人のちからに。」（ニッポンハムグループ CI 2011年）
	②食事のタイプ。新たな食習慣や手軽な食事を提案する広告などに用いる。	「〆（しめ）は、やかん食。」（お茶づけ海苔／永谷園 2012年）
しょくたく【食卓】	ダイニングテーブル。広告では、家族が笑顔で囲む温かい食事風景を指す。	「愛は食卓にある。」（キユーピー CI 2007年）
じょし【女子】	女児。女の子。娘。女性全般。「好」の字が「女」と「子」に解字できることを利用するコピーも作れる。 → おんな → おんなのこ	「女子ではなくて、女の子。」（earth music&ecology 2011年）
じょせい【女性】	男性ではない性の人。女。婦人。レディー。淑女。「女」が個人としての女性を指すのに対し、「女性」は、ある生活スタイルや特徴、思想を持った女性の一群を指すことが多い。 → おんな	「女性よ、週刊誌を閉じなさい」（角川書店〈現・KADOKAWA〉 1976年） 「女性よ、テレビを消しなさい。」（角川文庫／角川書店〈現・KADOKAWA〉 1976年） 「女性の胸が目をさます。」（ハクビ京都きもの学院 1981年） 「女性の前で、いきなりシャツ一枚になれますか。」（ウールドレスシャツ／国際羊毛事務局 1990年） 「いちばん眠っていないのは、ニッポンの女性です。おつかれさま。」（ソフィーナ／花王 2000年）
ショック【shock】	衝撃。精神的な打撃。	◆「私はショックに強いです。」（建材）

118

しり【尻】	臀部。お尻。腰の下にある座る時に座面に接する肉の部分。ヒップ。転じて、肛門および排泄をする体部分の婉曲表現。便座洗浄機の広告や痔の薬、トイレットペーパーのコピーなどに用いる。「尻を向ける」で、大したことではないと相手にしない。一蹴する。	「お<u>しり</u>だって、洗ってほしい。」（ウォシュレット／東陶機器　1982年） 「お<u>しり</u>の気持ちも、わかってほしい。」（ウォシュレット／東陶機器　1984年） 「やっぱり、お<u>しり</u>は締り屋さん。」（ウォシュレット／東陶機器　1986年）
しる【知る】	知識を持つ。悟る。分かる。お得な情報を得ている。 → ちしき	「うちの息子は厳父と岳父の違いも<u>知ら</u>ない、愚息だ。」（福井商事〈現・ライオン事務器〉　1975年） 「一枚のTシャツを買うよりも　一枚のTシャツを売ることのおもしろさを<u>知っ</u>た。」（『デイリー・アン』／学生援護会〈現・インテリジェンス〉1991年） 「生き方を<u>しり</u>たい。」（野村證券　2003年） 「妥協は、<u>知ら</u>ない。」（エスクード S-エディション／スズキ　2004年）
シルク【silk】	絹糸。生糸。絹。絹布。肌や髪、のどごしなど、なめらかさの象徴。 → きぬ	「感動、大人の<u>シルク</u>肌。ファンデーションでハリツヤまで。」（コフレドール／カネボウ化粧品　2011年）
しろ【白】 **しろい** **しろさ**	①ホワイト。色が付いていない状態。純白。無垢。広告では、他のものを引き立てる象徴として用いることがある。黒との対比で使われることも。	「帰ったら、<u>白い</u>シャツ。」（スカイホリデー沖縄／全日本空輸　1978年） 「格別な<u>白</u>か。別格な黒か。」（ソリオ／スズキ　2011年）
	②雪。ゲレンデの積雪。「しろ」をもじって、「する」の命令形に「白」の字を当てるコピーも作れる。	「愛に雪、恋を<u>白</u>。」（JR SKI SKI／東日本旅客鉄道　1998-1999 シーズン）
	③美しいものが本来持つ色。歯や衣類などの汚れていないさま。シミやくすみのない（女性の顔の）皮膚の色。	「<u>白さ</u>が違う、という洗剤のCMはできればソニーで　<u>見て</u>いただきたい。」（ソニーカラーテレビ トリニトロン／ソニー　1974年） 「その肌を光で彩る。<u>白</u>で満たす。」（ブラン エサンシエルコンパクト／シャネル　2005年）
しん【芯】	物の中心。固い部分。最も重要な中心部分、内側から支える骨子の意。	「からだの<u>芯</u>からきれいになる。」（黒豆茶／フジッコ　2001年）
-じん【人】	人（ひと）。人間。人種。ある共通点を持った人々の総称。 → にんげん③　→ ひと③	「裸一貫、マックロネシア<u>人</u>。」（ミクロネシア／全日本空輸　1980年） 「ビール<u>人</u>よ。」（レーベンブロイ／アサヒビール　1983年）

あ
か
さ
た
な
は
ま
や
ら
わ

しんか **【進化】**	企業が商品の改良やモデルチェンジを怠らず、時代の流れや資源・環境に合ったサービスなどを提供し続けること。自動車のコピーに多い。また、保険や教育システムの改良を広告で謳う際、「変化」の語とペアで用いることもある。「○○の進化形」も用いる。学問を究める精神を持ち続けることの意にもなる。 → しんぽ　→ へんか	「<u>進化</u>し続ける洗練。」（シャネル、小田急百貨店新宿店　2001年） 「<u>進化</u>の挑発。」（インスパイア／本田技研工業　2003年） 「130年目の原点。地の<u>進化</u>が加速する。」（同志社大学　2004年） 「世界が選んだ<u>進化</u>。」（FORESTER／富士重工業　2005年） 「これは、変化と<u>進化</u>の物語です。」（マイクロソフト　2005年） 「みらい創造力で、保険は<u>進化</u>する。」（日本生命保険　CI　2012年） 「<u>進化</u>は、顔に出る。」（NEW ボルボ60シリーズ／ボルボ・カー・ジャパン　2014年）
しんか【真価】	ものの真の値打ち。本当の価値。重要視されるべき点。	「評価は<u>真価</u>。」（積水ハウス　1983年） 「近さの<u>真価</u>。」（野村不動産　1986年）
しんきょうち **【新境地】**	新たなる心境。今までに抱いたことがない気持ち。新鮮さ。	「乗った人から、<u>新境地</u>。」（RENAULT MEGANE／ルノー・ジャポン　2004年）
しんけん【真剣】	本気。真面目。遊びではない心。	「あなたの<u>真剣</u>な結婚への想いを大切にお預かりしたい。」（ツヴァイ 2004年）
しんこう【進行】	物事が進んでいくこと。段階が進むこと。プロジェクトなどが推進されること。	◆「エコプロジェクト、いつでも<u>進行</u>中。」（環境技術）
しんこきゅう **【深呼吸】**	深く息を吸い込んで、ゆっくり吐き出す呼吸法。気分転換。	◆「<u>深呼吸</u>したくなる地球です。」（旅行会社）
しんし【紳士】	品があって、成熟した振る舞いができる男性。ジェントルマン。	「<u>紳士</u>になるまで、男は子供だ。」（月刊『ジェントリー』／ハースト婦人画報社 2004年）
しんじつ【真実】	物事の事実。真の姿。実情。明かされる内容。消費者はベールに隠されている情報を得ることを期待して商品との接触を試みる。	「まっ赤な<u>真実</u>。」（カゴメ　1976年） 「神話から<u>真実</u>へ」（ロバートブラウン／キリンシーグラム　1978年）
じんしゅ【人種】	人間を特徴によって分類したもの。ある好みや特性を持つ人の集団。 → じんるい	「音食<u>人種</u>、バンザーイ。」（石橋楽器店　1982年）

じんせい 【人生】	①生き方。暮らし。長い目で見たライフスタイル。特に、高額商品の広告で使われる。	「軽井沢。人生が、あたたまる。」（オナーズヒル軽井沢／ミサワホーム 2000 年） 「本当の冒険は、人生の中にある。」（EXPLORER ／フォード・ジャパン・リミテッド 2000 年） 「どんなストーリーより、楽しめる人生を。」（C-Class ／ダイムラー・クライスラー日本 2000 年） 「人生が一度では足りない。」（C-Class Stationwagon ほか／ダイムラー・クライスラー日本 2001 年） 「人生の味が出るのは、これからだ。」（センチュリー／ミサワホーム 2004 年） 「人生にグッドデザインを。」（トヨタホーム 2004 年）
	②毎日。日常生活。過ごす時間。連綿とつながっていく日々の歩み。家電製品や精密機器など身近な商品、および昔からなじんでいる菓子などの商品の広告にも好まれる。	「時の流れを、女は愛と呼ぶ。時の流れを、男は人生と呼ぶ。」（ピエール・カルダン・ウオッチ／シチズン時計 1974 年） 「私、誰の人生もうらやましくないわ。」（SINGLE STAGE ／松下電器産業 2000 年） 「あなたの人生を刻ませてください、とグランドセイコーは言った。」（グランドセイコー／セイコーウオッチ 2003 年） 「人生が、ラブストーリーでありますように。」（企業広告〈チョコレート〉／明治製菓 2007 年） 「人生は、いつのまにか忘れているものでできている。」（ボンタンアメ／セイカ食品 2011 年） 「スカルプ D で、フトイイ人生を。」（スカルプ D ／アンファー 2013 年）
	③退屈な生活。平穏で刺激の少ない日常。それに彩りを添えるものの広告に用いる。	「あなたの人生にビューティフルは足りてますか？」（WOWOW 2000 年） 「碁のある人生」（ネット通信教授ほか／日本棋院 2004 年）
	④生涯。やりくりをして安定性を得た生活。銀行や証券、保険、クレジットカードのコピーに用いることがある。	「カードの切り方が人生だ。」（ライフカード／ライフ 2004 年）
	⑤旅に例えた人の歩み。	「人生のごほうびに、ご夫婦で。」（近畿日本ツーリスト 2005 年）

しんせん 【新鮮】	①新しくて傷んでいないこと。みずみずしく鮮度が良いこと。活きがいい。 → フレッシュ	「思いっきり、新鮮。」（月桂冠 1987年）
	②目新しいもの。珍しいもの。	「求む！ 新鮮パワー。」（木下工務店 1987年）
しんぞう 【心臓】	①人の血液を循環させる器官。 → ハート	「心臓にも思いやりを！」（救心製薬 1978年） 「愛してください、あなたの心臓。」（生薬強心剤「救心」ほか／救心製薬 2005年）
	②機器類の最も重要な部分。エンジン。比喩的に、度胸。	◆「心臓の強さが、走りの強さだ。」（自動車）
シンデレラ 【Cinderella】	もともとは「灰かぶり娘」の意。転じて、突然の幸運を手に入れた人。「死んでる」に掛けたコピーも作れる。	「トンデレラ シンデレラ」（キンチョール／大日本除虫菊 1977年）
しんぱい【心配】	はっきりしない物事に対し、不安に思うこと。気にかけること。	◆「体を心配してくれる人がいるって、幸福。」（食用油）
しんぽ【進歩】	歩みを進めながら発達すること。より望ましい方向へと変化していくこと。 → しんか	「変わることだけが、進歩だろうか。」（積水ハウス 1991年）
しんよう【信用】	信じて、これなら大丈夫だと思うこと。日頃の行為や言動から考えて、今後も問題ないと確信すること。	「食品の情報は正しくあってほしい。つくった人の『こだわり』や『信用』をどうやって買う人まで届けるか。」（NTTデータ 2005年）
しんらい【信頼】	確かなものだと信じて、心を寄せること。頼りにすること。トラスト。広告では、企業と消費者との間の絆を表現する。	「信頼という言葉が、広告でよく使われるけど。まずホントかなと、疑ってみる。」（住友林業 1983年） 「時間をかけて育てたのは、信頼です。」（第一製薬 2000年）
じんるい【人類】	動物に対する人間を生物学的に表現した名称。ヒト。人間界全体。ホモ・サピエンス。広告では、著しい進化を遂げた生き物を象徴する語として使われる。 → じんしゅ →-るい	「人類ハ麺類」（麺皇（メンファン）／日清食品 1982年） 「赤ちゃんの元気は、人類の元気だと思う。」（ニューメリーズ／花王 1991年） 「人類爽快」（麒麟淡麗〈生〉／キリンビール 2013年）
しんわ【神話】	根拠はないが、人々の間で絶対的なものとして信じられている話。	「神話から真実へ」（ロバートブラウン／キリンシーグラム 1978年）

- ひらがな「す」は「寸」の草体、カタカナ「ス」は「須」の最後の3画の行書体から。
- ローマ字表記は「su」。
- [su] 音は、前歯の付け根部分に舌先を近づけ、摩擦させて出す無声子音 [s] に、[u] の母音を伴った音節。耳にした時、なめらかさや艶、清涼感、速さを喚起させやすい。
- 「す」の濁音「ず」は、ローマ字表記に「zu」「du」がある。重量感や継続性、安定感をイメージさせやすい。
- 五十音図のサ行3文字目。

見出し語	語義と広告での用法	コピー作品例
すいすい	水や空気の中を速く進むさま。物事が滞りなく進み、はかどる様子。	「ひろびろ、らくらく、すいすい。」（JAL 羽田第一ターミナル／日本航空　2004年）
スー	①清涼感があるさま。風通しが良く、涼やかな気分になること。	「スー しませう。」（森下仁丹　1984年）
	②素早くなめらかに動作が行われる様子。水の浸透。 → すっと	「スーッとしみこむ C の水。」（C1000 レモンウォーター／ハウス ウェルネスフーズ　2013年）
スーパー【super】	何かをしのぐ性能や長所があること。より優れた。より上の。超。	「スーパー長女現象。」（ヘーベルハウス／旭化成ホームズ　1988年）
すがお【素顔】	化粧をしていない顔。すっぴん。気さくで気取っていないさま。	◆「素顔の町に出会う旅。」（旅行会社）
すがた【姿】	全体的な様子。外見。ありさま。「形」よりも、変化して現れた状態。	◆「後ろ姿まで、ファッションですか。」（百貨店）
すかっと	気分が瞬時に爽やかになるさま。思い切り何かをして、鬱屈していた気持ちが晴れる様子。	「スカッとさわやか コカ・コーラ」（日本コカ・コーラ　1962年） 「スカットランド北海道」（全日本空輸　1981年）
すき【好き】	①誰かを愛している。恋愛感情を持っている。ロマンチックなニュアンスを演出する効果がある。	「キミが好きだと言うかわりに、シャッターを押した。」（OM10／オリンパス光学工業　1979年） 「好きは、片想い。似合うは、両想い。」（ルミネ　2009年）
	②敬愛している。思いを寄せている。	「好きだから、あげる。」（丸井　1980年） 「働いているお父さんより、遊んでいるお父さんのほうが好きですか。」（サントリーウイスキーオールド／サントリー　1984年） 「好きなひとに、ハートをあげる。」（テレビ朝日　2000年）

③気に入っている。心が向いている。好み。嗜好品への愛着などを描くコピーが多い。化粧品や健康食品の広告には「自分を好きになる」の表現を用いることが多い。
→ きにいる　→ だいすき

「好きだから、乗る。」（NEW PAJERO／三菱自動車工業　2000年）
「ずっと好きでいられるって、簡単なことじゃないんだ。」（角川文庫／角川書店〈現・KADOKAWA〉　2004年）

④思い入れがある。打ち込みたいと思う。興味や意欲。

「好きなら思いっきり。」（劇団ひまわり　2005年）

⑤好む。趣味や主義に合う。

「ただ一度のものが、僕は好きだ。」（Canon AE-1／キヤノン　1978年）
「好きだぜ！　大根足」（デサント　1982年）
「大人は来年が好きだなあ。」（手帳とカレンダー／伊東屋　1998年）
「際立つのは好きだ。派手は嫌いだ。Love & Hate」（Premium Sports Golf GTX／フォルクスワーゲン グループ ジャパン　2005年）

すきま【隙間】	2つのものの間にできたわずかな空間。ニッチな商業領域を表す。	「世界的すきま発想。」（日本化薬　CI 2009年）
すぎる【過ぎる】	ある基準点を超えて、先に行く。必要以上にある様子。あまりにも。「○○すぎ」と略し、「とても、非常に」の意味でも用いる。	「気に入ったフレーズは二度読み返す。─スローに過ぎていく、秋の一日。」（光文社文庫／光文社　2004年）
スキンシップ 和製英語	肌を触れ合わせてぬくもりある交流。 → ふれあう	「スキンシップ。その前に。」（ユースキンS／ユースキン製薬　2001年）
すぐ【直ぐ】	時間を置かずに。ただちに。即座に。その場で。直結して。ダイレクトに。	「私はすぐに、ナオリタガール」（ノーシンホワイト／荒川長太郎〈現・アラクス〉　1989年） 「ちょっとコジャレた美容室に行けば、すぐに1万円くらいかかる時代に、」（マーチ キューブ／日産自動車　2000年） 「今すぐトクしたり、ずっと安心できたり。いろいろ助かるローンなんだ。」（みずほ銀行　2005年）
すくう【救う】	危険に遭わないように手を差し伸べる。救助する。困難から助け出す。人の心に警鐘を鳴らす効果もある。	「人間を救うのは、人間だ。」（日本赤十字社　2011年）

すくすく	順調に生育・発達するさまを表す擬態語。子どもが健全に成長する様子。資産が増えることや技術が進歩することの比喩にも使う。	「小学一年生の書く土からは、スクスクいろんな芽が出てきそうだなぁ。」（出光興産　2001年） 「コツコツ・すくすくファンドです。」（クラッスラ・ファンドⅡ／岡藤商事　2004年）
すごい 【凄い】	①通常の概念や基準をはるかに超える規模や性能、能力、美貌などを持っていること。その度合いの高さ。	「じぶんって、すごい。」（栄光ゼミナール　2005年）
	②「スゴ＋腕／技」などで、「すごい○○」を表すネーミングやコピーに用いる。	「スゴウデ ファンドだ。」（ニューウェーブ ファンド／岡藤商事　2004年）
すこし【少し】	量や程度が多くないこと。わずかな。 → ちょっと①	「本はここから、少しだけ自由になる。」（BOOKPLUS ／角川書店〈現・KADOKAWA〉　2000年） 「ホンモノは、すこし、歴史の味がする。」（龍角散　2011年）
すこやか 【健やか】	心身ともに強く、しっかりしているさま。製薬会社や教育系企業のコピーに使われる。ひらがなで書くと素直で伸びやかな印象を与えることができる。 → けんこう	「おいしく、たのしく、すこやかに」（森永製菓　CI　1971年） 「すこやかに…願いをこめて。」（カルピス食品工業　1980年） 「生薬が奏でる、心臓（ハート）のすこやかリズム。」（生薬強心剤「救心」ほか／救心製薬　2004年）
すすむ【進む】	前へ動く。進展する。勢いを持って行動する。比喩的に、食欲が増進する。	「ごはんが進むと日本が美しくなる。」（全農　2004年）
すすめる 【勧める】	何かの習慣を始めたり続けたりすることを奨励すること。おすすめ。	「カロリー不足でお悩みの方々へ。ダイエットペプシより、コカ・コーラライトをおすすめします。」（ダイエットペプシ／日本ペプシコーラ社　1992年）
スタート【start】	出発すること。始動。動き出す。 → はじまる	◆「春のスタートダッシュが違います。」（学習塾）
スタイル【style】	様式。形式。姿勢。生活の嗜好。デザイン。利用方法。	「オフィスを持ち歩く、というスタイル。」（NEC モバイルソリューション／日本電気　2004年）
すっきり	①余分なものがなく、味わいなどが爽快なこと。酒類の広告に使われる。	「芋の香り華やか。飲み口すっきり。」（一刻者／宝酒造　2011年）
	②デザインなどが洗練されていて、無駄なくまとまっているさま。	◆「壁が広く使えるから、部屋がすっきり。」（インテリア）

		③ストレスがなく気分がよいこと。お通じが良いさま。	◆「今日も、す～っきり出た。」（便秘薬）
	すっと	瞬時に物事が行われるさま。障害なく、一瞬で素直にできる状態。また、滞りなく動くさま。	「スッと踏めば、グッと応える。」（BMW ジャパン　2002 年）
	ずっと	①はるかに。比較すると段違いに。	「おとなよりずっと賢くなれる!!」（月刊『NEWS がわかる』／毎日新聞社 2004 年）
		②好ましい状態や関係がそのまま続くさま。促音「っ」が入る語とともに使うと響きが良くなる。	「ずっと応援してくれる。夜だって、休日だって、人生だって。」（みずほ銀行　2005 年）
		③切れ目なく。「これからも○○であるために」の意。創業からの年数が長い企業が、これからも消費者と変わらずに付き合いを続けていく決意、定番商品を長年愛顧してほしいといった願いを込めた広告に使うことが多い。	「ときどき、ずっと。」（ボンタンアメ／セイカ食品　1997 年） 「それは、ずっと好きでいられるスモール。」（BOON ／ダイハツ工業 2004 年） 「クルマがずっと愛されるために。」（デンソー　CI　2005 年）
		④長期にわたって。変わりなく。	「ずっと未熟でいたい。」（アンバランスのパソコンゲーム／アンバランス 2000 年） 「ずっと好きでいられるって、簡単なことじゃないんだ。」（角川文庫／角川書店〈現・KADOKAWA〉　2004 年）
	ステージ 【stage】	①舞台。活躍の場。大学の広告では、研究や勉学ができる所を意味する。	◆『『好き』をみがく、青春ステージ。」（大学）
		②レベルアップした生活。1 つ上の段階。不動産の広告に使われることが多い。 → ぶたい	「本郷、東大前。65 歳からの青春を綴るステージ。」（シニア住宅チャーミング・スクウェア本郷／ゼクスアクティブ・エイジ　2004 年）
	すてき【素敵】	洗練されていたり、デザインが好ましかったりして、心が惹き付けられるさま。非常に美しく、憧れの対象となる様子。「無敵」と韻を踏むコピーも作れる。 → かっこういい　→ すばらしい	「素敵なミセスと出会う街。」（小田急電鉄　1982 年） 「エネルギーを、ステキに。ENEOS」（新日本石油〈現・JX エネルギー〉　CI　2008 年） 「わたしには わたしを素敵にする責任がある。」（ルミネ　2011 年）
	すてる 【捨てる・棄てる】	①不要なものを廃棄する。手元から離す。置き去りにする。	「捨てたのは『ゴミを捨てる』という発想。」（富士ゼロックス　1998 年）

	②忘れる。拘泥しない。なかったことにする。	「生年月日を捨てましょう。」（宝島社　2003年） ◆「疲れは、その日のうちに脱ぎ捨てよう。」（ドリンク剤）
ストーリー 【story】	物語。話の筋。映画の流れ。時間軸を基にした物事の運びや流れを表す。比喩的に、人生や生き方を語るもの。 → ドラマ　→ ものがたり①	「どんなストーリーより、楽しめる人生を。」（C-Class／ダイムラー・クライスラー日本　2000年） 「人生が、ラブストーリーでありますように。」（企業広告〈チョコレート〉／明治製菓　2007年）
ストロング 【strong】	強いこと。強靭であるさま。比喩的に、酒類などで含まれる成分が多く、刺激があるさま。 → つよい	◆「揺れにとってもストロング。」（建材）
すなお【素直】	気取ったところがなく、自然に振る舞うこと。心がまっすぐなさま。正直。クセがないこと。	「どうして素直に、読んでないっていえないのかな。」（角川文庫／角川書店〈現・KADOKAWA〉　2004年）
スパイス【spice】	香味料。味を引き立たせるアクセント。刺激や彩りを添えるもの。 → かくしあじ	「フレアティは私のオシャレの大事なスパイス」（レディースアートネイチャー「フレアティ」／アートネイチャー　2004年）
すはだ【素肌】	メークをしていない肌。そのままの肌。敏感で繊細な肌を指す場合もある。広告では、専ら女性の顔の皮膚を指す。 → はだ	「素肌は美しい知性です。」（イオナインターナショナル　1990年） 「シャネルの新しい"素肌"。」（水と光のファンデーション／シャネル　2000年）
すばらしい 【素晴らしい】	褒めたたえるに値する、見事で優れている様子。甚だしい。感動させられる。 → すてき	◆「痛みのない毎日はすばらしい。」（サプリメント） ◆「あの素晴らしい味をもう一度。」（食品メーカー）
スピード【speed】	速さ。速度が高いこと。素早さ。手軽さ。あっという間に完成する。	「speed! 料理は高速へ。」（キユーピーマヨネーズ／キユーピー　2001年）
すべすべ【滑々】	滑るようななめらかな表面を表す擬態語。広告の多くでは、潤いある、絹のような肌の形容に用いる。	「おとなの肌をすべすべぷるんに。」（ソフィーナ「ファインフィット」／花王2004年）

あ
か
さ
た
な
は
ま
や
ら
わ

すべて 【全て】	①全部。全員。総体。いかなるもの。 → ぜんぶ	「すべてのまつげよ目覚めなさい。」 （ランコム 新世紀マスカラ マニフィシル ／日本ロレアル　1999年） 「すべての人生に、祝福がある。」 （TIFFANY & Co.　2001年） 「すべてのタワーは、ここを見上げる。」（TAKANAWA The RESIDENCE HILL TOP TOWER ／ 東京建物ほか 2004年） 「経済、心、脳、すべてつながっている。」（大和証券グループ　2005年）
	②どんな小さなことも。随所に。網羅的に。商品の隅々まで。完全に。	「生きることのすべてに、関わろうと思う。」（がん保険など／東京海上火災保険　2001年） 「すべてがピッタリ合わなければ、フォルクスワーゲンにはなれません。」（フォルクスワーゲン グループ ジャパン　2001年） 「ピアノ。すべてに、メルセデスが満ちている。」（Viano ／ダイムラー・クライスラー日本　2004年）
	③企業の全身全霊をかけて。ありとあらゆる商品。	「すべてを、『おかあさんの気持ち』で」（不二家　2007年） 「Smiles for All. すべては、笑顔のために。」（東洋水産　CI　2009年） 「すべてはお客様の『うまい』のために」（スーパードライ／アサヒビール 2015年）
スポーツ 【sport(s)】	体を動かして、体力や精神力を養い、得点やタイムなどを競う運動の総称。広い意味で、健康に良く、運動を通してリフレッシュしたり、どこかへ移動したりする動作も指す。 → うんどう	「ブルーは空からもらった。グリーンは大地からもらった。スポーツの色だ。ヨネックス。」（ヨネックス・カーニバル '83 ／ヨネックス　1983年） 「セントバーナードを飼うのは、立派なスポーツである。」（ヘーベルハウス／旭化成ホームズ　2001年） 「クルマと一つになるスポーツ。Honda Sedan」（レジェンド／本田技研工業　2005年）
スマート 【smart】	①デザインが洗練されているさま。無粋ではないこと。すっきりしている様子。	「スマートでいたい、コントロールしたい、これからはクリアで行く。」（シティ クリアカード／シティバンク 2003年）

	②無駄なものを省いたシンプルで賢いライフスタイル。	「ガ、スマート」（東京ガス　2012年）
すまい【住まい】	住んでいる家。マイホーム。住居。住所。「スマイル」と掛けて、不動産広告などに使われることも。 → いえ　→ すむ	「未来を見つめる。先進の住まい、誕生。」（東急不動産　1985年）
スマイル【smile】	笑顔。相手に笑いかけてコミュニケーションを取ろうとしたり、意図したことが思い通りに運んでニヤリとしたりする意味が含まれる。「スマイル」は笑うことで他者に良い影響があることを期待するニュアンスがある。 → えがお	「時代を変えるのは、きっとスマイルだ。」（東京電力　2001年） 「Smiles for All. すべては、笑顔のために。」（東洋水産　CI　2009年） 「milky smile みんなを笑顔に！」（ミルキー／不二家　2014年）
すみません【済みません】	「済まない」の丁寧語。口語では「すいません」「すまん」とも言う。開き直りのニュアンスを感じさせる。 → ごめんなさい①	「男ですいません。」（ジョージア／日本コカ・コーラ　2011年）
すむ【住む・棲む】すまう	居を決めて生活する。生活を営む。「住まう」は、文語的な響きがあるため、高級感を演出したい不動産広告で使われる。 → すまい	「この夢には、住める。」（パークマンション千鳥ヶ淵／三井不動産　2003年） ◆「天空に住まう。」（タワーマンション）
スモール【small】	小型。ミニ。サイズや規模が、他のものと比較して大きくないこと。コンパクトで手軽であること。最近の広告では、スモールカー（小型車）の代名詞として使われることが多い。 → ちいさい	「環境への負担も、できる限りスモールであること。」（ダイハツ工業　2002年） 「それは、ずっと好きでいられるスモール。」（BOON／ダイハツ工業　2004年） 「ハッピーニュースモール」（ダイハツ工業　2005年）
スリム【slim】	細いこと。厚みがないこと。デザインや機能で余分なものをそぎ落とした状態。無駄がなく、効率が良いこと。	「最新説・オール電化でスリムになる？」（東京電力　2005年）
する【為る】	行う。動作によって、ある状態になる。	「笑ったり、喋ったり、するコート。」（京王百貨店　1990年）
スロー【slow】	速度が遅いさま。ゆっくり。ゆったり。あくせくしない。のんびり楽しむさま。 → ゆっくり	「気に入ったフレーズは二度読み返す。—スローに過ぎていく、秋の一日。」（光文社文庫／光文社　2004年） 「家では、スローにん。」（ミサワホーム　2006年）

せ / ぜ

- ひらがな「せ」は「世」の行書体、カタカナ「セ」も「世」の変形。
- ローマ字表記は「se」または「ce」。「ce」と書くと、軽さや異国感が強調されるが「ス」や「チェ」と読まれないように注意が必要。
- ［se］音は、前歯の付け根部分に舌先を近づけ、摩擦させて出す無声子音［s］に、［e］の母音を伴った音節。耳にした時、洗練されたさまや潔癖さ、透明感、正義感を喚起させやすい。
- 「せ」の濁音「ぜ」のローマ字表記は「ze」。究極的なイメージやすごさ、重厚感を演出する効果がある。
- 五十音図のサ行4文字目。

見出し語	語義と広告での用法	コピー作品例
せい	不本意な出来事が起こった原因や理由を述べる。	「ぜんぶ雪のせいだ。」（JR SKI SKI ／東日本旅客鉄道　2013-2014 シーズン）
せいかい【正解】	正しい答え。その商品やサービスを選んだ消費者に正しい選択をしたことを示す。正しいこと。望ましいこと。 → こたえ	「正解！ 自動車保険クルマックス」（クルマックス／日本興亜損害保険　2004 年） 「ひとりひとりに正解を。」（城南予備校　2005 年）
せいかつ【生活】	日々、社会の中で暮らしていくこと。日常の活動の中で生きること。毎日繰り返して行う習慣。広告では、漢字4字の「○○生活」の表現が好まれる。	「おいしい生活。」（西武百貨店　1982 年） 「蓼科眺望生活。」（東急リゾートタウン蓼科／東急不動産　2000 年） 「冒険する生活を選びました。」（にっぽん丸／商船三井客船　2002 年） 「ブロードバンドで熱中生活。」（BIGLOBE ／日本電気　2004 年）
せいかん【精悍】	主に男性について言い、身体がたくましく、顔立ちがキリリと引き締まっているさま。タフ。	◆「精悍なデザインが際立つ、走りの王者。」（自動車）
せいき【世紀】	100 年をひと区切りとして数える、西暦での時代区分。広告では、世紀が変わる直前の 1990 年～ 2000 年頃に、「古いもの＝ 20 世紀」と「新しいもの＝ 21 世紀」の例えとして、多く使われた。名残を惜しんだり、後悔の念を示唆するコピーがある。その一方で、これから迎える新世紀に対し、気持ちを新たにするコピーも発表された。この頃から、「21 世紀＝遠い未来」の意味は薄れたと言ってよい。	「20 世紀のおみやげに。光と音のウォークマン。」（ウォークマン／ソニー　1989 年） 「合言葉は、ダイジョウブカ？ 21 世紀大丈夫化計画。」（三菱電機　1994年） 「まごころは、次の世紀へ。」（高島屋のお歳暮／高島屋　2000 年） 「20 世紀最後の誘惑。」（ルノールテーシア／ルノー・ジャポン　2000 年） 「この国には、まだ掃除しきれていない 20 世紀が、いっぱいあると思う。」（宝島社　2001 年）

せいじつ【誠実】	真心がこもっていて、真面目なさま。誠意があること。	「挑戦・柔軟・誠実」（JFEホールディングス　2002年）
せいじゃく【静寂】	音が静かであること。静かで寂しく感じること。しじま。	「静寂へ。成熟へ。」（ローレル セフィーロ／日産自動車　2002年）
せいじゅく【成熟】	果物などが熟すこと。人間の心身が十分に成長すること。比喩的に、人生の充実した時期に達すること。洗練された住み易い場所の比喩。 → じゅくせい	「成熟の街。」（丸紅　1982年） 「一〇年の成熟。」（野村不動産　1986年） 「そして、成熟の焦点へ。」（シティ能見台／京浜急行電鉄　1991年）
せいしゅん【青春】	①若い時代に迎える、春に例えられる人生の時期。エネルギーに満ちあふれる反面、不安や焦燥感、恋愛問題に悩まされることが多い。	「時間がないんだ、青春は。」（角川文庫／角川書店〈現・KADOKAWA〉　1979年） 「僕らの青春は　今、始まったばかりだ。分け合おうひと粒チョコレート」（アーモンドチョコレート／江崎グリコ　1980年） 「どれで記す、青春のドラマ。」（パイロット萬年筆／パイロットコーポレーション　1981年） 「力をためて、青春一直線。」（白鶴酒造　1981年） 「青春は、純白だ。」（JR SKI SKI／東日本旅客鉄道　2012-2013シーズン）
	②年齢的に若くはないが、気持ちがはつらつとして生き甲斐に満ちているさま。自由度の高い時間を謳歌する状態。	「本郷、東大前。65歳からの青春を綴るステージ。」（シニア住宅チャーミング・スクウェア本郷／ゼクスアクティブ・エイジ　2004年）
せいしんりょく【精神力】	意志の力。気持ちの持続。	「精神力だけでは、テープを切れない。」（カロリーメイト／大塚製薬　1983年）
せいそ【清楚】	さっぱりと美しく、清いさま。身なりなどを飾り立てていない様子。	「悪い女ほど、清楚な服が、よく似合う。」（ルミネ　2008年）
せいぞろい【勢揃い】	人や物が一堂に会すること。品揃えが良い。	◆「魅力のギフト、勢ぞろい。」（お歳暮）

ぜいたく **【贅沢】** 「贅」は、「贅肉」のように本来は無駄で余計なものを表すが、広告では専ら豪華なもの、こだわりのあるものを表す。	①必要以上に手間や金銭をかけ、豪華な気分やおいしさを味わうこと。 → プレミアム	「贅沢な時間をさしあげたい。」（朝日建物　1990年） 「ヱビス。ちょっと贅沢なビールです。」（ヱビスビール／サッポロビール　1994年）
	②ゆったりした時間や空間。心のゆとりから生まれる幸福感。 → ラグジュアリー	「贅沢は、お得である。」（東京ガス　1985年） 「贅沢さが違う。」（BMWジャパン　1991年）
	③なかなか手に入らないものを特別に提供すること。素材や製法、デザインにこだわっていること。	「日々の自然は、人生の贅沢です。」（セントレージ・ギャラリー／ミサワホーム　2000年） 「自然のまま、という贅沢。」（おーいお茶　濃い味／伊藤園　2004年）
せいちょう **【成長】**	①心身ともに大きくなること。人が新たなことを学び、見識を広めること。 → そだつ	「トライした数だけ、人は成長できる。」（家庭教師のトライ　2011年）
	②発展。発達。伸長。伸びしろ。	「日本経済の成長を買う。」（野村證券　1991年）
せいとう【正統】	系統が正しいこと。伝統や技術、文化を本来の姿で正しく伝えているもの。	「『正統』は強い。」（サニーEXサルーンSVリミテッド／日産自動車　2002年）
せいのう【性能】	自動車や精密機器などが持つ性質と能力。広告では、その技術の高さを謳う。かつては「○○は性能だ。」の形を多く用いたが、最近では「○○性能」と名詞化することが増えている。 → きのう	「圧倒的な性能です。」（キヤノファクス／キヤノン　1986年） 「表情も性能のひとつです。」（積水ハウス　1987年） 「カタチは性能から変わる。」（オリンパス光学工業　1990年） 「燃費こそ、環境性能です。」（ハイブリッドカー インサイト／本田技研工業　2005年）
せいは【制覇】	すべての勝負に勝つこと。覇権を行き渡らせること。	「紫外線、制覇」（アネッサ／資生堂　2008年）
せいふく【征服】	相手を服従させること。転じて、難しいことを達成する、の意。	「4つのタイヤそれぞれを意のままに操ることができれば、カーブを征服できるでしょうか？」（ボッシュブレーキシステム　2001年）
せいめいりょく **【生命力】**	生きる力。生命が持つパワー。エネルギー。漢方の効き目などを伝える。	「和漢植物の生命力を肌に。」（和漢植物のスキンケア「オリエナ」／花王　2004年）

せかい 【世界】	①地球上の社会全体。国際社会。地球規模。国内だけにとどまることではない事例。	「世界を遊ぼう。」（JCB ギフトカード／JCB　2000 年） 「世界的すきま発想。」（日本化薬　CI 2009 年）
	②世界中の人たち。世界中のもの。地球上のあらゆるもの。外国の人たち。「世界が○○する」の表現が好まれる。	「世界に美味を探る。」（紀文　1979 年） 「歓声か、悲鳴か。世界の言葉はふたつになる。」（日本アバイア　2002 年） 「世界が選んだ進化。」（FORESTER ／富士重工業　2005 年） 「世界が、混ざり合う。」（ダイドーブレンド／ダイドードリンコ　2012 年） 「世界をもてなす、日本がある。」（ホテル椿山荘東京　2013 年）
	③大学などが育成を目指す、国際人が活躍する場。	「南山大学の DNA が世界へ導いてくれました。」（南山大学　2001 年）
	④世の中。この世。自身を取り巻く環境。今、目に見えている現実。手帳の広告では、未来の予定を書いて現実のことになった世の中という解釈を生む。「世界一」で、この世で最高であること。最も価値があると捉えられるもの。	「魔法で世界は変えられない」（村田製作所　2002 年） 「世界一を、未来の力に。」（スーパーコンピュータ／富士通　2011 年） 「つぎの世界を建設中。」（140 周年／大成建設　2013 年） 「世界は大人になっているでしょうか？」（手帳は高橋／高橋書店　2013 年） 「HAPPY BIRTHDAY Dear この世界」（手帳は高橋／高橋書店　2013 年）
	⑤見識。見聞。当該商品によって広げたり増やしたりできる。	「世界をひとつ、ふやしましょう。」（講談社　2005 年）
せき【席】	座る場所。位置。シート。「○○席」の形で用いることが多い。選ばれた立地条件を比喩的に表現する。 → きひんせき　→ とくとうせき	「マド側はみんなの指定席。」（YKK AP　2004 年） ◆「海辺の最前席に棲む。」（リゾートマンション）
せきにん【責任】	人が引き受けて、全うしなければいけない任務。使命や自覚を持って最後まで面倒を見ること。また、商品に対する企業の覚悟と自信を表現するのにも用いる。	「結婚をお世話する、という責任。」（レーベン館　2004 年） 「わたしには わたしを素敵にする責任がある。」（ルミネ　2011 年）

セクシー【sexy】	他者を惹き付ける力があること。性的な魅力。色気。	「男の感性が、彼女をセクシーにした。」（京王百貨店　1981年） 「あなたには、もっとセクシーになる権利がある。」（カロヤンガッシュ／第一製薬　2004年）
せだい **【世代】**	①親、子、孫へと続く代。大まかな年齢。	「わんぱくは、世代を超える。」（本田技研工業　2001年）
	②生まれた時代がほぼ同じで、文化や体験、考え方を共有している一群。 → ねんだい	「大人になった『ぴあ』世代に深く、響く。」（『おとなぴあ』／ぴあ　2000年）
	③製品の進化の段階。広告では、「新世代」「次世代」の形で用いることが多い。 → じせだい	「色、新世代。」（富士写真フイルム　1983年）
セックス【sex】	性。性交。性欲。肉体的な交わりを含む恋愛。比喩的に、興奮する材料。	「おじいちゃんにも、セックスを。」（宝島社　1998年）
ぜっけい【絶景】	想像を絶するほど素晴らしい景色。見事な眺め。	「絶景邸宅。」（ルネッサンスタワー上野池之端／サンウッド 東急不動産 ほか 2004年）
ぜっこう【絶好】	極めて好都合なこと。あることをするのに最も適していること。「絶景」の語とともに用いることもできる。	「絶好の絶景です。」（河口湖富士桜高原分譲別荘地／富士観光開発　2000年）
ぜつみょう **【絶妙】**	巧みで気が利いていること。微妙な部分まで、この上なく上手なこと。	◆「絶妙の素肌感。」（化粧品）
せつめい【説明】	物事の事情が相手に分かるように、言葉で描写したり、理由を話したりすること。解き明かすこと。	「口どけの良さは、ひと口で説明できないので、ひと口お試しください。」（メルティーキッス／明治製菓 1993年） 「胸の高鳴りが、すべてを説明してくれた。」（新型 CLK-Class／ダイムラー・クライスラー日本　2002年）
せつやく【節約】	生活などの無駄をなくして切り詰めること。節減。倹約。	「教育は、節約できない。」（三菱銀行 1978年）
せまる【迫る】	自分の前にぐっと近づいて来る。ゆとりをなくす。迫力がある。	「音が、くる。映像が、くる。胸に、迫ってくる。」（La Vie S ／日本電気 2000年）
せめる【攻める】	攻撃する。迫る。敵に近づき、戦いを仕掛けること。積極的に行動する。	「攻めよ、表現者。」（ニコン D750／ニコン　2014年）

見出し	語釈	用例
せりふ【台詞】	口上。芝居の中での言葉。決まり文句。 → ことば	「あ、あの時あいつが言った<u>せりふ</u>だ。」（角川文庫／角川書店〈現・KADOKAWA〉 2004 年）
ゼロ【zero】	数の零。何もないこと。無料。なし。まったくないこと。ダイエットや健康に良い商品にも用いる。	「カフェイン<u>ゼロ</u>で、まっすぐしみこむ元気ブレンド！」（アサヒ 十六茶／アサヒ飲料 2009 年）
せわ【世話】	面倒を見ること。あれこれ手をかけること。サービスする。縁がある。	「結婚をお<u>世話</u>する、という責任。」（レーベン館 2004 年）
せんげん【宣言】	ある決意や主張を他人に分かるように、言葉にして広く伝えること。断言する。「〇〇宣言」のように言うこともある。	「国語力・英語力 グレードアップ<u>宣言</u>」（『明鏡国語辞典』『ジーニアス英和辞典』ほか／大修館書店 2005 年）
せんしん【先進】	他のものよりも進んでいること。発達していること。先駆。	「<u>先進</u>の個性。」（開発設計技術者募集／日本ビクター 1982 年） 「未来を見つめる。<u>先進</u>の住まい、誕生。」（東急不動産 1985 年）
ぜんしん【全身】	体全体。頭から足先まで。丸ごと。	「どこを狙うか<u>全身</u>バーゲン。」（松屋銀座店 1978 年） 「<u>全身</u>を食べるとゴミは減る。」（キューピーマヨネーズ／キユーピー 1993 年）
センス【sense】	おしゃれをしたり、洗練されたライフスタイルを保つために必要な、独特の感覚。能力。思慮。 → かんせい【感性】	「必要なのはお金じゃなくて『<u>センス</u>』です。」（月刊『LEON』／主婦と生活社 2001 年） 「こんな私たちの<u>センス</u>を受け入れてくれるなんて、フトコロの深い家ね。」（ヘーベル・マイハウス／旭化成ホームズ 2003 年）
せんたく【選択】	選び出すこと。より良いものを選ぶこと。自分の意思で選り分けること。「選択の自由」「〇〇という選択」「賢い〇〇の、賢い選択」などの表現がある。衣類の「洗濯」と選択を掛けたコピーも作れる。	「母さんだまって、賢い<u>選択</u>。」（日本債券信用銀行 1984 年） 「<u>選択</u>の自由。」（FM NoteBook シリーズ／富士通 1991 年） 「洗剤を使わないという<u>選択</u>肢。」（ASW-ZR800 洗濯機／三洋電機〈現・パナソニック〉 2001 年）
せんたん【先端】	物の先。先頭。時代の先端。最も進んでいる部分。	◆「<u>先端</u>を背中に感じる会社です。」（化学メーカー）
ぜんてい【前提】	ものの考えの基礎となる論。土台となる考え方。踏まえて考察するもの。	「人は誰でもミスをする。それが、メルセデスの<u>前提</u>です。」（メルセデス・ベンツ日本 1995 年）

見出し語	語義と広告での用法	コピー作品例
ぜんぶ【全部】	すべてを集め揃えたもの。みんな。ことごとく。一つひとつを総じたもの。広告では「ぜんぶ」とひらがなで書く場合が多い。 →すべて①	「ココロとカラダ、にんげんのぜんぶ。」（オリンパス CI 2007年） 「ぜんぶ雪のせいだ。」（JR SKI SKI／東日本旅客鉄道 2013-2014シーズン）
せんぼう【羨望】	うらやましく思うこと。商品を手に入れる優越感を演出する効果がある。 →あこがれる	◆「羨望の邸宅、住まう悦び。」（不動産会社）
せんめい【鮮明】	鮮やかではっきりとしていること。画像などがくっきりとしているさま。 →あざやか①	「選ぶ理由が、鮮明になった。」（POWER PROJECTOR SX50／キヤノン 2004年）
せんりつ【旋律】	節。自然が奏でるメロディや、刻むリズム。	「旋律は繰り返す。生命がめぐるように。」（朝日新聞社、ホクレン 2004年）
せんれん【洗練】	垢抜けていて、野暮ったくないこと。ファッションが最新のものであったり、知識や思考が高尚で先進的であったりすること。磨かれたもの。	「進化し続ける洗練。」（シャネル、小田急百貨店新宿店 2001年） 「洗練されたクリアな味・辛口。」（スーパードライ／アサヒビール 2015年）

- ひらがな「そ」は「曾」の草体、カタカナ「ソ」も「曾」の初め2画から。ローマ字表記は「so」。
- ［so］音は、前歯の付け根部分に舌先を近づけ、摩擦させて出す無声子音［s］に、［o］の母音を伴った音節。耳にした時、落ち着きや素直さ、透明感、安定感などを喚起させやすい。
- 「そ」の濁音「ぞ」は、ローマ字表記に「zo」がある。振動させるイメージや驚き、重々しさ、量の多さを演出する。
- 五十音図のサ行5文字目。カタカナの「ソ」が、「ン」と読み間違えられることがあるため、文字の配列に注意したい。

見出し語	語義と広告での用法	コピー作品例
そうか	自分の発想に気づくこと。納得。 →そうだ	◆「そうか、勉強はこうすればいいのか。」（学習塾）
そうかい【爽快】	気分が晴れて、爽やかなこと。のどごしなどがすっきり快いさま。また、理論や説明が明確で分かりやすいこと。	「クセになる爽快感。」（日本経済新聞／日本経済新聞社 2004年） 「人類爽快」（麒麟淡麗〈生〉／キリンビール 2013年）

そうぞう【創造】	新しく何かを作ること。これまでにないものを生み出すこと。クリエーション。「想像」と同じ音であることを利用してコピーを作ることもできる。	「創造の原点は、ロマンです。」（東京重機工業　1986年） 「YAMAHAは"感動創造企業"を目指します。」（ヤマハ　CI　1997年） 「創造力が覚醒する。」（ハイドラクティブⅢ／シトロエン・ジャポン　2004年） 「創造は、想像を超える。」（Alfa GT／フィアットオートジャパン　2004年） 「みらい創造力で、保険は進化する。」（日本生命保険　CI　2012年）
そうぞう【想像】	体験していないことを、あれこれ頭の中で思い描く。こうではないかと心に描く。夢。妄想。イマジネーション。物事を想像する力。構想力。	「野菜を見ると、想像するもの。」（キユーピー　1997年） 「どの子にも、想像力はやってくる。」（レゴ基本セット／レゴジャパン　2004年）
そうだ	アイデアを思いついた時に出る感嘆表現。とっさに出た判断や発想。 → そうか	「そうだ　京都、行こう。」（東海旅客鉄道　1995年）
そうだん【相談】	心配事や不安なことを、誰かに打ち明けアドバイスをもらうこと。意見を出し合って解決策を見いだすこと。	「お母さんだって、誰かに相談したい。」（家庭教師のトライ　2000年） 「牛乳に相談だ。」（中央酪農会議 2005年）
そこ【底】	容器の蓋に対する下の部分。転じて、物事の真相。本質。「底ぬけ」で、限りがないさま。	「底ぬけに明るい気分がいい。」（オーシャンブライト／三楽オーシャン　1983年） 「おなかの底から、愛していますか。」（ヤクルト本社　1990年）
そこぢから【底力】	潜在的に持っていて、いざという時に発揮させる能力。隠れた力。	◆「漢方の底力。」（製薬会社） ◆「求ム、あなたの底力。」（求人サイト）
そざい【素材】	商品や料理などの原料。元の材料。広告では、その質の高さや産地、厳選する目などをアピールする。	◆「素材の差が仕立てに出ます。」（アパレル）
そだつ【育つ】	成長する。大きくなる。育成。伸びる。能力が上がる。 → せいちょう①	「わんぱく盛りは、育ちざかり。」（学習研究社　1979年） 「日本の土でおいしく育ちました。」（全農　2004年）
そだてる【育てる】	①成長させる。生産する。酒類などを熟成させる。 → つちかう　→ はぐくむ	「森を育てる会社の、木造注文住宅。」（住友林業　1982年） ◆「樽が育てた逸品。」（ウイスキー）

あ

か

さ

た

な

は

ま

や

ら

わ

		②能力や学力を伸ばす。教育や人材育成のコピーに多い。 → のばす	「時間をかけて育てたのは、信頼です。」（第一製薬　2000年） 「自分を育てる。自分で育てる。」（日本通信教育連盟〈現・ユーキャン〉2001年） 「大きく育てる、楽しく伸ばす。語学の種まく、春がきたよ！」（NHKテキスト／日本放送出版協会　2005年） 「あなたの一言が、広告を育てる一歩になる。」（日本広告審査機構　2005年）
	そつぎょう【卒業】	学業などの課程を修了すること。転じて、ある段階を通り越すこと。大人になる。円満に去ること。	「ぎゅうにゅうは卒業しない。」（全国牛乳普及協会　2000年）
	そっと	静かに置いておく。気を使って触れないでおく。こっそり。	「聞くよりそっと引くのが、上司のプライド。」（『現代新語情報辞典』ほか／学習研究社　2001年）
	そのまま	手を加えていない状態。 → このまま　→ -まま	◆「そのままの自然を召し上がれ。」（食品メーカー）
	そば【側・傍】	傍ら。すぐ脇に。隣に。身近なところに。 → となり	「そばにおきたくなる存在感。ザッツ。」（ザッツ／本田技研工業　2002年） 「休む、という字は、木のそばに人がいる。」（SHAWOOD ／積水ハウス　2014年）
	そめる【染める】そまる	浸透した色が付くこと。模様などを彩る。色目を変える。転じて、影響を深く与えること。	「ほほ ほんのり染めて」（資生堂　1972年） 「あなた好みに、染まりたい。」（紀文　1985年）
	そら【空】	①地上に広がる空間。天空。 → あおぞら	「ブルーは空からもらった。グリーンは大地からもらった。スポーツの色だ。ヨネックス。」（ヨネックス・カーニバル '83 ／ヨネックス　1983年）
		②高層建築の比喩。	◆「空に住む、という優越。」（タワーマンション）
		③大らかな心。広い視野。精神的余裕。	「飯を食え。空を見ろ。本を読め。」（東京出版販売　1991年）
		④美しい空気。環境。	「空をビューティフルに。ビジネスをビューティフルに。」（富士ゼロックス　1970年） 「空想しながら、空を想ってきました。」（石川島播磨重工業　2004年）

	⑤陸地や海、国境を越えて広がるもの。「空を飛ぶ／超える」で流通網の発達を示唆する。	「届けたい想いが、空を越える。」（フェデックス〈フェデラル エクスプレス〉 2005年）
	⑥航空会社の別称。就航路線。空路。フライト。より便利な予約システムの意も。 → つばさ②	「もっとうれしい空へ。」（50周年記念／日本航空 2001年） 「いい空は青い。」（全日本空輸 2002年） 「未来の空が、はじまるよ。」（JAL IC サービス／日本航空 2005年）
それゆけ	勢いをつけて行動をしたり、励ましたりする時に掛ける命令調の言葉。	◆「それゆけ、夢のたまご達。」（博物館）
そろう【揃う】	物の形や数、様子などが同じであること。商品がひとところに集まっているさま。	◆「美味、そろいぶみ。」（ギフト商品）
そろそろ	時間が経って、動き出さなくてはいけない頃合い。良き時機。	「そろそろ次のこと。」（丸井クレジットカード／丸井 1985年） 「そろそろ、夫婦で、遊びたい。」（近畿日本ツーリスト 1986年） 「さて、そろそろ 反撃しても いいですか？」（NTT ドコモ 2007年）
そん【損】	利益を失うこと。得にならない。マイナス。	「この家建てる人、この広告読んでいるかな。読まないとソンするな。」（硝子繊維協会 1975年）
そんざい【存在】	その場にあること。いること。商品が（うやうやしく）市場にあること。「存在感」で、存在意義があると感じさせること。	「クラスの空白を満たす、ふたつとない存在。」（NEW BMW1シリーズ／BMW ジャパン 2004年） 「圧倒的な存在感。」（アストロほか／スズキ 2005年）

あ

か

さ

た

な

は

ま

や

ら

わ

た
だ

- ひらがな「た」は「太」の草体、カタカナ「タ」は「多」の上部を残した省略形。ローマ字表記は「ta」。
- ［t］音は、舌の先を上の歯茎に密着させ、破裂させて出す無声子音。それに［a］の母音が伴った音節が［ta］の音である。耳にした時、安定感や存在感、確かさや重要性をイメージさせる効果がある。
- 「た」の濁音「だ」は、ローマ字表記で「da」と書き、迫力のある大きさや躍動感、重量感といった男性的な力強さをイメージさせる効果がある。
- 五十音図のタ行1文字目。

見出し語	語義と広告での用法	コピー作品例
-だい【台】 （数え方）	乗り物や機械類、大型家具などを数える。自動車や家電製品の代名詞。	◆「この一台は、あなたのために。」 （自動車）
たいかん【体感】	→ じっかん　→ たいけん	
たいくつ【退屈】	暇を持て余して、つまらない気分になること。刺激がないさま。	◆「退屈は、お金で買いましょう。」 （リゾート施設）
たいけん【体験】	体を通して経験すること。転じて、商品やサービスのお試し。 → みたいけん	◆「新エンジン体験フェア、開催。」 （自動車）
だいごみ 【醍醐味】	物事の本当の深さや面白み。時間をかけて追求する商品に多く用いる。	◆「予想通りに行かないのが、人生の醍醐味です。」（保険プラン）
だいじ【大事】	自分にとってぞんざいに扱えない貴重なもの。個人にとって重要なものを表す。 → たいせつ	「♪よーく考えよう　お金は大事だよ」（アメリカンファミリー生命保険　2004年） 「フレアティは私のオシャレの大事なスパイス」（レディースアートネイチャー「フレアティ」／アートネイチャー　2004年）
だいじょうぶ 【大丈夫】	①危なげのないさま。広告では人の潜在的な不安を浮き彫りにし、それに対して手を差し伸べる表現を用いる。	「合言葉は、ダイジョウブカ？ 21世紀大丈夫化計画。」（三菱電機　1994年） 「日本一長生きしても、大丈夫。」（アイ・エヌ・エイひまわり生命保険〈現・損保ジャパン日本興亜ひまわり生命保険〉　2000年頃） 「さかなを食べる国は、将来だいじょうぶだと思う。」（シーチキン／はごろもフーズ　2004年）

	②構造がしっかりしていて壊れないさま。	「やっぱりイナバ 100 人乗っても**大丈夫！**」（イナバ物置／稲葉製作所 1987 年）
だいすき 【大好き】	とても好んでいること。最愛。夢中。消費者の嗜好をくすぐる効果がある。 → すき	「不思議、**大好き**。」（西武百貨店 1981 年）
たいせつ【大切】	守らなくてはいけない貴重なもの。丁寧に扱うべきもの。優先順位の高いもの。個人はもちろん、社会や文化にとって尊重すべきもの。 → だいじ	「ひとりの時間を、**大切**に。」（集英社 1980 年） 「しょうゆが教えてくれた、ちいさな**大切**。」（いつでも新鮮しぼりたて生しょうゆ／キッコーマン 2012 年） 「小さな欲望を、**大切**に。」（earth music&ecology 2013 年）
だいち【大地】	広い地。天に対する地。広告では、命を育む場所や根を張る場所の象徴として用いる。	「ブルーは空からもらった。グリーンは**大地**からもらった。スポーツの色だ。ヨネックス。」（ヨネックス・カーニバル '83 ／ヨネックス 1983 年） 「**大地**も恋をしております。」（でっかいどぉ。北海道／全日本空輸 1985 年）
ダイナミック 【dynamic】	英語の「動力、動的な」の意味から、力強く大きく躍動するさま。	◆「**ダイナミック**な発想、しています。」（化学メーカー）
たいへん 【大変】	おおごと。一大事。えらいこと。苦労を伴うこと。手間がかかる。非常に。	「本日も、**たいへん**幸せなことになってます。」（『たまひよ』／ベネッセコーポレーション 2004 年）
たいよう【太陽】	太陽光。日光。比喩的に、自然の恵み。明るく世を照らすもの。日差し。夏の別称。	「**太陽**に愛されよう」（BEAUTY CAKE 資生堂 1966 年） ◆「**太陽**がわかしたお風呂って、気持ちいい。」（太陽熱温水器） ◆「牧場の**太陽**がくれた、おいしさです。」（牛乳）
たいりょく 【体力】	体から湧く力、スタミナ。運動能力。生命力。	「夢に**体力**をつけましょう。」（日本債券信用銀行 1986 年）
たいわ【対話】	1 対 1 で（真剣に）話をすること。ある問題について向き合い、考えること。答えを求めて相対すること。 → かいわ	「いのちと日立が、**対話**を始めている。」（日立製作所 2001 年） 「決め手は、**対話**力。」（英会話 COCO 塾／ニチイ学館 2012 年）
たかい 【高い】	①はるか上の方にある。上方。比喩的に、目標や理想が現状で実現できるレベルよりも上であること。	「目標は**高く**。志は**高く**。自分のいちばんに向かって。Aim High（エイム ハイ）！」（河合塾 2005 年）

141

		②値段が張る。手が出しにくい価格。高額。あえて「高い」と言い、人の好奇心をあおる広告も少なくない。	「値段は高いがいい味です」（コーミソース／コーミ　1969 年） 「はっきり言って、高いです。」（創味のつゆ／創味食品　1999 年） 「雪国もやしはメチャメチャ高いから、みんな絶対買うなよ！」（雪国もやし／雪国まいたけ　2006 年）
	たから【宝】	大切な品。価値のある貴重なもの。	「焼酎は、日本の宝。」（宝酒造　1982 年）
	だから	①ある出来事や事柄の理由づけを導く接続詞。商品の購買を促す理由づけや、自社商品が他社のものより優れていることを強調するコピーに好まれる。	「好きだから、あげる。」（丸井　1980 年） 「夏ダカラ、コウナッタ。」（サンフレア／資生堂　1982 年） 「好きだから、乗る。」（NEW PAJERO／三菱自動車工業　2000 年）
		②ある現象の存在を述べ、それゆえ自社の商品が役立つことを表現する。「○○だ。だから△△」が典型。	◆「ダイエットは難しい。だからパートナーが必要だ。」（フィットネスクラブ）
	たからもの【宝物】	自分にとって非常に大切なもの。「宝」が万人にとっても財産であるのに対し、「宝物」は、他の人には一見すると価値が分からないものを指す傾向がある。広告では、それらを再評価するきっかけを与える。	「いつか、きっと、宝物になる。」（ハイブリッド -Z ／ミサワホーム　2000 年） 「ドイツでは、わが家からでるゴミは宝物なんです。」（東京電力　2001 年） 「もう一度、宝物に出会える場所。」（トヨタホームテクノ　2004 年）
	だきしめる【抱き締める】	大切だと思うものを、胸に寄せて強く腕で抱いて支える。ハグ。抱擁。相手を守りいつくしむ動作。大切にして満喫する、の意にも用いる。	「地球を抱きしめるように走る。HUG THE WORLD」（FORESTER ／富士重工業　2005 年） ◆「がんばった自分を、抱きしめたい。」（学習塾）
	だきょう【妥協】	相容れないものが折り合って、着地点や解決点を無難に見いだすこと。	「妥協は、知らない。」（エスクード S-エディション／スズキ　2004 年）
	たくさん【沢山】	数が多いこと。量が十分であること。→ いっぱい	「あげるうれしさが、たくさんあります。」（東武百貨店池袋店　2000 年）
	たくましい【逞しい】	心身ともに力強く、勢いがある。筋骨隆々としている。頼りになる。タフ。	「わんぱくでもいい たくましく 育ってほしい」（丸大ハム／丸大食品 1970 年） 「たくましい愛、ありがとう。」（日本生命保険　1980 年）

あ　か　さ　た　な　は　ま　や　ら　わ

たくわえる **【蓄える・貯える】**	のちの備えのために、金銭や物などをためておくこと。 → たまる	◆「たくわえれば、未来は明るい。」 （定期預金）
- だけ	それに限る。それしかない。その範囲のみの、の意味。その程度の。	「このままじゃ、私、可愛いだけだ。」（朝日新聞社　2004年）
たさい【多才】	多方面にわたって才能や技芸があるさま。有能。	「なんて多才。」（ローランド　1985年）
たさい【多彩】	色彩や顔触れが多くあり、華やかでにぎやかなこと。	「多彩な『手』が活きる！」（東急ハンズ　1990年）
たしか【確か】	手に取って実感できるような確実な信頼感や安心感。しっかりしている様子。	「確かな目に挑戦します。」（日立キドカラーでかでか26・コンピューター白くま／日立家電販売　1978年） 「たしかな時間。ゆたかな時間。」（東海道新幹線40周年／東海旅客鉄道　2004年）
たしざん **【足し算】**	2つないしはそれ以上のものを加えて出した数。人や物をプラス思考で発展させていくさま。重ねていくもの。企業広告などで使うことが多い。 → かけざん　→ プラス	「木のたし算、色のたし算。」（丸井オリジナルインテリア ステラミア＆セリア／丸井　1978年） 「人のチカラは足し算ではない。それは掛け算だ。」（丸紅　2004年） 「日立はエコにたし算」（日立アプライアンス　2010年）
だす【出す】	→ でる	
たすかる **【助かる】**	労力を軽減し、手間を省くこと。手伝いや手助けをしてくれるものに対する消費者の感謝の気持ちを述べる。	「今すぐトクしたり、ずっと安心できたり。いろいろ助かるローンなんだ。」（みずほ銀行　2005年）
ただ **【只・唯】**	他にはない。特別なものであるさま。オンリー。 → たった	「ただ一度のものが、僕は好きだ。」（Canon AE-1／キヤノン　1978年） 「ダービー馬。その称号は、ただ一頭のみに許される。」（日本ダービー／日本中央競馬会　2004年）
たたかう **【戦う・闘う】**	武器や力技を使って、相手との優劣を決めること。転じて、広告では、大きな仕事をしたり、スポーツでの大勝負、困難や病気を克服しようとするさまを表現する。	「24時間戦えますか。」（リゲイン／三共　1988年） 「読んでる人は 戦えない。本を読む幸福で、地球をうずめたい。」（'91 集英社／集英社　1991年） 「挑むために、戦う。」（グランドセイコー／セイコーウオッチ　2012年）

ただしい **【正しい】**	間違っていないこと。正統なあるべき姿。きちんとしている様子。正確な。	「帰りたい町が見えた。<u>正しく</u>言うと、帰れない町が見えた。」（BIG JOHN／マルオ被服　1982年） 「食品の情報は<u>正しく</u>あってほしい。つくった人の『こだわり』や『信用』をどうやって買う人まで届けるか。」（NTTデータ　2005年）
たつ【立つ】	両足を地面に着けて身体全体を支える。まっすぐになる。起立。起こる。立ち向かう。その場所に身を置く。	「ここに<u>立つ</u>と、翼がほしくなる。」（伊藤忠ハウジング、伊藤忠商事　1985年） 「この夏、夢の入口に<u>立つ</u>。」（和光証券　1991年）
たつじん【達人】	何かの技や知識に精通した人。ある特別な域に達している人。	◆「<u>海外旅行の達人</u>になる。」（宿泊予約サイト）
たった	わずか、ほんの。「ひとつ」「ひとり」「○○だけ」などを伴うことが多い。 → ただ	「あなたの、<u>たった</u>ひとつになるために。」（あいおい損害保険　2001年）
だって	○○であっても。△△でさえ。普通は目の行き届かない対象にも必要な商品やサービスがあることをアピールする効果がある。	「おしり<u>だって</u>、洗ってほしい。」（ウォシュレット／東陶機器　1982年） 「ずっと応援してくれる。夜<u>だって</u>、休日<u>だって</u>、人生<u>だって</u>。」（みずほ銀行　2005年）
だっぴ【脱皮】	成長するために皮を脱ぐこと。古い習慣や思考を脱ぎ捨てて変化すること。	◆「退屈な自分を、<u>脱皮</u>しよう。」（カルチャースクール）
たっぷり	十分に満ちているさま。ゆとりがあって、気ぜわしくない状況。時間の余裕。おいしさや楽しさに浸る様子。	「風土のワインを、<u>たっぷり</u>どうぞ。」（マンズワイン 甲斐のみのり／キッコーマン　1980年） 「年末年始は<u>たっぷり</u>！どっぷり！スカパー！」（スカイパーフェクト・コミュニケーションズ　2004年）
たとえ	仮に○○だとしても。△△と仮定して。もし○○であっても。よしんば。	「<u>たとえ</u>遠くに行っても、友情とauは変わらない。」（富士通、KDDI 2003年）
たね【種】	①物事のもととなるもの。きっかけ。材料。そこから何かが芽生え、伸びていく様子を表現する。	「大きく育てる、楽しく伸ばす。語学の<u>種</u>まく、春がきたよ！」（NHKテキスト／日本放送出版協会　2005年） ◆「話題の<u>種</u>、いつもまいています。」（新聞）

	②手品などであらかじめ披露のために仕込んであるもの。	「その魔法には、<u>タネ</u>と仕掛けがあります。」（ストレッチパンツ専門店「ビースリー」／バリュープランニング2012年）
たのしい **【楽しい・愉しい】** 広告では、ひらがなで「たのしい」と書くが、「愉しい」と書くと、心にわだかまりがない、穏やかであるさまを強調する。	心が弾み、愉快で前向きな気持ちになる様子。日々充実し、時間を忘れて味わいたいほどの快さがある時に感じるもの。笑顔のある幸せの意。本来はつらかったり面倒だったりすることが、楽に心地よくできるさま。名詞化して、娯楽性を表現する。	「建てて、楽。住んで、<u>楽しい</u>。」（積水化学工業　1985年） 「自然を、おいしく、<u>楽しく</u>。」（カゴメ CI　2003年） ◆「明かりで、食卓はもっと<u>楽しく</u>なる。」（照明） ◆「みんなの『<u>楽しい</u>』が、音になってる。」（音楽教室）
たのしさ **【楽しさ・愉しさ】**	楽しい気持ちにさせるもの。興味や好奇心を満たしてくれるもの。同じ名詞だが、「楽しみ」より「楽しさ」の方が、現時点で当該商品を楽しんでいる様子が表現できる。	「<u>たのしさ</u>劇的。」（日本ビクター1979年） 「<u>たのしさ</u>の次も、たのしい。」（ローランド　1985年）
たのしみ **【楽しみ】**	楽しい気持ちにさせるもの。未来が待ち遠しくなるもの。心躍るもの。	「<u>たのし</u>実。ほほえ実。たらみ」（たらみ CI　2014年）
たのしむ **【楽しむ・愉しむ】**	楽しい気持ちになる。満ち足りて心豊かな時間を過ごす。「楽しもう」で、より快適で豊かな生活を送ることを提案する。	「どんなストーリーより、<u>楽しめる</u>人生を。」（C-Class／ダイムラー・クライスラー日本　2000年） 「朝日を<u>楽しむ</u>コツがある。」（朝日新聞社　2004年） 「さっそくですが、ニッポンをどう<u>楽しん</u>でもらいます？」（祝、東京招致決定！／JTB　2013年）
たび【旅】	何かを求めて生活の場を一時的に離れること。日常を離れて、しばし別の場所に行き、気分転換すること。旅行会社や航空会社のコピーに多いが、映画や音楽を比喩的に旅と捉えるコピー作品も見られる。繰り返しの利用を喚起させるために、「ふたたび」と韻を踏むコピーを作ることも。 → りょこう	「品質で選ぶ、夏の<u>旅</u>。」（日本交通公社　1981年） 「<u>旅</u>の中味をご覧ください。」（日本交通公社　1983年） 「<u>旅</u>という、栄養。」（全日空商事1983年） 「仲間が広がる、<u>旅</u>が深まる」（クラブツーリズム CI　1995年） 「あっという間の<u>旅</u>でした。」（フェデックス〈フェデラル エクスプレス〉2003年） 「ふたたび、<u>旅</u>へ。大人二枚。」（大人の休日倶楽部キャンペーン／東日本旅客鉄道　2006年）

あ			
か	**たべる【食べる】**	食べ物を口に入れて咀嚼し、飲み下す。健康な食欲。 → しょく①	「父は、単語を食べて覚えた。僕は単語を押して覚える。」（キヤノン電単／キヤノン　1980 年） 「人間は食べる葦である。」（東武百貨店　1990 年） 「食べる、食べる、あなた。」（味の素の冷凍食品／味の素　2004 年）
さ	**たまげる**	とてもびっくりする。驚く。度肝を抜かれる。大げさに驚く様子。	「た ま げ た。」（イオン ザ☆バーゲン　2012 年）
た	**たましい【魂】**	心、気力、精神。広告では、その商品に対する強い思い入れを指す。あるものにこだわって、心を傾ける様子を「〇〇魂」と表現することもある。	「魂の鼓動が聞こえる。」（朝日新聞社　1991 年） 「美しいボディに宿る、アスリートの魂。」（アルファロメオ　Alfa 147 TI ほか／フィアットオートジャパン　2004 年）
な	**だます【騙す】**	あたかも本当かのように言い、相手をその気にさせてあざむく。転じて、消費者を困惑させること。	「警告：このラスト、映画通ほどダマされる。」（映画「ミッション：8 ミニッツ」　2011 年）
は	**たまらない【堪らない】**	我慢できないこと。転じて、どうしようもなく魅力的であること。こたえられないほどの良さがあるもの。	「ガブリつくってたまらない」（マックグラン／日本マクドナルド　2004 年）
ま	**たまる【溜まる・貯まる】**	①貯蓄する。貯金する。自然に集積する。銀行に預金したり、ポイントを集めたりする。 → たくわえる	◆「『どうにも貯まらない』という人へ。」（貯蓄プラン） ◆「たまったポイントで、自由を買った。」（クレジットカード）
や		②蓄積する。蓄える。積もる。あまりたまってほしくないものを引き合いに出して、危機感をあおる。	◆「仕事と贅肉は、あっと言う間にたまる。」（ダイエット食品）
ら	**だまる【黙る】**	言葉を発しないこと。無言。とやかく言わないこと。広告では、商品に対して何も注文や疑問がないこと、すなわち満足感を表現する。	「男は黙ってサッポロビール」（サッポロ黒ラベル／サッポロビール　1970 年） 「母さんだまって、賢い選択。」（日本債券信用銀行　1984 年）
わ	**だめ【駄目】**	してはいけないこと。口語による強い禁止。良くないこと。ダメ。	「ただよし、野菜をとらなきゃ、だめじゃなぁきゃ。」（カゴメ野菜ジュース／カゴメ　1976 年）
	ためす【試す】	試みる。試練を与える。	「距離にためされて、ふたりは強くなる。」（シンデレラエクスプレス／東海旅客鉄道　1991 年）

ために 【為に】	①目的を持って何かを行うこと。消費者の快適な生活や満足感、未来のより良い環境を目指す商業理念や企業姿勢を謳うことが多い。「（お客様の）ために。」で止め、具体的に何をするかは明言しないことが多い。	「あなたの<u>ために</u> 着てきたのに　あなたじゃない 人ばかりに 褒められる」（ルミネ　2008年） 「前向く<u>ために</u> 横道それたい こともあるのよ」（ルミネ　2009年） 「Smiles for All. すべては、笑顔の<u>ために</u>。」（東洋水産　CI　2009年） 「クルマがずっと愛される<u>ために</u>。」（デンソー　CI　2010年） 「すべてはお客様の『うまい』の<u>ために</u>」（スーパードライ／アサヒビール　2015年） ◆「あなたの人生のパートナーとなる<u>ために</u>。」（保険）
	②抽象的な目的を持った意思。姿勢。	「エゴイストの資格　わがままな大人たちを充たす<u>ために</u>。」（アヴァンシア V6 FF 4WD ／本田技研工業　2000年）
たより【便り】	知らせ、音信、訪れ。季節の息吹や自然界からの恵み。贈答品の別称。	◆「わが家に、夏の<u>便り</u>が届きました。」（お中元）
たよる【頼る】	信頼する。心のよりどころとする。いざという時に役立つ。	◆「いちばん<u>頼れる</u>ものは、何ですか？」（銀行）
だらけ	周りを見る限りそのものだけ多くあること。まみれている様子。	◆「子育ては、冒険<u>だらけ</u>。」（育児雑誌）
たりる【足りる】	必要なものが十分にあるさま。間に合う。充足している状態。広告では、「○○が足りない」と否定形を用い、不足しているものに気づかせたり、「○○は足りていますか？」と疑問形で問い掛けて消費者の潜在意識に訴えたりするコピーが多い。	「近ごろ、のどかが<u>足りません</u>。」（カルピス食品工業　1987年） 「あなたの人生にビューティフルは<u>足りて</u>ますか？」（WOWOW　2000年） 「人生が一度では<u>足りない</u>。」（C-Class Stationwagon ほか／ダイムラー・クライスラー日本　2001年）
だれ【誰】	①正体が分からない、特定できない人（たち）のこと。「○○するのは誰だ」が典型表現。	「<u>誰</u>も起こしてくれない、一人暮らし。悪いのは、<u>誰</u>だ。アッ僕、か。」（EZアラーム／ソニー　1981年） 「女神は<u>誰</u>に微笑むか。」（J-SPORTS　2013年）
	②不特定多数の消費者。「誰だって」「誰でも」「誰もが」「誰よりも」の形で範囲の広さを表現する。	「きらきらしてると、<u>誰</u>だって写したくなる。」（写ルンです Night&Day ／富士写真フイルム　2004年）

あ

か

さ

た

な

は

ま

や

ら

わ

見出し語	語義と広告での用法	コピー作品例
たんじょう【誕生】	もともとは人が出生することを意味する語だが、広告では新発売した商品をドラマチックに演出する語。 → うまれる　→ デビュー	「全方位ボリュームマスカラ、ついに誕生。」（ランコム アンプリシル／日本ロレアル　2001年）
たんせい【端正】	整っていること。主に顔や体のルックスが良いこと。	◆「端正は、眼鏡でつくれる。」（眼鏡店）
ダンディズム【dandyism】	男性が渋く洗練されたいでたちや心意気をしていること。伊達な男。	「加速するダンディズム。」（NEW バサラ／日産自動車　2001年）
だんトツ【断トツ】	「断然トップ」から生まれた略語。圧倒的な優位で頂点に立つさま。 → ばつぐん	◆「ダントツの性能が、ドライバーの夢をかなえる。」（自動車）
たんのう【堪能】	じっくりと物事や飲食物を味わい、楽しむこと。そのものの価値や奥深さを知り尽くすこと。贅沢を楽しむ。	「美しさを堪能する。」（ニュー BMW6 シリーズ グランクーペ／ BMW　2013年）

- ひらがな「ち」は「知」の草体、カタカナ「チ」は「千」に由来する。
- ローマ字表記は「chi」あるいは「ti」で、まれに「ci」もある。「chi」と書く方が「ti」よりも、子どもらしいイメージを抱かせる。
- ［tʃ］音は、舌の先を上の歯茎に密着させ、破擦させて出す無声子音。それに［i］の母音が伴った音節が［tʃi］の音である。耳にした時、若々しさやかわいらしさ、子どもっぽさ、小ささ、手軽さなどをイメージさせる効果がある。
- 「ち」の濁音「ぢ」は、［dʒi］と発音し、広告では「○○ぢから」のような連濁以外ではあまり用いない。「ヂ」のローマ字表記は「zi」あるいは「di」。
- 五十音図のタ行2文字目。

見出し語	語義と広告での用法	コピー作品例
ち【知】	知恵や知性、知識などの総称。出版社、大学、書店などがスローガンで好んで使う。「ち（血）」をもじって「知が騒ぐ」とすることもできる。	「知の水先案内人」（集英社新書／集英社　2000年） 「130年目の原点。知の進化が加速する。」（同志社大学　2004年） 「90万冊の知が騒ぐ!!」（ジュンク堂書店　2004年） 「現代人の『知』がさわぐ」（学研M文庫／学研パブリッシング　2013年）

ちいさい 【小さい】 ちいさな ちっちゃい ちっちゃな	①サイズや規模が他のものと比較して大きくないこと。大げさではないこと。コンパクトで手軽であること。狭い。小規模。「小さいけれど大きい」「小さいものを大きく○○する」という大小の対比表現が広告コピーに用いられる。「ちっちゃい」というと、子どもっぽさ、かわいらしさ、ちっぽけさを演出できる。	「小さな場所を、大きく使う。」（稲葉製作所　1986年） 「ちっちゃな本がでかいことを言うじゃないか。」（講談社　1988年） 「村田製作所は、きょうも、小さいことをやっています。」（村田製作所　2000年） 「小さく見えて、大きく乗れる。」（新型デミオ／マツダ　2000年）
	②ちょっとした。些細な。本質的とは言えないが、あるとよい。	「しょうゆが教えてくれた、ちいさな大切。」（いつでも新鮮しぼりたて生しょうゆ／キッコーマン　2012年） 「小さな欲望を、大切に。」（earth music&ecology　2013年）
ちえ【知恵】	ちょっとした知識や工夫の集積により、より良い生活を送ることができる能力。「知恵比べ」で、工夫でどちらが優れているか競うこと。 → ちしき	「お母さんの知恵になりたい。」（カゴメ　1985年） 「ふやせふやせの知恵くらべであります。」（日本長期信用銀行　1988年）
ちかい【近い】	あるものと、あるものの距離があまりないこと。両者の隔たりが小さいこと。時期が迫っている。	「春近し。隠れ花。」（近畿日本鉄道　1978年） ◆「『近い』という価値。」（不動産）
ちがう 【違う】 ちがい 広告での表記は「違う」と「ちがう」の両方がある。自社製品とライバル製品との性能やコンセプトの差を強調する効果がある。	①考え方や発想がありふれていないこと。ビジョン・原理・未来などの抽象的な要素の方向や切り口が、他とは異なること。	「人とちがう考え方をすると、おもしろいものができる。」（スズキ　2001年） 「ちがうのは、美意識。」（クサラ ピカソ／シトロエン・ジャポン　2004年） 「人と違うビジョンがある。」（VOLVO XC90／PAGインポート　2004年） 「目指してる、未来がちがう。」（シャープ　CI　2010年）
	②あるもののレベルが比べ物にならないほど上であること。商品のクオリティーの差異。 → さ	「違いがわかる男（ひと）のゴールドブレンド」（ネスカフェ ゴールドブレンド／ネッスル日本　1969年） 「歴史の違いが味に出る。」（かどや製油　1991年） 「できる社会人は『ことば力』が違う。」（『明鏡国語辞典』ほか／大修館書店　2005年）
ちかごろ【近頃】	この頃。最近。きょうびの風潮。	「近ごろ、のどかが足りません。」（カルピス食品工業　1987年）

ちかみち【近道】	目的地に行くための、より効率の良い道筋。転じて、物事を行う際、目標により迅速に到達するための方法。	◆「100万円を貯める<u>近道</u>。」（貯蓄プラン）	

ちから【力】

表記はひらがな・カタカナ・漢字など特に選ばないが、漢字を用いる場合、カタカナの「カ」と読み違いが起きないように注意が必要。

最近、広告やスローガンで多用されている語の1つ。

①商品やそれが属するジャンルの持つ、普段はあまり気づかない威力や影響力などの総称。「○○の力」という表現が多い。その力がどのような効果があるかは具体的には述べない。 → りょく	「ビールの<u>力</u>。」（アサヒビール　2000年） 「正真正銘『<u>ことばの力</u>』」（『明鏡国語辞典』ほか／大修館書店　2005年） 「掘りだそう、<u>自然の力</u>」（カルビー　CI　2006年）
②自社がどの分野において消費者や社会の手助けになるかを述べる。企業スローガンや企業広告に使われる。「Aの力を、Bの力に」が典型表現。	「森の<u>ちから</u>を、未来の<u>ちから</u>に。」（住友林業　CI　1998年） 「食の<u>ちから</u>を、人の<u>ちから</u>に。」（ニッポンハムグループ　CI　2011年） 「世界一を、未来の<u>力</u>に。」（スーパーコンピュータ／富士通　2011年）
③人の持つ結束力、社会の底力、励み、心の支えなど。「生きる力」「動かす力」のように「動詞＋力」の形を取る。 → そこぢから	◆「夢は、生きる<u>力</u>。」（投資信託） ◆「ファッションは、翔ぶ<u>チカラ</u>だ。」（アパレル）
④人間の持つ潜在能力。エネルギー。労力。「人のチカラ」「人間力」などの表現を用いる。	「<u>力</u>をためて、青春一直線。」（白鶴酒造　1981年） 「響け、人間<u>力</u>（ニンゲンヂカラ）。アキレス。」（アキレス　2004年） 「人の<u>チカラ</u>は足し算ではない。それは掛け算だ。」（丸紅　2004年）
⑤成分の効能。医薬品やサプリメント、化粧品などに含まれる説明可能な成分効果の総称。	「僕は、一粒の薬の<u>力</u>を信じている。」（動脈硬化治療薬／三共　2004年） 「きれい除菌水の<u>チカラ</u>です。」（TOTOのトイレ／TOTO　2011年）
⑥パワー。意気込み。緊張。	「肩の<u>ちから</u>を<u>ヌキ</u>ませう。」（久光製薬　1990年）

ちからこぶ【力こぶ】	二の腕の盛り上がった筋肉。比喩的に力があること、力を込めて何かに頑張るさま。	「<u>ちからこぶる</u>。」（カップヌードル／日清食品　1989年） 「ビジネスの<u>力こぶ</u>。」（ブラザー工業　2003年）

ちきゅう 【地球】	①地球環境。広告では、環境に配慮した商品や、環境保全に努める企業姿勢を売り込むコピーにしばしば使われる。 → ほし②	「地球は変わらない、化学が変わる。」（住友化学　2004年） 「地球をもっとコミュニケーションあふれる星に。」（日立コミュニケーションテクノロジー　2004年） 「地球を抱きしめるように走る。HUG THE WORLD」（FORESTER ／富士重工業　2005年） 「あなたに見せたい地球がある。Realize your dreams」（IHI　CI　2012年）
	②人間が住む世界、世の中全体。様々な国や人種の人が共存する場所。 → せかい②	「本を読む幸福で、地球をうずめたい。」（集英社　1991年） 「赤ちゃんは、地球の笑いえくぼ。」（キユーピーベビーフード／キユーピー　2001年）
	③国境をまたにかけた国際社会。グローバルな環境。国際的な視野。自分自身で海外旅行や留学を体験することを「地球を歩く」や「地球に住む」と表現する。	「夏だから、地球をあげる。」（日本交通公社　1986年） 「九〇年代の地球紙です。」（朝日新聞社　1989年） 「歩こう、歩けば、歩くとき、歩け地球。」（『地球の歩き方』／ダイヤモンド社　2000年） 「イタリアは地球の味がする」（月刊『エルドニチェフ』／ハースト婦人画報社　2001年） 「最近、地球って小さくなった？」（ANA HANEDA 世界10都市大増便／全日本空輸　2014年）
ちしき【知識】	ある事柄について、知っている情報、内容。勉学や経験、業務、努力などによって蓄積され、必要な時に役立たせることができるもの。 → しる　→ ちえ　→ ちせい	「知識か。ゴミか。」（Docucentre Color f450 ／富士ゼロックス　2004年） ◆「知識の海へ、飛びこもう。」（図鑑）
ちず【地図】	街や地形、国の領土などを縮尺して図式化したもの。大きいもの、大規模な事業を比喩的に表現する。	「地図に残る仕事。」（大成建設　1993年）

ちせい【知性】	頭脳を使って編み出される知識と知恵の総体。知的活動を行うことができる能力。発言や行動の端々に見える教養の片鱗。インテリジェンス。大学や出版社や書店の広告に使われることが多い。 → ちしき　→ ちてき　→ ちりょく	「素肌は美しい<u>知性</u>です。」（イオナインターナショナル　1990年） 「あふれる<u>知性</u>が、丸の内の個性になる。」（丸善 丸の内本店　2004年） 「<u>行動する知性</u>。」（中央大学　CI 2007年）
ちち【父】	男性の親。「お父さん」が親しみを込めた呼称であるのに対し、「父」は家族や世間の評価の下、家族の中での厳格なる存在を示す。 → おとうさん	「<u>父</u>は、単語を食べて覚えた。僕は単語を押して覚える。」（キヤノン電単／キヤノン　1980年） 「労働。本日、<u>父</u>と母は、汗を流して働いております。」（岩田屋　1992年）
ちてき【知的】	①知識や知恵に富み、その状態が容姿や行動などにも表れるさま。分別があって上品なこと。 → ちせい	「夏の出会いは、<u>知的</u>です。」（主婦の友文化センター　1990年） ◆「ネットより<u>知的</u>、新聞よりカンタン。」（ニュース番組）
	②機器や住宅などで、より高度な能力を有している状態。	「<u>知的</u>高速移動体」（インスパイア／本田技研工業　2003年）
ちみつ【緻密】	作業が念入りで細かいこと。詳細までぬかりのないさま。	「<u>緻密</u>が、秘密。」（フィエスタ／フォード・ジャパン・リミテッド　2004年）
チャージ【charge】	エネルギーをためること。充電。注入。 → ちゅうにゅう	「心にアロマを<u>チャージ</u>しよう。」（リセッシュアロマチャージ／花王 2011年）
-ちゃう	「○○てしまう」の口語化した言い方。自分が意図していないことが思いがけず実現した時の喜びを表現する。	「いろいろあると、うれしくなっ<u>ちゃう</u>。」（シティバンク　2004年） 「今日は別人みたいなんて　失礼し<u>ちゃうわ</u>　嬉しいわ」（ルミネ 2009年）
-ちゃく【着】 （数え方）	上着および上下セットの衣類の数え方。広告では、スーツやコートなどの代名詞として用いることが多い。 → -まい①	「一人より二人。一<u>着</u>より二<u>着</u>。」（新春2着セール／花菱　2005年） ◆「冬が待ち遠しい一<u>着</u>。」（アパレル）
チャレンジ【challenge】	挑戦すること。挑む。不可能と思われるレベルの商品の開発に果敢に取り組むこと。 → ちょうせん	◆「<u>チャレンジ</u>するバッテリー。」（電池メーカー）
チャンス【chance】	特売や特典などの特別サービス。お買い得。絶好の買い時。	「<u>チャンス</u>に乗ろう。」（プジョー307 SW／プジョー・ジャポン　2003年）

ちゃんと	きちんと。本来しなければいけないことを、意識して丁寧に行うこと。広告では、忘れられがちな常識を促したり、基礎的な生活習慣の定着を謳うコピーが多い。 → きちんと	「あなたのヌードは、ちゃんとエッチですか。」（マチス化粧品　1991年） 「ちゃんと、ちゃんと。」（味の素1992年） 「ちゃんと、ちゃんとの味の素。」（味の素　CI　1996年） 「本当にやさしい大人は、ちゃんと注意できる大人です。」（未成年者喫煙防止／JT　2012年）
ちゅうにゅう 【注入】	成分などを注いで入れること。 → チャージ	「目もと、口もと、ハリ注入！」（suisai ／カネボウ化粧品　2011年）
ちょう【超】	飛び抜けて度合いがすごいこと。超越した品質。「超」を接頭語として、後ろに漢字1〜2字を伴うことが多い。	「超一新」（高精細液晶 Photo Fine ／エプソン販売、セイコーエプソン　2004年）
ちょうせん 【挑戦】	難しい問題や課題に対し、闘争心を持って挑むこと。チャレンジする精神。前向きで積極的な姿勢を訴える企業スローガンなどに使われる。 → チャレンジ	「確かな目に挑戦します。」（日立キドカラーでかでか26・コンピューター白くま／日立家電販売　1978年） 「豪快という挑戦。」（アサヒビール1991年） 「挑戦・柔軟・誠実」（JFE ホールディングス　2002年） 「身近な不思議にきみも挑戦しよう！」（自然科学観察研究会／毎日新聞社　2004年）
ちょうてん 【頂点】	①競争の激しい市場でトップに立つこと。「○○の頂点へ」が典型表現。	◆「おもてなしは、頂点へ。」（百貨店）
	②物事や感情のピーク、最も高まった状態。	「さあ、愛情の頂点へ急ぐのよ。」（シーバ カクテル／マスターフーズ リミテッド　2001年）
ちょうはつ 【挑発】	あえて相手に刺激を与え、ある衝動に駆り立てること。しばしば高級車の広告で、快適に走りたい衝動をあおるコピーに添えられる。	「進化の挑発。」（インスパイア／本田技研工業　2003年） 「そのクルマは、私の美意識を挑発する。」（NEW LEGACY ／富士重工業2004年） 「挑発するな。」（New Alfa 147 ／フィアットオートジャパン　2005年）
ちょうほう 【重宝】	持っていると便利に感じる。手放せない。気が利いて、使い勝手が良い。	「重ねがさね重宝です。」（タカラみりん／宝酒造　1981年）

見出し	語釈	用例
ちょうぼう【眺望】	遠くまで見通せる眺め。見晴らしの良いこと。高層マンションや高原リゾート地を宣伝する際に「新眺望生活」「羨望の眺望」といった言葉を添えることが多い。	「美しい景観と眺望は、この街の誇りです。」（積水ハウス　1981年） 「海。その感動の眺望と暮らす。」（東急ドエル 逗子披露山シーサイドコート／東急不動産　2000年） 「蓼科眺望生活。」（東急リゾートタウン蓼科／東急不動産　2000年）
ちょうわ【調和】	異なるものが良い組み合わせとなって、程よく釣り合っている状態。 →ハーモニー	「自然と調和する こころ豊かな毎日をめざして」（花王　CI　2009年）
ちょきん【貯金】	金銭の蓄え。日常的な収入から、将来に備えて確保しておくお金。転じて、身に蓄積されたもの。	「からだは疲れを貯金する。しかも、きちんと利子がつく。」（シーチキン／はごろもフーズ　2004年） 「緑効青汁で健康貯金」（緑効青汁／アサヒ緑健　2011年）
ちょっと【一寸】	①少し、少しだけ。ほんのわずか。ささやかながらも。ちょい。ちょびっと。「少し」よりも「ちょっと」の方が「それほど大したことはないけど」といったニュアンスを与える。	「ヱビス。ちょっと贅沢なビールです。」（ヱビスビール／サッポロビール 1994年） 「電気と、ちょっといい毎日。」（東京電力　2005年）
	②否定語を伴って、なかなか○○ない、めったに△△しない、少々のことでは、の意。	「ランボオ、あんな男、ちょっといない。」（サントリーローヤル／サントリー　1984年） ◆「ちょっとやそっとでは、挫けない学力を。」（学習塾）
ちりょく【知力】	知識や知恵から編み出された、人が考える力の総体。アカデミックパワー。 →ちせい	「知力とITで、この国の次を開いてゆく。」（日立グループ　2004年）

- ひらがな「つ」の由来には諸説があるが「洲」だとする説が有力。カタカナ「ツ」も「洲」また「川」に由来すると言われる。
- ローマ字表記は「tsu」あるいは「tu」。
- ［ts］音は、舌の先を上の歯茎に密着させ、破擦させて出す無声子音。それに［u］の母音を伴った音節が［tsu］音である。耳にした時、充実感、創造性、なめらかさや揺るぎなさなどをイメージさせる効果がある。
- 「つ」の濁音「づ」は、［dzu］と発音し、摩擦感や継続性を連想させる。「ヅ」のローマ字表記は「zu」あるいは「du」。
- 五十音図のタ行3文字目。

見出し語	語義と広告での用法	コピー作品例
つい	思わず。意識せずに。深く考えずにうっかりと。	「つい、つい、跳ねムーン。」（日本交通公社　1981 年）
ついてくる 【付いてくる】	①付随する。付属する。追随する。	◆「もれなく自由が<u>ついて</u>く<u>る</u>。」（自動車） ◆「僕の感性に、<u>ついてこ</u>れるか。」（カメラ）
	②運がある。良いことが起こりやすい。	「最近、運が<u>ついて</u>きてる気がしたら」（ロト 6 ／全国自治宝くじ事務協議会　2011 年）
つう【通】	ある分野に詳しく、精通していること。エキスパート。	「警告：このラスト、映画<u>通</u>ほどダマされる。」（映画「ミッション：8 ミニッツ」　2011 年）
つかう【使う】	利用する。使用する。愛用する。消費する。役に立つ。「使える」を「仕える」と掛けたコピーも作れる。	「<u>ツカエル</u>、ヒト？」（『日経ネットブレーン』／日経 BP 社　2000 年）
つかれる 【疲れる】 **つかれ**	①肉体的に精力を使い果たし、ぐったりするさま。体が疲労困憊している様子。 → おつかれさま	「<u>疲れ</u>を残すか。健康を残すか」（ヤクルト本社　1969 年） 「朝、起きたときもう<u>疲れ</u>てるみたい。」（トリメート -E ／三共　1972 年） 「<u>ちかれ</u>たびー」（新グロモント／中外製薬　1975 年） 「<u>疲れ</u>た自分を、ほめてあげたい。」（アリナミン A ／武田薬品工業　1992 年） 「からだは<u>疲れ</u>を貯金する。しかも、きちんと利子がつく。」（シーチキン／はごろもフーズ　2004 年）
	②精神的にうんざりするさま。ストレスを感じることも表す。	「愛に<u>疲れ</u>たら、ここに帰っておいで。」（講談社　1987 年）
つぎ【次】	①1 つのものが終わったら、それに続いて起こること。やってくるもの。	「この<u>次</u>来たら、売れてたりして。」（JCB カード／ JCB　1983 年） 「たのしさの<u>次</u>も、たのしい。」（ローランド　1985 年） 「そろそろ<u>次</u>のこと。」（丸井クレジットカード／丸井　1985 年） 「<u>次</u>の手も、もっと新しい。」（長谷工不動産　1991 年）

	②進むべき近い未来。1つ上の段階。企業広告に使われることが多い。 → さき③	「冷静に、次を、見る。」（和光証券 1990年） 「次へ、明日へ、未来へ。」（野村證券グループ 2003年） 「つぎの世界を建設中。」（140周年／大成建設 2013年）
	③代わり。今のものに希望がなくても、まだ先の可能性があることを意味する。広告では、「次がある」「次に行く」などの形で転職関連サービスなどでもよく用いる。	「つぎ、いってみよう」（イーキャリア 2000年） 「やるだけやったら、次がある。」（DODA／学生援護会〈現・インテリジェンス〉 2001年） 「つぎいってみよー！ジョージア」（ジョージア／日本コカ・コーラ 2004年）
つきあい **【付き合い】**	交流。交際。コミュニケーション。関わり。比喩的に、店の人とのやりとりや商品の使い方。おつきあい。	「あったかく、おつき愛。」（ギャラン店／三菱自動車工業 1985年） 「『一生のおつきあい』なんて古いですか。」（三菱銀行 1991年）
つぎつぎ【次々】	後に続いて、途切れなく新しいものが登場する状態。「つぎ（注ぎ）」と同じ音のため、飲料系広告に効果がある。	「うれしいを、つぎつぎと。」（キリンビール CI 2003年）
- づくし【尽くし】	あるものが満ちあふれていて、それ一色になること。	◆「よろこびづくしの、春です。」（百貨店）
つくる **【作る・創る】** **- づくり** 「作る」よりも「つくる」のひらがな書きの方が人間のぬくもりを感じさせるため、広告ではひらがなが頻繁に用いられる。抽象的なものを扱う場合、「創る」の表記が使われる。	①あるものを創造する。生産、建造、調理などの商業活動はもちろん、価値観やルールの確立など様々な社会活動も含む。あるものを生み出すきっかけや手助けになる。	「時代が新しい"器"を創る。」（岩波現代文庫／岩波書店 2000年） 「墓地を作るのではない。公園を作るという考え方。」（花小金井ふれあいパーク／いせや 2005年） 「ビールづくりは、農業だ。」（サッポロビール 2005年） 「いいモノ つくろう。川崎重工」（川崎重工業 2012年）
	②いつでも円滑に機能するように、鍛錬したり準備したりすること。「ふつう」「みらい」といった抽象的な語との相性が良く、企業広告などでよく使われる。	「なかなかやって来ないから、二一世紀はつくることにしました。」（石川島播磨重工業 1991年） 「あたらしい ふつうをつくる。」（日本郵政グループ CI 2007年）
- づけ【漬・漬け】	あるものにどっぷり浸っているさま。 → さんまい	「東京名物 あそび漬」（豊島園 1985年）
つげる【告げる】	人に伝えて知らせる。伝達する。言い渡す。宣告する。	◆「三日坊主に、告ぐ。」（ダイエット食品）

つたえる 【伝える】	①言葉や情報をその場にいない人に行き渡らせる。伝達する。継承させる。	「ここから、はじまる。まっすぐ、つたえる。」（ちくまプリマー新書／筑摩書房　2005年）
	②知識や技、歴史、物語、学問などを他の人に伝授する。伝承する。	「『キモチ』と『カタチ』を伝えるモノ。」（WAZA2012伝統的工芸品展／東武百貨店池袋店　2012年）
つち【土】	土壌。大地。地面。野菜や穀物を生産する場所を象徴的に表現する。	「小学一年生の書く土からは、スクスクいろんな芽が出てきそうだなあ。」（出光興産　2001年） 「日本の土でおいしく育ちました。」（全農　2004年）
つちかう【培う】	時間をかけて大切に守り育てること。 → そだてる　→ はぐくむ	◆「伝統が培った日本美をあなたに。」（宝飾品）
つづく【続く】	途切れずに次のものが来る。継続する。終わらない。	「八〇年つづいた八〇年代のうまさ。」（森永製菓　1979年）
つつむ【包む】	包装紙や風呂敷、布、フィルムといった平面的なもので覆うこと。比喩的に、雰囲気や感情、迫力が周りに満ちあふれるさま。取り囲まれる様子。安心感や信頼感の象徴。	「森林愛で、包みます。」（京王百貨店1990年） 「しっとり包まれた未体験のおいしさ。」（クレープグラッセ／ハーゲンダッツ ジャパン　2011年）
つづる【綴る】	言葉を紡いで文章を書く。また、その時の気持ちを美しく文学的に表現する。	「本郷、東大前。65歳からの青春を綴るステージ。」（シニア住宅 チャーミング・スクウェア本郷／ゼクスアクティブ・エイジ　2004年）
つながる 【繁がる】	①2つ以上のものが一部分で連結し、途切れないこと。切り離せないこと。インターネットや電話の接続が円滑なこと。通信系の広告で使われる。	「経済、心、脳、すべてつながっている。」（大和証券グループ　2005年） ◆「成功へつながるパートナーを選んでいますか？」（通信会社）
	②あるものへと導く。連綿とした継続性がある。過去や未来への関連。	「セレナには、思い出につながるドアが2つある。」（セレナ／日産自動車2001年）
つなぐ【繁ぐ】	離れないように結びつけること。また、そのつながりが何かの導きになること。絆。	「人をつなぐもの。」（小田急百貨店1985年） 「音で、人と人をつなぎたい。」（KENWOOD　2005年）
つばさ【翼】	①鳥類やコウモリなどが、飛ぶために羽ばたかせる前肢。飛ぶための道具。	「ここに立つと、翼がほしくなる。」（伊藤忠ハウジング、伊藤忠商事　1985年）

		②飛行機。航空サービスの別称。	「きたえた翼は、強い。」（全日本空輸　2011年） 「あのときも、これからも、希望を運ぶ翼でありたい。」（2020東京開催決定／日本航空　2013年）
		③飛ぶように何かを進ませるもの。	「翼をもったクルマへ」（SKYACTIV／マツダ　2011年）
-つぶ【粒】 （数え方）		人差し指と親指でつまみ上げることができる小さいものを数える。「1個」と言うより「ひと粒」と言った方が、より貴重で、高い機能を持つものをイメージさせる効果がある。	「ひとつぶ300メートル」（栄養菓子グリコ／江崎グリコ　1922年） 「僕らの青春は　今、始まったばかりだ。分け合おうひと粒チョコレート」（アーモンドチョコレート／江崎グリコ　1980年） 「僕は、一粒の薬の力を信じている。」（動脈硬化治療薬／三共　2004年）
つぶす【潰す】		あるものに圧力をかけて形を歪ませること。転じて、駄目にする。	「AIR DOをつぶせ！」（AIR DO／北海道国際航空　1999年）
つぼ【ツボ】		要点。急所。抑えるべきところ。効率的に物事を行うための狙いどころ。	「恋愛のツボあります。」（集英社文庫恋愛ベスト30フェア／集英社　2000年）
つまらない		①面白みがない。興味をそそらない。取るに足りないくだらないこと。	「つまらん！」（水性キンチョール／大日本除虫菊　2003年）
		②「○○じゃつまらない」と謳い、そこから脱するために自社商品を購入するように呼びかける。	◆「つまらない人生で終わらないために。」（通信教育講座）
つまり		要点を言う時の言葉。長い話を締めくくる。広告では「早い話が○○」の意。	「お部屋に似合う。つまり、私に似合う。」（VALUESTARシンプレム／日本電気　2000年）
つまる【詰まる】		ものが満ちあふれて、空間がまったくないさま。充実したさま。広告では、「つまっている」よりも「つまってる」の方が凝縮感を演出できる。	「魚のおいしさが つまってる。」（猫の王国フィッシュ in ／ AIXIA　2011年）
つみ【罪】		社会規範やルールなどを破って受ける罰則。罪悪感。広告では、この上ない優越感や贅沢感も表現する。	「植物性なのに、罪を感じるくらい濃厚 アイベジィ」（アイベジィ／カネボウフーズ〈現・クラシエフーズ〉2005年）
つめこむ **【詰め込む】**		物を入れられるだけ入れる。無理やりいっぱいにする。隙間なくぎっしり入れる。	◆「詰め込み教育より、飲み込み教育。」（学習ノート） ◆「グアテマラの風も詰め込みました。」（缶コーヒー）

つめたい【冷たい】	ひんやりする。冷淡な。非情な。 → クール　→ ひえる	◆「あなたにもっと、冷たくします。」（アイスクリーム）
つや【艶】	濡れたような光沢があること。張りがあって、色鮮やかなさま。エナメル質。化粧品やヘアケア製品の広告などで、艶がきらめくさまを描写する。「つやめく」とも。	「きょうは、艶な女。」（松屋銀座店 1981年） 「艶やかに、軽やかに、シックな春がお買得。」（小田急百貨店 1991年） 「髪に、グラマラスな艶。」（TSUBAKI／資生堂 2014年）
つよい【強い】	①衝撃や困難に打ち負かされない耐久性があること。強度がある。いざという時にものを言う。他と比べて優れている面がある。広告では、「○○は、強い。」の典型表現を用いる。	「ひとつになったら、新しくなった、強くなった。」（新生銀行 2001年） 「『正統』は強い。」（サニーEX サルーンSV リミテッド／日産自動車 2002年） 「きたえた翼は、強い。」（全日本空輸 2011年）
	②堅固で揺るがないさま。迷いのない力。意志が強い。	「強く学ぶ夏。」（栄光ゼミナール 2000年）
	③アルコール度数が高い。 → ストロング	「キリンの、強いの。」（キリンストロングセブン／キリンビール 2008年）
つよくする【強くする】	頑丈なものにする。強みに変える。心強くする。「○○を、強くする。」が典型表現。より強調する。ますます。よく知っているようにする。	「あなたの未来を強くする」（住友生命保険 CI 2011年） 「強くナレ。塾は、キミを強くスル。」（河合塾 2012年） ◆「あなたを漢字に強くする。」（漢和辞典）
つよくなる【強くなる】	強化される。より堅固なものになる。力がつく。	「おいしくてつよくなる」（栄養菓子グリコ／江崎グリコ 1922年） 「距離にためされて、ふたりは強くなる。」（シンデレラエクスプレス／東海旅客鉄道 1991年）

- ひらがな「て」は「天」の草体、カタカナ「テ」は「天」の画数を省いたもの。ローマ字表記は「te」。
- ［t］音は、舌の先を上の歯茎に密着させ、破裂させて出す無声子音。それに［e］の母音を伴った音節が［te］の音である。耳にした時、存在感や実在性、確かさや平穏さをイメージさせる効果がある。
- 「て」の濁音「で」は、ローマ字表記は「de」と書き、大きさや広がり、重量感といったイメージを抱かせる効果がある。
- 五十音図のタ行4文字目。

見出し語	語義と広告での用法	コピー作品例
て【手】	①物をつかんだり、字を書いたり、握手をしたりする際などに使う上半身の部位。ハンド。商品に触れたり、扱ったりする身体部位。特に、通信端末を扱う身体部位。機器の小ささや手軽さを伝える。 → てのひら	「ココロが動く時、手の中にイクシ。」（IXY DY／キヤノン　2001年） 「たばこを持つ手は、子供の顔の高さだった。」（JT　2004年） 「その時、あなたの手は ページをめくるためだけにある。」（雫井脩介著『火の粉』／幻冬舎　2004年） ◆「走りの優越感を手に入れた。」（自動車）
	②方法。手段。うまいやり方。カタカナで「テ」と記すこともある。	「次の手も、もっと新しい。」（長谷工不動産　1991年）
であう【出会う】 であい	あるものとあるものが、巡り合う。接触する。広告では、消費者と感動、商品と贅沢といった、2つの性質を融合させたものの宣伝に用いることが多い。また、既存の商品の魅力にあらためて気づいたり、大切なものを見つけたりすることを比喩的に表現する。 → あう③	「素敵なミセスと出会う街。」（小田急電鉄　1982年） 「運命的な出会いをしてみせる。」（オーエムエムジー　2000年） 「もう一度、宝物に出会える場所。」（トヨタホームテクノ　2004年） 「コンパクトがはじめて出会う上質。」（ティーダ／日産自動車　2004年） 「見 る ほ ど に、 新 し い 出 会 い。WOWOW」（WOWOW CI　2011年）
- てい【邸】 （数え方）	住戸を数える。住宅を売る際に販売戸数を指す。「軒」よりも高級感が出る。	◆「一邸の贅沢に憩う。」（住宅）
ていあん【提案】	案を示すこと。出した案。企業が新商品などを売り込む際に用いる。	◆「提案。 もっと個性が光る家。」（住宅）
ていぎ【定義】	物事の内容を規定し、その属性を明らかにすること。前提。命題化。	「フジテレビの定義」（フジテレビジョン　2012年）
ていたく【邸宅】	立派で大きな住居。高級マンションの広告コピーにも好まれる。	「邸宅の風格に満ちて。」（野村不動産1981年）
ていねい【丁寧】	きめ細かい配慮を行き届かせること。作業を慎重に行うこと。	◆「真心をていねいに、つつみました。」（ギフト商品）
テーブル【table】	食事をしたり、書き物などをしたりする台。食卓および食卓に上る食事の総称。温かい家族での食事風景。	「テーブルから、あたたかい味が消えませんように。」（マギーブイヨン／ネスレ日本　2001年）
でかける 【出掛ける】	あるものを見たり、人に会ったりするために家を出て移動すること。未知なるものを探しに行く。	「出掛けてみよう古書の海へ」（毎日ムック『神田神保町古本屋散歩』／毎日新聞社　2004年）
てがみ【手紙】	個人的な書簡。大切な人に贈るギフト商品の広告などで比喩的に用いる。	「コーヒーは、香りの手紙です。」（味の素ゼネラルフーヅ　1976年）

てき【敵】	自分の利益や生命を脅かす（対等な）立場にあるもの。戦うべき相手。	◆「ダイエットの敵は、『自分』だ。」（健康食品）
できあがる 【出来上がる】	完成する。形を成す。生じる。	「トースト娘が できあがる。」（スカイホリデー 沖縄／全日本空輸 1980年）
できている 【出来ている】	あるものがすでに完成している。形になっている。あるものを原材料に成り立っている。「AはBで、できている。」が典型表現。	「このメルセデスは、他にはない"考え方"で、できています。」（A-Class／ダイムラー・クライスラー日本 2000年） 「家は、家族の夢でできている。」（パナホーム 2003年）
できる 【出来る】	①可能なこと。実行しうる。	「明日は、きっと、できる。」（ミズノ CI 2007年）
	②果たす役割。「○○にできること」の形で、商品や企業の守備範囲やミッションを示唆する。	◆「こんな時代。音楽にできること。」（音楽配信サービス） ◆「果物があなたにできること。」（ジュース）
	③才能や能力がある。人に一目置かれる。「デキる」とカタカナを交えて表記することもできる。	「子どもはみんな、できる子。」（公文教育研究会 1984年） 「できる社会人は『ことば力』が違う。」（『明鏡国語辞典』ほか／大修館書店 2005年）
できるかぎり 【出来る限り】	ありとあらゆる手を尽くして。最善の方法で。努力の末。	「環境への負担も、できる限りスモールであること。」（ダイハツ工業 2002年）
てきれいき 【適齢期】	ある物事を行うのに、最も適した年齢。新しい生活習慣を始める年齢や身体的サインを表現する。	◆「不安は貯蓄の適齢期。」（銀行） ◆「適齢期って、誰が決めるの？」（結婚相談サービス）
できれば	可能であれば。願うところの。融通が利くのであれば。できることなら。	「白さが違う、という洗剤のCMはできればソニーで 見ていただきたい。」（ソニーカラーテレビ トリニトロン／ソニー 1974年） 「できれば、あなたと、くっつき虫。」（岩田屋 1986年）
てごたえ 【手応え】	手に取った時に感じる手触りや重み。転じて物事の反応から得られる（プラスの）実感。	「いま、風格の手応え。」（積水ハウス 1979年） ◆「手ごたえ、実感。」（貯蓄プラン）
デザイン 【design】	図案。造形。また、それらを行うこと。「デザインする」と動詞化することもある。	「人生にグッドデザインを。」（トヨタホーム 2004年） 「息をデザインするガム」（ACUO／ロッテ 2013年）

あ	**- でしょ**	助動詞「です」の未然形に助動詞「う」が付いて「でしょう」となり、さらに「う」が落ちた口語形。広告では茶目っ気を持たせて同意を求めたり、念を押す時に用いる。	「目のつけどころが、シャープでしょ。」（シャープ CI 1990年） 「やっぱり、あなたも、ゆうちょ、でしょ。」（定額貯金 ニュー定期／郵政省 2001年）
か	**- です**	断定の意味を持つ助動詞。丁寧な言い切りの意味を強める。「○○である」「△△だ」の意。「Aは、Bです」の短い形で、消費者に対し、自社の立場や姿勢を宣言する効果や、普段は認識しにくい商品の価値を気づかせる。	「カゼは、社会の迷惑です。」（ベンザエースD錠／武田薬品工業 1983年） 「人気で選ぶのも、ひとつの見識です。」（ミサワホーム 1986年） 「あなたの日本語が、資産です。」（アルク 1991年） 「いい予備校は、不幸中の幸いです。」（一橋学院 1992年） 「わさびは生野菜です。」（金印わさび／金印 2003年）
さ			
た			
な	**- ですか**	「です」の疑問形。消費者にあらためて好みを問うたり、物事に対する姿勢を公に確認したり、自分の選択に間違いがないかを考えさせる。「○○で、いいんじゃないですか」と相手に同意を求めるコピーも作れる。	『『一生のおつきあい』なんて古いですか。」（三菱銀行 1991年） 「きれいなおねえさんは、好きですか。」（松下電工 1992年） 「美しい生き方を重ねられる車に、お乗りですか。」（E-Class／ダイムラー・クライスラー日本 2002年） 「自分のこと、嫌いですか？」（劇団ひまわり 2004年）
は			
ま			
や	**でっかい** **でかい** 「で」の濁音効果により、「大きい」「おっきい」と言うよりも広大なイメージを膨らませやすい。	「でかい」の促音化したもの。大きい。規模が著しい、の意。北海道の広さの別称としても使われる。比喩的には、夢、感動、野望など、抽象的でどこまでも広げられる概念の大きさ。ダイナミック。 → おおきい	「でっかいどお。北海道」（全日本空輸 1977年） 「ちっちゃな本がでかいことを言うじゃないか。」（講談社 1988年） 「でっかい感動、二千回。文春文庫、ブンブン。」（文春文庫／文藝春秋 2000年） 「狭いわが家だが、野望はでかくなる。」（ジャストホーム／ジャストシステム 2000年） 「世の中で一番でっかい場所は、本の中だ。」（集英社文庫／集英社 2000年）
ら			
わ			
	てづくり **【手作り】**	自らの手で製作すること。お手製。自家製。家庭のぬくもりや手間の価値を表現する。	「手作りを楽しモリナガ！」（森永ホットケーキミックス／森永製菓 2012年）
	てつだい **【手伝い】**	手を携えてサポートすること。助けになる人。	◆「あなたの夢のお手伝い。」（住宅ローン）

てっていてき **【徹底的】**	あることに徹し、貫き通すさま。 → とことん	「ひとりひとりに、てってーてき」 （SKY PerfecTV!／スカイパーフェクト・ コミュニケーションズ　2001 年）
てのひら **【手の平・掌】**	手の内側になる面。たなごころ。小型 電子機器などを扱う身体部位。比喩的 に、自分の意図するところ。 → て①	◆「成功は、あなたの手のひらに。」 （モバイル端末） ◆「未来は君の掌の中にある。」（専 門学校）
でばん【出番】	商品やサービスが必要とされる場面が やって来たこと。「本番」「一番」など といった語と韻を踏むコピーも作れ る。	「夏、本番。シャワーの出番。」（パ ロマ　1981 年） ◆「『ご馳走さま』の後は、贅沢デザ ートの出番です。」（チョコレート）
デビュー **【début　フランス** **語】**	市場に初登場すること。新発売。新し い場にお目見えする。 → たんじょう	「バリューな旅のデビューです。」 （JAL STORY／日本航空　2001 年） 「軽井沢デビュー。」（オナーズヒル軽 井沢／ミサワホーム　2001 年）
てほん【手本】	見習うべき規範。参考にすべきもの。 広告では専ら「お手本」と言う。	「紅葉のお手本です。」（近畿日本鉄道 1987 年） 「お手本は、柿ピー。」（東京海上日動 火災保険　2004 年）
てま【手間】	労力。作業にかける手数。ある商品を 生み出すためにかける時間。	「ピントに手間どると、彼女は行っ てしまう。」（Canon AL-1／キヤノン 1982 年）
でる【出る】	①発売される。市場に登場する。「○ ○○、出た。」のように言う。姿を現 す。表示される。出現する。 → デビュー	「ほら、出た。今、出た。やっと、 出た。」（缶入り煎茶／伊藤園　1985 年） 「でたな。」（新インスタントくじ ドラ ゴンゲッター／全国自治宝くじ事務協議 会　2000 年）
	②表面化する。見て分かる。にじみ出 る。「○○は顔に出る。」が典型表現。	「心は顔に出る。」（ルシード／マンダ ム　2005 年）
	③卒業する。	「諸君。学校出たら、勉強しよう。」 （日本経済新聞／日本経済新聞社　1982 年）
てん【天】	天空。空。世の中を覆うもの。ありが たいものの出所。	◆「天の恵みに乾杯。」（酒造会社） ◆「天から舞い降りた歌声。」（コン サート）
てんごく【天国】	手放しに楽しいさま。極楽。潤沢に物 がある様子。	◆「今日も、出玉天国。」（パチンコホ ール）
てんこもり **【てんこ盛り】**	ご飯を茶碗に大盛りにすること。もの が大量に詰め込まれているさま。	「大人の娯楽、てんこ盛り。」（双葉 文庫／双葉社　2004 年）

あ
か
さ
た
な
は
ま
や
ら
わ

てんさい【天才】	他の人には真似られない優れた才能を授かっている人。天性の能力。	「日本人は暑さと暮らす**天才**だった」（あけぼの水羊羹「夏がきた」／曙 2000年）
でんとう【伝統】	ある社会において長年培ってきた風習や技術、芸術、文化などの総称。	「スコットランドの**伝統**のおいしさ」（チェルシー／明治製菓　1971年） 「暮れ、みんな、**伝統**回帰。なぜだろう。」（小田急百貨店　1982年）

と / ど

- ひらがな「と」は「止」の草体、カタカナ「ト」も「止」の初めの2画。ローマ字表記は「to」。
- ［t］音は、舌の先を上の歯茎に密着させ、破裂させて出す無声子音。それに［o］の母音が伴った音節が［to］の音である。耳にした時、連帯感や結束力、静止や悠久をイメージさせる効果がある。
- 「と」の濁音「ど」は、ローマ字表記は「do」と書き、団塊感や重量感、ねばりなどのイメージを抱かせる。
- 五十音図のタ行5文字目。

見出し語	語義と広告での用法	コピー作品例
ど	あることの程度が甚だしいことを誇張して表現する接頭語。「ど派手」「どまんなか」「どでかい」など。	「**ど**スコッチ。」（グランツ／三楽 1989年） 「**ど**生鮮。」（西友　2014年）
- ど【度】 （数え方） 「回」が、次の動作や出来事が予測できたり、定期的にやってくるものを数えるのに対し、「度」は次がいつになるか分からない、これが最後になるかもしれないと思われる動作や出来事を数える傾向がある。	①「一度」で、これきりの。今だけの。繰り返せない。「たった／ただ一度の〇〇」の形で用いる。	「ただ**一度**のものが、僕は好きだ。」（CanonAE-1／キヤノン　1977年） 「人生が**一度**では足りない。」（C-Class Stationwagonほか／ダイムラー・クライスラー日本　2001年）
	②「一度」で、1つの経験として。いっぺん。試しに。「もう一度」で、再度。あらためて。	「**一度**、ふられていらっしゃい。」（サントリーウイスキーオールド／サントリー　1982年） 「**一度**でいいから、飲んでくれ。」（オーシャンホワイト／三楽　1988年） 「もういち**ど**、自動車を発明します。」（Aクラス／メルセデス・ベンツ日本　1997年）
	③「二度」「三度」で、再びの。重ねての。繰り返しの。	「三**度**目のショウゲキ。」（IXY DV3／キヤノン　2002年）
	④「何度も」で、繰り返し、たびたび。本来は重ねて行うべきではないものという意味がある。	「女は三**度**、水を流す。」（音姫／東陶機器　1990年） ◆「何**度**目でも、素敵に挙げましょう。」（結婚式場）

とう【問う】	疑問を投げかけ、相手に返答を期待することること。問題にする。尋ねる。正しいかどうかを聞きただす。	「将来性を問う。」（長谷川工務店 1985年） 「この時代に問われるものは、クルマづくりの姿勢です。」（ヤナセ 1991年） 「問いつづける。変わりつづける。」（伊勢丹／三越伊勢丹　2013年）
とうさん【父さん】	→ おとうさん	
とうし【投資】	将来を期待して、金銭を投じること。思い切ってお金をかけること。	「キレイがふくらむ、カワイイ投資。」（エイボンカラー／エイボン・プロダクツ　2001年）
どうして【如何して】	理由を問う。「なぜなのか」が明確な回答を期待しているのに対し、「どうしてなのか」は答えが無くてもいい。軽い批難や反省も含む。 → なぜ①	「どうして素直に、読んでないっていえないのかな。」（角川文庫／角川書店〈現・KADOKAWA〉 2004年） ◆「どうしてウチは、お金が貯まらないんだろう。」（貯蓄プラン）
とうじょう【登場】	人や物が颯爽と現れること。影響力のあるものがお目見えすること。待ち焦がれたものが姿を現す。広告では、新発売のこと。	「新しい神々の登場！」（野村證券 1978年） 「そのシートは、走りの遺伝子をもつ。特別仕様車、登場。」（MAZDA ATENZA／マツダ　2005年）
とうすい【陶酔】	うっとりと酔いしれること。また、その心地よさに身を置いて浸ること。	◆「あなたを陶酔させる美酒がここに。」（酒造会社）
どうぞ	商品やサービスなどを勧める際に添える言葉。行動を促す。	「風土のワインを、たっぷりどうぞ。」（マンズワイン　甲斐のみのり／キッコーマン　1980年）
どうどう【堂々】	立派なさま。落ち着いていて、物怖じしない様子。動じないさま。	「堂々、自信作。」（東洋信託銀行 1990年）
とうめい【透明】	透き通っていて、純粋なこと。濁りのない様子。実態はあっても、目に見えないもの。	「自然が透明です。」（全日本空輸 1986年）
とおい【遠い】とおく	距離があること。移動に時間がかかる、空間的隔たり。比喩的に、ぼんやりと縁が薄くなっている様子。	「たとえ遠くに行っても、友情とauは変わらない。」（富士通、KDDI 2003年）
とかい【都会】	人が集まり、商業活動が盛んな都市。都心。田舎じみた部分がない場所。洗練された生活を実現する憧れの場所。 → とし	「都会の美貌をしている。」（大和ハウス工業　1984年） 「美しき都会の称号。」（グランスイートシリーズ／丸紅　2004年）

あ			

とき【時】

①流れゆく時間。広告では、ある程度の年月の長さを意味する。高級な商品の長い楽しみ方を提案する効果も。「時を刻む／彩る／重ねる」などの表現が使われる。

「時の流れを、女は愛と呼ぶ。時の流れを、男は人生と呼ぶ。」（ピエール・カルダン・ウオッチ／シチズン時計　1974年）
「時は絆。」（服部時計店　1983年）
「時、人を磨き。人、味を磨く。」（ネッスル日本　1983年）

②分かち合う時間。

「ひとの とき を、想う。」（JT　CI　2009年）

③タイミング。時機。「○○どき」で、何かをするのに適した時機。

◆「行きたくなったら、旅ドキです。」（旅行会社）

ときあかす【解き明かす】

謎や疑問を明らかにし、それらを詳らかにすること。

「うまさを解き明かせ。」（Philip Morris Products S.A.／フィリップ モリス ジャパン　2005年）

ときどき【時々】

折に触れて。時折。断続的に。

「ときどき、ずっと。」（ボンタンアメ／セイカ食品　1997年）

どきどき

心臓の動悸を表すオノマトペ。緊張や興奮などで、心臓が高鳴る様子。緊張と期待。何かにときめく姿。未来に対する大きな期待。
→ こうふん　→ はらはら
→ わくわく

「くすり指がドキドキした。」（星野温泉　1980年）
「サンタフェと聞くと、今もドキドキする。」（「新聞広告クリエーティブコンテスト」コピー賞／日本新聞協会　2004年）

ときはなつ【解き放つ】

束縛していたものから自由になる。抑えていたものから解放される。

◆「私を解き放つ旅。」（旅行会社）

ときめく

高い期待のあまり、胸が高鳴る。特別な存在として捉え、気持ちが高ぶる。

「ときめいて、きものごころ新発見。」（ハクビ京都きもの学院　1982年）
「その名を聞いて、ときめくクルマは少ない。」（新型スカイライン／日産自動車　2000年）
「ケズる、ときめく。」（スクラッチ／全国自治宝くじ事務協議会　2004年）

とく【得】

利益を得ること。多大な努力をしなくても、自分に有利な状態になること。消費者が価格以上の満足感を得ること。広告では、「トクする」とカタカナ書きにすることが多い。
→ おかいどく　→ やすい【安い】

「どっちがトクかよーく考えてみよう」（小西六写真工業　1976年）
「一居六得。」（domain／ミサワホーム　1984年）
「今すぐトクしたり、ずっと安心できたり。いろいろ助かるローンなんだ。」（みずほ銀行　2005年）

とくい【得意】	あるものに対し、優れた才能や技能を持っていて、それを発揮することで快く感じること。達成して満足な気持ちでいること。商品の特長。「得意ワザ」の形で用いることも。	「笑顔をはこぶのも、得意です。」（ゴルフワゴン／フォルクスワーゲン グループ ジャパン　2000 年） 「100 年前から得意ワザ、真空断熱。」（サーモス　2005 年）
とくとうせき【特等席】	特に優れた等級の席。最も眺めが良い席。景観を楽しめる住宅の広告にも登場する。 → きひんせき　→ せき	「さぁ行け、ニッポン！特等席は、フジテレビ。」（フジテレビジョン　2002 年） ◆「丘の上。街の特等席に住まう。」（マンション）
とくべつ【特別】	他のものとは一緒にできないほどまれで優れた存在や価値のあるもの。「格別」とともに用いることもある。 → かくべつ	「特別な日、特別な装い、いつもの情熱。」（BMW 525i 503i／BMW ジャパン　2001 年）
とける【溶ける・融ける】	液体に均質に混ざっていること。液状になること。「溶け合う」で、融合。	「いいもの、とけてる。」（クノールカップスープ／味の素　2008 年）
どこ【何処・何所】	場所や箇所を問う語。居場所や行く先を知りたい場合にも使う。程度や目標を測る。	「どこを狙うか全身バーゲン。」（松屋銀座店　1978 年） 「どこに預けても一緒。それじゃ、かわいそうだよ。ボーナスが。」（新生銀行　2001 年） 「ドラマはどこからでも生まれます。」（大和ハウス工業　2001 年） 「どこまでも自由。どこまでも自在。」（NEW BMW X3／BMW ジャパン　2004 年）
とことん	徹底的に。気が済むまで。最後まで。 → てっていてき	「今年は、とことん旅三昧。」（週刊『鉄道の旅』／講談社　2003 年）
ところ【所】	→ ばしょ	
とし【都市】	大きな街。みやこ。人が集まり行政や商業の中心になる場所。シティ。 → とかい	「都市に、絆。」（積水ハウス　1984 年）
とっておき【取って置き】	楽しむために、大切に保管しておく特別な物。待ち遠しくなるもの。秘蔵の。贅沢に心を許す場面を演出する。	「とっておきの週末は、とっておきのビールが飲みたい。」（新・一番搾り／キリンビール　2004 年）
どっぷり	液体などの中に深く浸っているさま。転じて、夢中になるさま。	「年末年始はたっぷり！どっぷり！スカパー！」（スカイパーフェクト・コミュニケーションズ　2004 年）

とても	非常に。まさに。特に。強調するために「とっても」と促音「っ」を入れることが多い。	「<u>とっても</u>ウールな人でした。」（国際羊毛事務局　1984年） 「大人は、<u>とっても</u>長いから。」（大人の休日倶楽部／東日本旅客鉄道　2005年）
とどく【届く】	注文した物品や、先方が配送・郵送したものが手元に到着すること。「手が届く」で値段的に購入可能なこと。	「暖かいものが<u>届く</u>といいな。」（ヒゲタ醤油　1979年） ◆「夢の贅沢に、手が<u>届く</u>。」（住宅ローン）
とどける **【届ける】**	①あるものを待っている人の元へ運ぶ。渡す。配達する。	「<u>届け</u>たい想いが、空を越える。」（フェデックス〈フェデラル エクスプレス〉　2005年） 「場所に<u>届ける</u>んじゃない。人に<u>届ける</u>んだ。」（ヤマト運輸　2010年）
	②受け手に気持ちやまごころを伝える。「夢／笑顔／感謝を届ける」など。流通系の企業広告などで、「荷物と満足を届ける」という。 → はこぶ	「みんなに笑顔を<u>届け</u>たい。」（江崎グリコ　CI　2010年） 「<u>とどけ</u>、熱量。」（カロリーメイト／大塚製薬　2013年）
となり【隣】	すぐ身近にあるもの。横に並ぶもの。近所。「お隣さん」で同程度の生活をしている人、の意。 → そば	◆「あなたの<u>となり</u>にクリーン・エネルギー」（石油会社） ◆「その音、<u>となり</u>の人は気にしています。」（建材）
とびきり **【飛び切り】**	他とは比較にならないほど頭抜けていること。「とびっきり」の形で広告に登場することが多い。	◆「<u>飛びっ切り</u>のお値段で、出ています。」（航空会社）
とびら【扉】	戸。引き戸。転じて、新しい物事への入り口、第一歩の象徴。	◆「合格への<u>扉</u>を開く、名門予備校。」（予備校）
とぶ **【飛ぶ・跳ぶ・翔ぶ】**	「飛ぶ」で、羽ばたくこと。飛行。広告では特に、ゴルフのクラブがボールを飛躍させる能力。	「生チタン、<u>飛び</u>ます。」（JPX／ミズノ　2005年）
とまる **【止まる・停まる】**	動作を停止する。休止する。ひと所にとどまる。手を休める。「箸が止まる」で、食べるのを終わらせる。 → やめる②	「やめられない<u>とまら</u>ない、かっぱえびせん」（かっぱえびせん／カルビー　1969年） 「箸が<u>止まら</u>ない国産らっきょう」（蜂蜜らっきょ漬／山田養蜂場　2012年）

見出し	意味	用例
とも【友】 **ともだち**	親しく交際している友情を仲立ちとした人。同志。旧友。広告では、酒を飲みながら人生談を交わすような相手を「友」と言う。「おともだち」で幼い子どもを指す。	「友が来た、じっくり飲んだ。」（キリンビール　1978年） 「仲のいい他人を、トモダチといいまして。」（西武百貨店　1983年） 「友よ。機は、熟した。」（IBM マルチステーション 5550 ／日本 IBM　1983年）
ともに【共に】	一緒に。連れ立って。伴って。手を取り合って。	「シアワセはルーレットと共に！」（人生ゲーム／タカラ〈現・タカラトミー〉　2004年） ◆「いつもお客様の『おいしい』とともに。」（食品メーカー）
ともる **【点る・灯る】**	明かりがつく。照明が輝く。照らす。人の笑顔や満足感が光り輝くさま。	◆「笑顔が灯るね、おいしいお歳暮。」（百貨店）
トライ【try】	気持ちを強くして試みること。広告では動詞化させた「トライする」を用い、挑戦を促す。失敗してもすぐに挽回できるニュアンスを含む。	「ＴＲＹ　ＮＥＷ」（WONDA ／アサヒ飲料　2001年） 「トライした数だけ、人は成長できる。」（家庭教師のトライ　2011年）
とらえる **【捉える・捕える】**	しっかりとつかみ、逃がさない。物事を的確に認識し、要点を把握すること。フレームに収めること。	「鳥になった人間を、一瞬、美しくとらえた。」（EOS-1D Mark II ／キヤノン　2004年）
ドラマ【drama】	筋書きのある演劇。恋愛や人生などを描いた戯曲。転じて、劇的な体験や、困難を乗り越えた経緯、信じられないほどの素晴らしい体験。波瀾万丈な展開。 → ストーリー	「ドラマうまれる。」（オデッセイ／本田技研工業　2000年） 「ドラマはどこからでも生まれます。」（大和ハウス工業　2001年） 「ドラマはこのスクープから始まった。」（日本経済新聞／日本経済新聞社　2004年）
ドラマチック **【dramatic】**	劇的。ドラマのような波乱のある展開。物語を見ているかのように、ハラハラ、うっとりさせるもの。	「キッチンが、ドラマチックに変わる。」（ユーロシェフ 美ストロースター／パロマ　2004年）
ドリーム **【dream】** 英語では実現困難な空絵事の意味でも用いるので、国際的な広告に使う場合は注意が必要。	夢。空想。「○○だったらいいな」と思うこと。「夢」よりも、大きな野望というニュアンスがあり、宝くじや、実現が難しいプロジェクトなどの広告に使われる。 → ゆめ②	「ドリーム、動きだす。」（日本航空2001年） 「３億・１億、夢（ドリーム）の共演。」（ドリームジャンボ／全国自治宝くじ事務協議会　2002年） 「のどごし、夢のドリーム」（のどごし生／キリンビール　2013年）

とる【撮る】	写真を撮影する。動画を撮影する。比喩的に、心の印画紙に焼きつける。	「獲るよりも速く撮れる」（キヤノネットQL／キヤノンカメラ　1965年） 「FBIが撃つように、僕は撮った。」（Canon AE-1／キヤノン　1979年）
トレンド	→ りゅうこう	
どんどん	物事が瞬く間に進行していくさま。勢いのある展開。ますます。	「お出かけが、どんどん軽くなる。SKIP！」（新型アルト／スズキ　2004年）
どんな	どのような。広告では、消費者に多彩な商品の中から最も良いと思うものを選ばせたり、未知なるものに触れる喜びがあることを伝えたりする。	「電話のむこうはどんな顔。」（日本電信電話公社　1978年） 「どんなおもいでのこるかな。」（近畿日本ツーリスト　1978年） 「思いやりって、どんな色ですか？」（ミサワホーム　1985年）

- ひらがな「な」は「奈」の草体、カタカナ「ナ」も「奈」の初めの2画による。ローマ字表記は「na」。
- ［n］音は、舌の先と上の歯茎との間を閉じ、鼻を通して出す有声子音。それに［a］の母音を伴った音節が［na］の音である。耳にした時、情緒や親和性、素直さや理知的な雰囲気をイメージさせる効果がある。
- 五十音図のナ行1文字目。

見出し語	語義と広告での用法	コピー作品例
な【名】	①名前。商品名。呼称。ネーム。→なまえ	「お前の名を決めたのも、この椅子。」（マルニ木工　1980年） 「名もなき道の向こうへ。」（レガシィ アウトバック／富士重工業　2004年）
	②代名詞。「○○という名の△△」で、抽象的な名詞を引いて商品へと結びつける手法が取られる。	◆「魅惑という名の服を着る。」（アパレル）
	③商品の知名度、正統派としてのブランド価値の比喩的表現。「その名」で存在感を示唆する。	「その名を聞いて、ときめくクルマは少ない。」（新型スカイライン／日産自動車　2000年）
	④功績。存在感。	「いい仕事で名をのこそう。」（マイクロソフト　2002年）
なか【中】	①家や車などの内側部分。「外」と対比したり、「仲」と掛けて言うコピーもある。	◆「家の中が気持ちいいと、家族の仲も良くなります。」（インテリア）
	②商品の中身。内容。コンテンツ。紙面。性質。	「未来は、ミルクの中にある。」（雪印メグミルク　CI　2011年）
ながい【長い】	物理的な長さ。時間的な長さ。愛情の持続や、発酵・熟成、鍛錬などがじっくりなされるさまを表現する。	「大人は、とっても長いから。」（大人の休日倶楽部／東日本旅客鉄道　2005年） ◆「ながーーーく魅せる。」（マスカラ／化粧品）
ながいき【長生き】	一般的な寿命を超える年齢まで生きること。生命保険や福祉産業、健康食品の広告で使われ、単に長命であるというだけでなく、健康ではつらつと老後を送るさまを表現する。	「長生きがしたいんじゃない。咲いていたいんだよ。」（大正製薬　1991年） 「日本一長生きしても、大丈夫。」（アイ・エヌ・エイひまわり生命保険〈現・損保ジャパン日本興亜ひまわり生命保険〉　2000年頃） 「長生きして、ヨカッタと言える国にしよう。」（セゾンカード／クレディセゾン　2004年）

なかったことに【無かったことに】	失敗や失態などを帳消しにすること。生活の中で気になることや悩みを解消する商品の広告に使われる。	「あなたがトイレでしたことを、97% なかったことにいたします。」（東陶機器　1992 年）
なかま【仲間】	志や趣味をともにする集団。友人の集まり。同志。	「仲間が広がる、旅が深まる」（クラブツーリズム　CI　1995 年）
なかみ【中身・中味】	内容物。内側に入っているもの。含まれるもの。実。内容。コンテンツ。	「旅の中味をご覧ください。」（日本交通公社　1983 年）
ながめる【眺める】**ながめ**	つくづくと見て、感慨にふける。風景などを目の当たりにして満足する。	◆「人生の眺め、もっとよくなる。」（保険プラン） ◆「眺め、優越。」（タワーマンション）
なかよく【仲良く】	人同士が親しくなること。あるものとあるものの相性が良いこと。「地球／環境／自然と仲よく」の形で、快適な環境や関係が築けることを表す。	◆「環境と仲良くなれる乗り物、ここにあります。」（自動車） ◆「あなたの健康と、もっと仲よく。」（製薬会社）
ながれ【流れ】	水や空気、煙などが一方向に移動すること。時間が経過すること。トレンド。時代の潮流。成り行き。	「流れがキミを鍛える。」（進学Ｚ会／Ｚ会　1986 年） 「この味が、ビールの流れを変えた。」（スーパードライ／アサヒビール　1988 年）
なく【泣く】**なかせる**	①心に染みる作品、共感して心動かされること。広告では、小説や映画、音楽、テレビ番組が感動的であることを、「泣ける」「○○が泣いた」と表現することが多い。 → なみだ	「彼女を泣かせたのは、この本か。」（角川文庫／角川書店〈現・KADOKAWA〉　2004 年） 「オレ、本読んで泣いたりするんだ。」（角川文庫　発見。夏の 100 冊フェア／角川書店〈現・KADOKAWA〉2004 年）
	②つらいことや悲しいことを涙を流して訴える。	「今日、私は、街で泣いている人を見ました。」（チョコラ BB ／エーザイ　1989 年）
なくす【無くす】	そこにあったものが失われること。比喩的に消費・消耗して使えない状態。 → うしなう	「無くしてわかる有難さ。親と健康とセロテープ」（セロテープ／ニチバン　1988 年）
なごむ【和む】	気持ちが穏やかになる。その商品を媒介として、癒やされる感覚。	◆「おつかれさまの後は、焼酎でなごみましょう。」（酒造会社）
なじむ【馴染む】	慣れ親しむ。こなれる。しっくりと調和する。顔見知りになる。	「なじんでいく。」（フィット／本田技研工業　2012 年）
なぜ【何故】	①理由を問う疑問文を導く。なんで。疑問を投げ掛けて、商品の効果や効能を考えるきっかけを与える。 → どうして	「北海道の人は、東京へ来るとなぜすぐ風邪をひくんだろう。」（グラスウール断熱材／硝子繊維協会　1974 年）

	②既成概念に疑問を呈し、消費者の意識を高める。「なぜ○○なの／△△しないの」が典型。	「なぜ、時計も着替えないの。」（服部時計店　1979年） 「おぉ！なぜ一日は24時間だけなのですか。」（WOWOW　2000年）
なつ【夏】	春の次に来る、1年で最も暑い季節。休みを取ったり、海や山でレジャーをしたり、まとまった読書をしたりする季節。「夏だから○○」の形を用い、季節を理由に活発な消費活動を促すコピーも多い。 → はる　→ ふゆ	「夏ダカラ、コウナッタ。」（サンフレア／資生堂　1982年） 「夏だから、欲張り旅行。」（近畿日本ツーリスト　1982年） 「夏だから、地球をあげる。」（日本交通公社　1986年） 「強く学ぶ夏。」（栄光ゼミナール　2000年） ◆「夏こそ自分にチャレンジ！」（学習塾） ◆「浴衣が彩る、夏の夕べ。」（きものメーカー）
なつかしい【懐かしい】	時間を経てなお記憶に鮮明に残り、それに再び触れることで湧き上がる親しみの情。	「ページをめくれば、懐かしい日本を巡る旅。」（週刊『日本の町並み』／学習研究社　2004年）
なっとく【納得】	示された内容や条件に理解を示し、承知すること。これで良いと思うこと。満足。	「『朝日新聞』で納得してますか。『文藝春秋』で満足してますか。」（月刊『論座』／朝日新聞社　2000年）
なま【生】	材料に余分な手を加えず、自然のままの（あるいは自然に近い）状態で提供されていること。	「わさびは生野菜です。」（金印わさび／金印　2003年） 「生で食べると、生きものをいただいていることが、よくわかる。」（ミツカン　2007年）
なまえ【名前】	人や団体、商品などの名称。具体的な商品やサービスの呼称。 → な①	「コッた名前には、訳がある。」（あいおい損害保険　2001年）
なみだ【涙・泪】	①喜びや悲しみなどの気持ちの高ぶりを表現したもの。「感動の涙」の形で、映画や小説の宣伝文句に使われる。 → なく①	「全国的に夢日和、所により嬉し涙が降るでしょう。」（日本宝くじ協会　1987年）
	②苦労の末に達成したもの。悲願の。	「涙のカツ丼。」（ハイプレミアムオイル「健康サララ」／味の素　2000年）

見出し	意味	用例
なやむ【悩む】なやみ	①より良い未来を手に入れようと、心を痛め、あれこれ考える。	「ソ、ソ、ソクラテスかプラトンかみんな悩んで大きくなった」(サントリーウイスキーゴールド900／サントリー 1976年) 「カロリー不足でお悩みの方々へ。ダイエットペプシより、コカ・コーラライトをおすすめします。」(ダイエットペプシ／日本ペプシコーラ社 1992年)
	②選択肢が多く、決められない。→ まよう	「あしたの服を悩むのは、あしたを夢みるからなんだ。」(ルミネ 2009年)
なる【成る・為る】	あるものが徐々に変化して、目指す姿や状態、成果になること。およびその過程。広告では、「○○が△△になる／なっていく」で物事の進行を表現する。命令形「○○になれ！」にして、消費者を鼓舞するコピーも作れる。	「人は男にうまれない。男になるのだ。」(人生充実路線ロングラン／日本生命保険 1990年) 「さわやかになる、ひととき。」(日本コカ・コーラ 1991年) 「なるようにしか、ならないんだ。」(角川文庫／角川書店〈現・KADOKAWA〉 2005年) 「明日、チョコレートになりましょう。」(明治チョコレート／明治製菓 2005年)
なるほど	あるものの存在や現象を別の角度から見ることにより、新たな理を知り、納得できた時の感情の吐露。	「なるほど。源義経の平家追討も出張だったわけだ。」(全日本空輸 1980年)
なんだ【何だ】	ある物事が、大したことではないと自他に言い聞かせる表現。	「疲れがなんだ！」(ゼナ／大正製薬 2004年)
なんて	大層。すごく。転じて、あり得ない。考えられない。	「クリープを入れないコーヒーなんて…」(クリープ／森永乳業 1969年) 「なんて多才。」(ローランド 1985年)

- ひらがな「に」は「仁」の草体、カタカナ「ニ」は「二」に由来する。ローマ字表記は「ni」。
- [n] 音は、舌の先と上の歯茎との間を閉鎖して鼻を通して出す有声子音。それに [i] の母音を伴った音節が [ni] の音である。耳にした時、親近感や日常性、明るさや人の笑顔をイメージさせる効果がある。
- 五十音図のナ行2文字目。

見出し語	語義と広告での用法	コピー作品例
にあう【似合う】	あるものが、その人や他のものにふさわしいこと。バランスが良く、本人はもちろん、他者も心地よさを感じる組み合わせ。センスやライフスタイルが合致すること。	「ことしのコートに、お似合いね。」（京王百貨店　1991年） 「お部屋に似合う。つまり、私に似合う。」（VALUESTAR シンプレム／日本電気　2000年） 「悪い女ほど、清楚な服が、よく似合う。」（ルミネ　2008年） 「好きは、片想い。似合うは、両想い。」（ルミネ　2009年）
ニーズ【needs】	消費者が求める商品やサービスの内容。その需要に応える努力をしている企業姿勢も表現する。	「60億人いれば、60億のニーズがある。」（NTTコミュニケーションズ　2000年）
にげる【逃げる】	自分に影響が及ばないように退避する。向き合わない。関わらないように努める。広告ではそれを否定する姿勢を描き、「逃げない」と表現することもある。 → のがす	「科学から逃げきった奴はいない。」（科学雑誌『Quark』／講談社　1982年） 「夢から逃げない。理想から逃げない。責任から逃げない。」（日本興亜損害保険　2001年） ◆「夏が逃げてく前に、行っておきたい場所がある。」（旅行会社）
にちじょう【日常】	日々の当たり前の生活や光景。平凡。惰性。	「日常の、楽園。」（セントレージ・アビーナ／積水ハウス　2003年）
にっぽん【日本】にほん 広告では「日本」と書いて「にっぽん」の読みを促す傾向がある。「にほん」と読むと国内の伝統的な面を強調し、「にっぽん」と読むとP音（両唇破裂音）の勢いのある音の効果により、国民を鼓舞したり、国際的な役割を意識させようとする面が際立つ。	①日本の文化や歴史、人の心を表す。"我が国の"の意。季節行事や風物詩、守るべき伝統。和の。「日本の〇〇」の表現も好まれる。	「金鳥の夏　日本の夏」（大日本除虫菊　1968年） 「いろはにほんのお歳暮。」（髙島屋　1990年） 「日本が日本になる、お正月。」（紀文　1990年）
	②日本の技術力、商品、および"日本ブランド"。我が国が誇るもの。	「その先の日本へ。」（山形新幹線〈つばさ〉開通／東日本旅客鉄道　1992年） 「ニッポンに、のぞみあり。」（東海旅客鉄道　1997年）
	③日本の人たち。日本人自身の総体。世界から見た一国。「ニッポン」とカタカナにしたり、「NIPPON」と表記したりすることが多い。 → ジャパン　→ にほんじん	「美しい50歳がふえると、日本は変わると思う。」（アクテアハート／資生堂　1997年） 「いちばん眠っていないのは、ニッポンの女性です。おつかれさま。」（ソフィーナ／花王　2000年） 「AKACHAN! GENKI! NIPPON!」（ネピア GENKI!／王子ネピア　2007年）

あ
か
さ
た
な
は
ま
や
ら
わ

			「さっそくですが、<u>ニッポン</u>をどう楽しんでもらいます？」（祝、東京招致決定！／JTB　2013年）
		④日本国内。日本地図や路線図に描ける範囲。この国の中で。	「ページをめくれば、懐かしい<u>日本</u>を巡る旅。」（週刊『日本の町並み』／学習研究社　2004年） 「道の数だけ、<u>日本</u>がある。」（週刊『街道をゆく』／朝日新聞社　2005年） 「新しい<u>日本</u>を、走ろう。」（WAGON R／スズキ　2011年）
	にほんじん **【日本人】** **にっぽんじん**	日本国に国籍がある人。日本の人たち。日本人の典型的な特徴や習慣、嗜好などを強く持った人。また、日本語や日本の習慣を理解し、大和魂を持った人。「日本人は〇〇」の形を好む。	「<u>日本人</u>は本の人。」（読書週間／東京出版販売　1991年） 「<u>ニッポン人</u>には、風呂がある。」（東京ガス　1992年） 「<u>日本人</u>は暑さと暮らす天才だった」（あけぼのの水羊羹「夏がきた」／曙2000年） 「<u>日本人</u>は、うるさい。」（香味焙煎／ネスレ日本　2004年）
	ニュース【news】	新しい出来事の報道。話題。トピック。吉報。これまで知られていなかった事実の告知。耳よりな新情報。	◆「耳よりな<u>ニュース</u>、開けばあります。」（情報サイト） ◆「<u>ニュース</u>のある色。」（化粧品）
	にょうぼう **【女房】**	男性が自分の配偶者を指す時に用いる呼称。やや古い表現。	「最近、ますます、<u>女房</u>です。」（味の素　1984年）
	にる【似る】	あるものと別のものに共通点があること。類似していること。	「人間は、<u>似て</u>いるようで、<u>似て</u>いると、つまらない。」（三井ホーム1984年）
	- にん【人】	ある種類や性質を持つ人間。 →- じん　→ひと③	「家では、スロー<u>にん</u>。」（ミサワホーム　2006年）
	にんき【人気】	世間一般に好意的に受け入れられ、商品の場合は売れ行きが好調なもののこと。市場シェアトップではなくても用いることができる汎用性の高い表現。「人気者」や「大人気」で、繁盛店や売れる商品を比喩的に表す。	「<u>人気</u>で選ぶのも、ひとつの見識です。」（ミサワホーム　1986年） 「<u>人気</u>はあるけど流行じゃない。」（西武百貨店　1987年） ◆「冬の<u>人気者</u>が勢ぞろい。」（お歳暮）

にんげん【人間】	①動植物に対するヒト。人類。人間と動物・昆虫を対比させるコピーで用いる。 → じんるい　→ ひと①	「人間だったらよかったんだけどねぇ。」（日刊アルバイトニュース／学生援護会〈現・インテリジェンス〉　1984年） 「害虫と決めたのは人間。益虫と決めたのも人間。勝手なんだから。」（名和昆虫博物館　1999年） 「鳥になった人間を、一瞬、美しくとらえた。」（EOS-1D Mark Ⅱ／キヤノン　2004年）
	②生命体としての人。体を持った同種の存在。「人間は○○なのだ」といった表現で用いる。漢字で「人間」と書く場合と、ひらがなで「にんげん」と書く場合がある。「にんげん」と書くと、人と人との同属意識を高め、血の通った生身の生命体であることをより強く意識させる効果がある。	『考えてみれば、人間も自然の一部なのだ。』」（キユーピーマヨネーズ／キユーピー　1971年） 「人間の体は、シンメトリーではない。」（ウールマーク／国際羊毛事務局　1976年） 「にんげん、岩田のつもりです。」（岩田屋　1988年） 「人間は食べる葦である。」（東武百貨店　1990年） 「ココロとカラダ、にんげんのぜんぶ。」（オリンパス　CI　2007年） 「人間を救うのは、人間だ。」（日本赤十字社　2011年）
	③社会性があり、個人として生きられる成熟した存在としての人、およびその振る舞いや習性を包括的に指す。あらゆる人。「人間」の指す対象は個人でも集団でも構わない。 →- にん　→ ひと③	『人間は、全員疲れているのだ』と仮定する。」（東陶機器　1988年） 「お金がないと生きて行けない。人間は弱いね。」（さくら銀行　1992年） 「響け、人間力（ニンゲンヂカラ）。アキレス。」（アキレス　2004年）
	④人柄。人格。	「トリスの味は人間味」（トリスウイスキー／サントリー　1981年） 「まっすぐの人間だから、よくぶつかる。」（VARIE／西武百貨店　1987年）

あ

か

さ

た

な

は

ま

や

ら

わ

ぬ

- ひらがな「ぬ」は「奴」の草体、カタカナ「ヌ」も「奴」の旁を取ったもの。ローマ字表記は「nu」。
- ［n］音は、舌の先と上の歯茎との間を閉鎖して鼻を通して出す有声子音。それに［u］の母音を伴った音節が［nu］の音である。耳にした時、湿度感や粘性、肌の感触をイメージさせる効果がある。
- 五十音図のナ行3文字目。

見出し語	語義と広告での用法	コピー作品例
ヌード【nude】	服を着ていない裸の状態。また、素顔の比喩表現。素肌。 → はだか	◆「ヌードか、モードか。」（服飾専門学校） ◆「ぬっても、ヌード。」（ファンデーション／化粧品）
ぬく【抜く】	①追い越す。しのぐ。	◆「退屈を抜き去る疾走感。」（自動車）
	②ふさいでいる栓などを出す。	◆「コルクを抜いて、週末になろう。」（ワイン）
	③力を入れていたものを緩める。気持ちを楽にする。リラックスする。	「肩のちからをヌキませう。」（久光製薬　1990年）
ぬぐ【脱ぐ】	①着ている衣類や靴などを身から取り去る。身をさらす。裸になる。	「私、脱いでも すごいんです。」（TBC／コミー　1995年） ◆「脱いだ人から夏になる。」（プール）
	②殻を破る。以前とは違う姿になる。こだわりや既成概念などを捨てる。	◆「昨日を脱いで、今日の私になる。」（カルチャーセンター）
ぬくもり 【温もり】	ほっとする気持ちにさせる、人間味のある温かさ。じんわりとした温かさ。	「贈る言葉はぬくもり。」（白鶴酒造　1988年）
ぬりかえる 【塗り替える】	革新的な行動を取ること。記録を更新すること。	「バーガーの歴史をぬりかえろ。」（Big America／日本マクドナルド　2012年）

ね

- ひらがな「ね」は「禰」の略体「祢」の草体から、カタカナ「ネ」も「祢」の偏を取ったもの。ローマ字表記は「ne」。
- ［n］音は、舌の先と上の歯茎との間を閉鎖して鼻を通して出す有声子音。それに［e］の母音を伴った音節が［ne］の音である。耳にした時、粘性や継続性、協調性とともに、思いの強さなどをイメージさせる効果がある。
- 五十音図のナ行4文字目。

見出し語	語義と広告での用法	コピー作品例
- ね （間投助詞）	フレーズの切れ目や文の最後に付け、消費者に念を押したり、共感を求める表現。ねぇ。ねェ。口語において断定する。広告では、時代を問わず頻繁に用いられる。	「みんなが勝てたら、ええのにねェ。」（カゴメ野菜ジュース／カゴメ 1978年） 「大阪、イモね。東京、カッペね。」（横浜岡田屋　1982年） 「じぶん好みで、おいしくね。」（カルピス／カルピス食品工業　1982年） 「イヤな世の中だねぇ。一年中、旬だとォ。」（紀文　1990年） 「ことしのコートに、お似合いね。」（京王百貨店　1991年） 「お金がないと生きて行けない。人間は弱いね。」（さくら銀行　1992年） 「おいしいね、安心だね、キッコーマンだからね。」（キッコーマンしょうゆ／キッコーマン　2003年） 「深味にハマりましたね。」（ダイドーブレンド デミタスコーヒー／ダイドードリンコ　2011年）
ねがい【願い】	個人や社会の願望や具体的な目標。「こうなったらいいな」「こうだったらいいのに」と思う気持ち。	「すこやかに…願いをこめて。」（カルピス食品工業　1980年） 「もちに願いを。」（お鏡餅／越後製菓 2012年）
ねだん【値段】	商品の売られている金銭的な値。広告では、「価格」が比較的安価なプライスを示すのに対し、「値段」は商品の真の価値を金銭的に示す傾向がある。 → かかく	「値段は高いがいい味です」（コーミソース／コーミ　1969年） 「鈴木に値段を知らせるな。」（システムステレオ／パイオニア　1973年） 「お、ねだん以上。ニトリ」（ニトリ CI　2003年）
ねっきょうてき【熱狂的】	あるものを狂おしいばかりに愛し、応援すること。また、その姿勢。	「私たちには見えます。熱狂的なスタンディングオベーションが。」（マイクロソフト　2004年）
ねつりょう【熱量】	カロリー。熱をエネルギーとして表したもの。転じて、熱情の比喩。 → エネルギー	「とどけ、熱量。」（カロリーメイト／大塚製薬　2013年）
ねむる【眠る】	睡眠を取る。休息する。動きや変化がない状態。活動休止。活用していないもの。比喩的に、死んでいること。 → ねる	「いちばん眠っていないのは、ニッポンの女性です。おつかれさま。」（ソフィーナ／花王　2000年） ◆「あなたの資格、眠ってませんか？」（求人サイト）

見出し語	語義と広告での用法	コピー作品例
ねらう【狙う】 ねらい	手に入れようと構える。自分のものにする機会をうかがう。意図する。欲しいものを手に入れようと意気込む様子を表現する。	「どこを<u>狙う</u>か全身バーゲン。」（松屋銀座店　1978年） 「<u>狙い</u>は、大きく。」（日本興業銀行 1990年） 「<u>狙い</u>どおりに決める旅。」（JAL 悟空／日本航空　2005年）
ねる【寝る】	①横になる。横たわる。	「<u>寝</u>そべって話そうよ。」（カルピス食品工業　1986年）
	②眠る。睡眠を取る。 → ねむる	「もういくつ<u>寝る</u>と一年生。」（京王百貨店　1979年） 「くう<u>ねる</u>あそぶ。」（セフィーロ／日産自動車　1988年）
ねんだい【年代】	①経過した年月を大まかに表示する。	「九〇<u>年代</u>の地球紙です。」（朝日新聞社　1989年）
	②ある年齢層の人々を指す。 → せだい②	◆「膝が最初に悲鳴をあげる<u>年代</u>のみなさまへ。」（軟骨用サプリメント）
ねんれい【年齢】	①生まれてから経過した年数。齢（よわい）。	「初恋<u>年齢</u>　今いくつ」（カルピス食品工業　1983年）
	②「この年齢ならこれくらいのはずだ」という人の齢（よわい）に対する既成概念。それに疑問を投げかけるコピーが作れる。	「<u>年齢</u>とか、別に聞かれてもかまわないんだけど。」（『InRed』10／宝島社　2004年）
	③実年齢とは異なる肉体や精神の尺度。広告では、「肌年齢」や「脳年齢」などと表現し、当該商品を買うことで若返ろうと奨励する。	◆「あなたの肌<u>年齢</u>は、まだまだマイナスできます。」（基礎化粧品）

の

- ひらがな「の」は「乃」の草体、カタカナ「ノ」も「乃」の第1画を取ったもの。ローマ字表記は「no」。
- ［n］音は、舌の先と上の歯茎との間を閉鎖して鼻を通して出す有声子音。それに［o］の母音を伴った音節が［no］の音である。耳にした時、身を委ねたくなる安心感や信頼感、自由で牧歌的なイメージを抱かせる効果がある。
- 五十音図のナ行5文字目。

見出し語	語義と広告での用法	コピー作品例
のう【脳】	生物の神経系の主要な部分。転じて、思考や意識を司るもの。中枢。発想したり思考したりすることの比喩。 → あたま③	「経済、心、<u>脳</u>、すべてつながっている。」（大和証券グループ　2005年）

のうぎょう **【農業】**	野菜や果物、家畜などを育て、その収穫物を商品として販売する仕事。	「ビールづくりは、農業だ。」（サッポロビール　2005 年）
のうこう【濃厚】	味、特に旨みや甘味を感じさせる成分が濃いこと。コクがあるさま。 → こい【濃い】	「しっとり濃厚に大人の苦み香る　魅惑の食感。」（シェリエドルチェ とろける生ティラミス／サークル K サンクス　2011 年）
のうりょく **【能力】**	人や物が持つ力や技能。秘めている力。目覚めていない力。 → さいのう	◆「潜在能力を見つけるのも、学校の役目です。」（専門学校）
ノー【no】	いいえ。違う。否定。なければ。強い禁止。「NO ○○」の形で、根源的なメッセージやコンセプトの姿勢をアピールする。	「no more rules.」（KATE ／カネボウ化粧品　1999 年） 「NO MUSIC, NO LIFE.」（タワーレコード　2004 年）
のがす【逃す】	気に留めていないと失ってしまうこと。広告では、「逃さない」「お見逃しなく」などの否定形で用いることが多い。 → にげる	「一瞬のひらめき、逃さない。」（日本中央競馬会　2004 年） 「ハリーさんを、逃がすな！」（アスタリフト スキンケアシリーズ／富士フイルム　2011 年）
のこす **【残す・遺す】** **のこる**	元のままにしておくこと。後の世に伝える。思い出や記録にとどめる。何かが去った後、そこにまだ在ること。	「疲れを残すか。健康を残すか」（ヤクルト本社　1969 年） 「地図に残る仕事。」（大成建設　1993 年）
のぞく【覗く】	わずかな隙間や空間から、様子をうかがい、知ろうとすること。	◆「未来の技術、覗いてみよう。」（電機メーカー）
のどか【長閑】	のんびりとしたさま。平穏な風景。	「近ごろ、のどかが足りません。」（カルピス食品工業　1987 年）
のばす【伸ばす】 **のびる**	物や時間などを広げて大きくすること。自分の能力を開発したり、資産を増やしたりすることを促す広告で使う。成長を意味する「伸ばす」で表記することが多い。 → そだてる②	「大きく育てる、楽しく伸ばす。語学の種まく、春がきたよ！」（NHKテキスト／日本放送出版協会　2005 年） 「自分を伸ばす。資産を極める。答えは野村の FA でした。」（野村證券　2005 年） 「見つめられることで、まっすぐ伸びていく。」（日本広告審査機構　2005 年）
のむ **【飲む・呑む】**	①飲料を口に入れて流し込む。比喩的に、「飲む野菜」や「飲む美容液」のように表現する。	「飲むハラマキ」（ミルミル E ／ヤクルト本社　1984 年）

あ　か　さ　た　な　は　ま　や　ら　わ

		②酒を口にする。飲酒する。古くは「飲る」と書いて「やる」と読ませる場合も。	「いい飲み方、あなたと考えたい。」（宝酒造　CI　1988年）
		③感情を表面に出さない。無理な状況も（黙って）受け入れる姿勢の比喩。	◆「ワガママ、のみます。」（旅行会社）
のりもの【乗り物】		自動車や電車、飛行機、船などの総称。「○○という乗り物」でどこかへ連れていくものの比喩。	◆「『夢』という名の乗り物で出発進行！」（子ども向けコンサート）
のる【乗る】		①乗り物で運ぶ。移動する。自転車や自動車類を運転する。広告では、主に車の運転を楽しむことを指す。	「美しい生き方を重ねられる車に、お乗りですか。」（E-Class／ダイムラー・クライスラー日本　2002年）「乗った人から、新境地。」（RENAULT MEGANE／ルノー・ジャポン　2004年）
		②勢いのあるもの、波や流行、話や勧誘にうまく身を委ねること。	「チャンスに乗ろう。」（プジョー 307 SW／プジョー・ジャポン　2003年）

は ば ぱ

- ひらがな「は」は「波」の草体に由来、カタカナ「ハ」は「八」だと言われる。ローマ字表記は「ha」。助詞の「は」は「wa」と書く。
- ［h］音は、呼気が軟口蓋にあたって生じる無声摩擦音で、それに［a］の母音を伴った音節が［ha］の音である。空気の出る量が多いため、耳にした時、安堵感や母性、親愛感やぬくもりをイメージさせる効果がある。
- 「は」の濁音「ば」は、ローマ字表記で「ba」と記す。［ba］音は、上下の唇を一旦閉じてから出す有声破裂音［b］に、［a］の音を伴ったもの。力強さや衝撃感、堅いものを壊すイメージを抱かせる。
- 「は」の半濁音「ぱ」は、ローマ字表記で「pa」と記す。軽さや鮮やかさ、華やかさ、にぎやかさをイメージさせる。両唇を使う［p］音は、子どもに好まれる音と言われる。
- 五十音図のハ行1文字目。

見出し語	語義と広告での用法	コピー作品例
バージン【virgin】	処女。転じて、手つかずな様子。純粋な美しさ。	「I'm virgin な肌をメークする。」（マキアージュ／資生堂　2011年）
ハート【heart】 「ハートフル」は和製英語。hurtful（有害な、気持ちを傷つける）と聞き間違えられないように注意。	①心臓。「ハート」で表現した方が臓器としての生々しさが緩和される。 → しんぞう	「ハートのおくすり」（救心カプセル／救心製薬　2008年）
	②心臓部。比喩的に、機械のエンジンを指す。	「ハートの強さが、かつてないパフォーマンスを生んだ。」（コルト プラス／三菱自動車工業　2005年）
	③心。まごころ。胸の内。愛情。情熱。思いやりの心。心意気。広告では、企業姿勢を表現することも。 → むね④	「女の胸はバストといい、男の胸はハートと呼ぶ。」（マッケンジー／オンワード樫山　1974年） 「好きなひとに、ハートをあげる。」（テレビ朝日　2000年） 「あなたのハートは走っていますか。」（三菱自動車工業　2000年） 「ハートを熱くする、カードがある。」（イオンマスターカード MLB バージョン／イオンクレジットサービス　2004年） 「ハートが生む仕事。ハートを生む仕事。」（大和ハウスグループ　2005年） 「やわらかハート」（王子ネピア CI　2006年）
パートナー【partner】	一緒に過ごす、気心の知れた相棒。寄り添って共に過ごす仲間。取引先。 → コンビ	◆「あなたの人生のパートナーになりたい。」（保険）

ハーモニー 【harmony】	音の調和。和合。協調性。交わって良い状態を生み出していること。 → ちょうわ	「ハーモニーを奏でると、電気も笑顔になれる。」（東京電力　2000年）
ばい【倍】	同じ数を何回重ねて加え合わせたかを示す。「○○を10倍楽しむ△△」のような表現にも用いる。	「大きさ1.3倍！メガ飲み口」（アサヒダイレクトショット／アサヒビール　2012年）
はいけい【拝啓】	手紙の書き出しで用いる挨拶の言葉。上品に物申す際の手法。	◆「拝啓、未来のお義母さま。」（食品メーカー）
バイバイ 【bye - bye】	さようなら。別れ際の軽い挨拶。広告では「バイバイ、○○さん／くん」で手間や悩みに別れを告げる。	「バイ菌、バイバイ。きれいなお口で病気の予防！」（北海道歯科医師会　2004年）
ハイブリッド 【hybrid】	異なる性質のものの混成物。それぞれの優れた面を併せ持つもの。	◆「環境へのいいとこどり、ハイブリッド家電、できました。」（電機メーカー）
はかどる【捗る】	作業などが滞りなく進み、目的に沿った仕上がりに向かうこと。	「ひらめき　はかどり　ここちよさ」（コクヨ　CI　2004年）
はぐくむ【育む】	何かを生み出し、見守り育てる。未来に向けて良い方向へ導き伸ばす。広告では、資産を殖やす意味でも用いる。 → そだてる①	◆「自然が育む、心の栄養。」（農園野菜） ◆「未来のあんしんを育む。」（保険プラン）
はくしゅ【拍手】	祝福や賛同を表すために、両手を打ち鳴らすこと。消費者の支持。賞賛。 → かっさい	◆「この価格に拍手が鳴りやみません。」（スーパー）
ぱくっと	口を豪快に開けて、食べ物を放り込むさま。	「パクッ！とHAPPY！」（森永ミルクキャラメル／森永製菓　2010年）
ばける【化ける】	意外なものに姿を変える。あり得ない実力を発揮する。	◆「妻がこんなに化けるなんて。」（エステサロン）
はこぶ【運ぶ】	荷物や人を積み、目的地まで移動させる。運送する。届ける。運輸関係の広告では、目的語に笑顔や希望といった抽象的な語を伴うことが多い。 → とどける	「笑顔をはこぶのも、得意です。」（ゴルフワゴン／フォルクスワーゲン グループ ジャパン　2000年） 「あのときも、これからも、希望を運ぶ翼でありたい。」（2020東京開催決定／日本航空　2013年）
バザール 【bazaar】	大売り出し。セール。販売促進キャンペーン。	「バザールでござーる」（日本電気　1992年）
はし【箸】	①食事や調理などの際、利き手に持って使う細い2本の棒。和食の象徴。	「お箸の国の人だもの。」（味の素　1989年）
	②食欲。「箸が止まらない○○」で、おいしいものを表す。	「箸が止まらない国産らっきょう」（蜂蜜らっきょ漬／山田養蜂場　2012年）

はじ【恥】	失敗や過ちで気まずい思いをしたり、知識不足で軽蔑されること。 → はずかしい	「読まぬは一生の恥。文春文庫、ブンブン。」（文春文庫／文藝春秋　2000年）
はじける **【弾ける】**	①収まっていたものが飛び出すこと。思い切りはしゃぐこと。 → はずむ	「オトナ、はじける」（シュウェップス／日本コカ・コーラ　2012年）
	②内側にとどまっていることができないほどに、みずみずしい活動力と魅力に満ちているさま。	「瞬間、はじける感性、輝くネクタイ。」（〈パナラ〉のネクタイ／アラ商事2003年）
はじまる **【始まる】** **はじめる** 「はじめる」よりも「はじまる」と言う方が、外からの力やニーズに推し進められて、スタート地点からビジネスが進む印象を与える。	何も行動を取っていない状態から、新たな行動が開始される状態になる。新しく開始するきっかけになる。合併企業などが再出発する日にひらがなで「はじまる」を用いて広告が打たれることが多い。「ここから、はじまる」「未来／明日が、はじまる／はじまるよ」が典型表現。口語では、とんでもないことをいきなり始める意味で「おっぱじまる」も使う。 → スタート	「夏は、ありがとうからはじまった。」（小田急百貨店　1986年） 「誰もみたことのない銀行、はじまる。」（新生銀行　2001年） 「ドラマはこのスクープから始まった。」（日本経済新聞／日本経済新聞社2004年） 「未来の空が、はじまるよ。」（JAL ICサービス／日本航空　2005年） 「日本に新しい放送 おっぱじまる。」（NOTTV／mmbi　2012年） 「未来がはじまるよ。」（手帳は高橋／高橋書店　2014年）
はじめて **【初めて】**	今までに体験したことがないこと。まず最初に。新たに。広告では、新ジャンル、新趣向の商品が発売される時に「はじめて出会う○○」のように言うことも。	「はじめての人には、○（まる）がやさしい。」（丸井クレジットカード／丸井　1994年） 「コンパクトがはじめて出会う上質。」（ティーダ／日産自動車　2004年）
ばしょ【場所】	①地理上のある地点。転じて、特定の思い入れのあるところ。立場。機会。	「バラと笑顔が咲く場所。」（ガーデニング霊園／いせや　2005年） 「世界中に、深呼吸できる場所を。」（新日本空調　2005年）
	②空間的な所在。スペース。	「小さな場所を、大きく使う。」（稲葉製作所　1986年） 「場所と時間を越えた、新しい教育のカタチ。」（家庭教師のトライ　2005年）
	③心のよりどころ。何かの存在やぬくもりが感じられるところ。	「もう一度、宝物に出会える場所。」（トヨタホームテクノ　2004年） 「幸福は、ごはんが炊かれる場所にある。」（ほっともっと／プレナス2008年）

あ	**はしる** **【走る】** **はしり**	①足を素早く前後に動かして、移動すること。急ぐ。	「走れ、母さん。」（京王百貨店　1978年）
か		②広がる。拡大する。	「おいしい噂は、千里を走る。」（モスフードサービス　1987年）
さ		③乗り物で疾走する。自動車の広告で特に使われ、スピード感や運転して得られる爽快感などを表現する。運転者からの視点で「走らせる」を用いることもある。「走り」と名詞化して自動車の駆動性や機能性を表すコピーも作れる。 → かける	「あなたのハートは走っていますか。」（三菱自動車工業　2000年） 「そのシートは、走りの遺伝子をもつ。特別仕様車、登場。」（MAZDA ATENZA／マツダ　2005年） 「空と走るワゴン」（エアウェイブ／本田技研工業　2005年） 「地球を抱きしめるように走る。HUG THE WORLD」（FORESTER／富士重工業　2005年） 「走りのクオリティーを革新し続けるもの。」（アコード／本田技研工業 2005年）
た な			
は	**はずかしい** **【恥ずかしい】**	みっともない。きまりが悪い。広告では「恥ずかしがらずに○○しよう」と訴える。 → はじ	「治療は恥ずかしいことじゃない。」（ED治療薬／ファイザー製薬〈現・ファイザー〉　2000年）
ま	**はずむ【弾む】** **はずみ**	弾力があり、物がはね返るさま。そこから比喩的に、胸が高鳴り、期待を寄せるさま。勢い。会話やコミュニケーションが円滑に進むさま。 → はじける①	「会話がはずむ実績です。」（和光証券 1987年） 「やる気にはずみ。この一本。」（リポビタンD／大正製薬　1988年） 「弾む靴。」（婦人靴コーナー／京王百貨店新宿店　2001年）
や	**はだ【肌】**	人間の皮膚。広告では、特に顔の皮膚。スキン。化粧品のコピーに用いることが多い。「○○肌」と造語し、「美肌」「ハリ肌」「ぷるふわ肌」など理想的な肌の状態を描写する語を形成する。 → すはだ	「ブル剃り、ツヤ肌。」（ジレット エムスリー スーパー／ジレット ジャパン インク　2004年） 「ふんわり赤ちゃん肌仕上げへ。」（VISÉE／コーセー　2011年） 「肌がきれいなら、女は無敵。」（マキアージュ／資生堂　2013年）
ら わ	**はだか【裸】**	何も身にまとっていないさま。全裸。転じて、自分をさらけ出すこと。何も持たない状態。 → ヌード	「裸一貫、マックロネシア人。」（ミクロネシア／全日本空輸　1980年） 「むすめのはだかは、しまっておきたい。」（シャンプードレッサー／東陶機器　1990年） 「顔は、ハダカ。」（アンテリージュ／コーセー　1996年）

はたけ【畑】	野菜を栽培する場所。農耕地。転じて、何かの恵みを与えてくれる源。	「海は、もうひとつの畑なんだ。」（キユーピー　1990年） 「品質は、畑から。」（サッポロビール CI　2006年）
はたち【二十】 「にじっさい」が単なる年齢を表しているのに対し、「はたち」は成人を迎えたことを意味する傾向がある。	①年齢が20歳であること。若々しく生命力にあふれた時期の象徴。広告では、「ハタチ」とカタカナで書くことが多い。	◆「ハタチの頃に戻って、風を切れ。」（バイク）
	②成人年齢に達したこと。成人式を迎えた状態。	「ハタチは、一生モノ。」（京都きもの友禅　2007年）
はたらく【働く】	①機能する。役割を果たす。効果を発揮する。誰かのために頑張ること。	「働く手に、やさしい思いやり。」（ユースキン製薬　1990年）
	②就職する。労働する。 → ろうどう	「働いているお父さんより、遊んでいるお父さんのほうが好きですか。」（サントリーウイスキーオールド／サントリー　1984年） 「働く大人力 向上委員会」（ダイドーブレンド／ダイドードリンコ　2014年）
はっきり	明白なこと。明瞭であるさま。「はっきり言って○○です」で、包み隠さず何かを伝えること。消費者の好奇心をあおる効果がある。	「はっきりいって紅茶の革命です。」（サントリー缶入り紅茶テス／サントリー　1985年） 「はっきり言って、高いです。」（創味のつゆ／創味食品　1999年）
ばつぐん【抜群】	他のものと比較して、突出して優れていること。非常に素晴らしいこと。 → だんトツ	「ばつぐんの溶け！あきのこない自然のおいしさ」（フォローアップミルク「チルミル」／森永乳業　2004年）
はっけん【発見】	あるものの存在や真実を、初めて見いだすこと。「○○新発見」で、商品に触れて新たな素晴らしさに気づくこと。 → みつける	「じぶん、新発見。」（西武百貨店　1980年） 「ときめいて、きものごころ新発見。」（ハクビ京都きもの学院　1982年）
はつこい【初恋】	初めての恋心。一般的に「初恋は甘酸っぱい」という通念がある。	「初恋の味」（ラクトー〈現・カルピス〉1922年） 「初恋年齢　今いくつ」（カルピス食品工業　1983年）

187

はっそう【発想】	思いつき。新たな着想を得ること。アイデア。目のつけどころ。規模。広告では、「○○発想」「○○という発想から生まれた」が典型表現。企業コンセプトの提案、商品の新たな使い方や魅力を提示する際に役立つ。	「捨てたのは『ゴミを捨てる』という発想。」（富士ゼロックス　1998年） 「発想を変えたら、速さの常識も変わりました。」（BJ S630／キャノン　2001年） 「世界的すきま発想。」（日本化薬　CI　2009年）	
ばっちり	意図した通りに物事が決着するさま。決まる様子。確実に。	「授業でバッチリ！ テストでサッパリ！ そんな経験ないですか？」（Z会の通信教育／Z会　2001年）	
ハッピー【happy】	心躍り、幸福感を味わうさま。「笑顔」と同義。広告ではしばしば名詞化され、「ハッピーを○○する」の形で登場する。「幸せ」や「幸福」よりも、軽く明るいニュアンスが出せる。 → しあわせ③　→ ハピネス	「祭りで、ハッピー。」（週刊朝日百科『日本の祭り』／朝日新聞社　2004年） 「ハッピーニュースモール」（ダイハツ工業　2005年） 「ハッピーをあげよう。」（コカ・コーラ／日本コカ・コーラ　2013年）	
ハッピー バースデー **【happy birthday】**	誕生日を祝う言葉。創造された日。商品や企業の世界観を創造した日、商品などが生まれた日や発売日。birth を bus や bath と掛けるコピーも作れる。	「HAPPY BIRTHDAY Dear この世界」（手帳は高橋／高橋書店　2013年） ◆「ハッピーバスでー、いー旅に。」（旅行会社）	
はっぴょう **【発表】**	秘められていたことを、あるタイミングで公にすること。公表。告知。	◆「発表します。これからの通信はこうなります。」（モバイル端末）	
はつめい【発明】	新しい機器や方式を考案し、それを他人が使える状態にすること。革新的な改良を加えること。	「もういちど、自動車を発明します。」（Aクラス／メルセデス・ベンツ日本　1997年）	
はつらつ	元気が良く、心身共に活発なさま。生き生きしている様子。弾みが付くこと。	「元気ハツラツ！」（オロナミンC／大塚製薬　1965年） 「愛情はつらつ」（丸井　1972年）	
はな【花・華】	広告では桜の意味や、華やかな美しさやおいしさに例えることが多い。「私は花になる」「咲く花」や「華、開く」など、「花」に例えて女性が美しく着飾る形容として好まれる。	「春近し。隠れ花。」（近畿日本鉄道　1978年） 「花は人を磨きます。」（近畿日本鉄道　1988年） ◆「凛と咲く花になろう。」（百貨店）	
はなす【話す】	言語を用いて情報を伝え広めること。他者と会話をすること。人前で持論を述べたりすることも指す。広告では、電話で通話することを「話す」と言うことも多い。 → かたる	「寝そべって話そうよ。」（カルピス食品工業　1986年） 「こんなの、電話で、どう話す？」（ホームコピーファックス／シャープ　1991年） ◆「日本語しか話せないと、世界の2％の人としか話せない。」（語学学校）	

はなやか 【華やか・花やか】 **はなやぐ**	①女性が美しく着飾った状態の比喩。人目を引く容姿端麗な女性の形容。鮮やかな色の服や化粧品を表現する。	◆「華やかエレガンス、はじまる。」（百貨店） ◆「私が華やぐ春。」（化粧品）
	②彩りや香りがあり、あでやかなさま。広告では、焼酎の香りを形容する表現にも使われる。	「香り華やか。綺麗なうまさ。そば焼酎 雲海。」（本格そば焼酎 雲海／雲海酒造　2005年頃） 「芋の香り華やか。飲み口すっきり。」（一刻者／宝酒造　2011年）
はねる【跳ねる】	跳躍する。うれしくて跳び上がる。 → とぶ	「つい、つい、跳ねムーン。」（日本交通公社　1981年）
はは【母】	女親。子どもを産んだ女性。「おかあさん」や「ママ」よりも対外的で改まったニュアンスを伝える。 → おかあさん　→ おふくろ　→ ママ	「娘よ、母より美しくなれ。」（東陶機器　1991年） 「母は、娘の美しい未来であってほしい。」（TIFFANY & Co.　2003年） ◆「必要は、発売の母。」（コンサルティング会社）
ハピネス 【happiness】	喜び。幸福。楽しさ。 → ハッピー	◆「エンドレスハピネス、はじめよう。」（結婚式場）
パフォーマンス 【performance】	演技。実演。価格に対する働き。実績。機動性の高さ。	「ハートの強さが、かつてないパフォーマンスを生んだ。」（コルト プラス／三菱自動車工業　2005年）
はまる 【填る・嵌る】	穴などに落ちて動けなくなること。溺れる、だまされる。広告では「ハマる」と書いて該当商品やサービスが魅力的で、消費者がそこから抜け出せなくなる状態を描写する。	「どうしてあんな…という女にはまるのが男である」（林真理子著『みんな誰かの愛しい女』／文藝春秋　2000年） 「深味にハマりましたね。」（ダイドーブレンド デミタスコーヒー／ダイドードリンコ　2011年）
はみだす 【はみ出す】	収まっていなければいけない範囲から一部が出ること。既成概念から抜け出したり、殻を破ったりすること。ボリュームがあるものの比喩。	◆「ハミ出すデカさに食らいつけ！」（ステーキ店チェーン） ◆「自分をはみ出す、冒険をしよう。」（語学学校）
はやい 【早い・速い】	走行速度が高い。俊敏。予想していたよりも時間がかからずに。待ち時間が短い。	「桜前線より一歩早く。」（長谷川工務店　1982年） 「うまい、やすい、はやい」（吉野家　1994年）
パラダイス 【paradise】	夢のような場所。何でも制限なく楽しめるさま。 → らくえん	「あす、パラダイス。aspara」（会員制サービス「アスパラクラブ」／朝日新聞社　2004年）

はらはら	一体どうなるんだろう、と不安に思い、手に汗握る様子。 → どきどき	「失敗したくない**重要な荷物**に、もう**ハラハラ**させはしない。」（フェデックス〈フェデラル エクスプレス〉2013 年）	
バランス 【balance】	均衡。釣り合い。2 つ以上のものの、配分や配合。広告では、理想的な釣り合いを実現できるよう、商品を勧める表現が多い。	「カラダに**バランス**。お金も、**バランス**。」（ソニー銀行　2004 年） 「食よく、**バランス**よく。」（フジッコ CI　2010 年）	
はり【張り】 縫い針や針灸の鍼と解釈する可能性もあるので、コピーにおける「ハリ」の使い方には注意が必要。	みずみずしい女性の皮膚の形容に用いる。緩んだ部分がなく、引き締まっていること。「たるみ・しわ」の反意。	「感動、大人のシルク肌。ファンデーションで**ハリ**ツヤまで。」（コフレドール／カネボウ化粧品　2011 年） 「**ハリー**さんを、逃がすな！」（アスタリフト スキンケアシリーズ／富士フイルム　2011 年） 「目もと、口もと、**ハリ**注入！」（suisai ／カネボウ化粧品　2011 年）	
はりきる 【張り切る】	元気にあふれ、物事に明るく積極的に取り組む様子。	「高気圧ガール、**はりきる**。」（リゾートピア 沖縄／全日本空輸　1983 年）	
バリュー【value】	ものの価値。金額に対する値打ち。 → かち①	「**バリュー**な旅のデビューです。」（JAL STORY ／日本航空　2001 年）	
はる【春】	四季の中で冬に次いでやってくる季節。年度始め。生き物が躍動し始め、幸福の到来や受験合格、入学などの明るいニュースの例え。 → なつ　→ ふゆ	「**春**近し。隠れ花。」（近畿日本鉄道 1978 年） 「おめでとうの**春**って、何拍子。」（日本ビクター　1980 年） 「みんな胸はる**春**。」（パイロット萬年筆／パイロットコーポレーション　1984 年）	
はれる【晴れる】	空に太陽が輝く天気。「晴れて」で正式に、めでたく、の意味。	◆「**晴れて**本日、ドレスアップ。」（百貨店）	
ハロー【hello】	こんにちは。やあ。ようこそ。出会いの時の軽い挨拶。英語で表記されることも。 → こんにちは	「さよなら **ハロー**」（からだ巡茶／日本コカ・コーラ　2007 年） 「**HELLO, FUTURE.**」（未来デザイン／住友生命保険　2013 年）	
パワー【power】	力。精力。活力。力量。機動力の意味でも用いる。 → ちから	「その眼光の奥に、ほとばしる**パワー**を。」（ニュー BMW 5 シリーズ／BMW ジャパン　2000 年）	
ハングリー 【hungry】	食欲のあるさま。空腹で飢えていること。空腹感を満たす商品のコピーに使われる。精神的な渇望についても言うことがある。	「**ハングリアン**民族」（カップヌードル／日清食品　1985 年） 「**hungry?**」（カップヌードル／日清食品 1992 年）	

見出し語	語義と広告での用法	コピー作品例
はんげき【反撃】	攻撃されていた側が、逆に攻撃すること。巻き返しを図ること。	「さて、そろそろ 反撃しても いいですか？」（NTTドコモ　2007年）
ばんざい【万歳】	何か劇的に良いことがあった時、歓喜すること。達成感に浸って、手放しにめでたいこと。広告では、「バンザイ」と書くことが多い。	「音楽人種、バンザーイ。」（石橋楽器店　1982年） 「恋愛結婚、バンザイ！ ツヴァイ」（ツヴァイ　2013年）
はんじょう【繁盛】	商売がうまくいくこと。にぎわい栄えること。	「繁盛店の生」（サッポロ生ビール〈黒ラベル〉／サッポロビール　2006年）
はんせい【反省】	自分の行動や言動について「そうしなければよかった」と省みて思うこと。次に同じ過ちを犯さないように自戒すること。	「反省。」（新三共胃腸薬／三共　1990年） 「反省だけなら猿でもできる。」（チオビタドリンク／大鵬薬品工業　1991年）
はんたいする【反対する】	ある通念や意見、決定に対して、それとは異なる立場を取ること。否定。	「時には、あなたのリフォームに、反対します。」（匠の会　2004年）
はんぶん【半分】	1つの物を2つに分けた片方。2分の1。ハーフ。	◆「私の半分は、未来です。」（保険プラン）

- ひらがな「ひ」は「比」の草体に由来。カタカナ「ヒ」も「比」の片側を取ったもの。ローマ字表記は「hi」。
- ［h］音は、硬口蓋に前舌を近づけて出す無声摩擦音で、［i］の母音を伴った音節が［hi］の音である。耳にした時、解放感や明るさとともに、鋭さ、スピード感、美しさをイメージさせる効果がある。
- 「ひ」の濁音「び」は、ローマ字表記で「bi」と記す。［bi］音は、上下の唇を一旦閉じてから出す有声破裂音［b］に、［i］の音を伴ったもの。驚きや意外性、インスピレーションを招くイメージを抱かせる。
- 「ひ」の半濁音「ぴ」は、ローマ字表記で「pi」と記す。感度の良さやアクセント感、接着感をイメージさせる。両唇を使う［p］音は、子どもに好まれる音と言われる。
- 五十音図のハ行2文字目。

見出し語	語義と広告での用法	コピー作品例
ひ【日】	日付の1つの刻み。24時間。日中。広告では、「○○の日」や「△△する日」のように、記念日や特定の日にある消費行動を促すコピーで用いる。 → いちにち	「〈アンネの日〉ときめました！」（アンネナプキン／アンネ　1961年） 「金曜日はワインを買う日」（サントリーワイン／サントリー　1972年） 「考えない日。」（ヌーベル月桂冠／月桂冠　2004年） 「飾る日も　飾らない日も　三越と」（三越／三越伊勢丹　2010年）

	ひ【火】	炎。燃えているもの。転じて、情熱や衝動を表す。	◆「たすけ合いの気持ちに火をともそう。」（募金活動）
	び【美】	見目うるわしいこと。美術。デザインが美しいさま。映像が鮮明な状態。「美」は、「美脚」「美食」「美白」のように接頭語になったり、「立体美」「機能美」といった接尾語になる。 → うつくしい	「三〇年の、美の結晶。」（オッペン化粧品 1983 年） 「美ニューアル 新宿アルタ」（三菱電機 2001 年） 「美の、大きさ。」（多摩美術大学 2013 年）
	びいしき【美意識】	美に対する感覚や、尊重の念。美しいものかどうかの感覚。美を判断する力。高級車や芸術作品の広告に使われることが多い。	「ちがうのは、美意識。」（クサラ ピカソ／シトロエン・ジャポン 2004 年） 「そのクルマは、私の美意識を挑発する。」（NEW LEGACY ／富士重工業 2004 年） 「ゆるぎない美意識、進化する技。」（WAZA2012 伝統的工芸品展／東武百貨店池袋店 2012 年）
	ひえる【冷える】	温度が低下して冷たくなること。 → クール → つめたい	「プール 冷えてます」（豊島園 1986 年）
	ぴかぴか	磨かれたものから放たれる光。輝き。真新しくてまぶしいさま。	「いまのキミはピカピカに光って」（X-7／ミノルタカメラ 1980 年）
	ひかり【光】 「あかり」が周囲を照らすことを目的としたものであるのに対し、光は照らすことを目的としていない明るさといった違いがある。	①明るく差し込む光源。ライト。光るもの。キラキラしたもの。明るく目立つもの。光明。 → あかり ②光通信。	「20世紀のおみやげに。光と音のウォークマン。」（ウォークマン／ソニー 1989 年） 「光と影の、立体小顔ファンデ。」（エスプリーク／コーセー 2011 年） 「初めに光ありき。いま迎えた光通信の時代。」（日本電気 1979 年）
	- ひき【匹】 （数え方）	小さい動物や魚類、昆虫などを数える。ペットを「人」と数えると家族の一員として表現できる。	◆「一匹というより、一人の家族。」（ペットフード）
	ひきだす【引き出す】	中にあるものを外に出す。隠れている才能や威力を取り出して伸ばす。	◆「あなたの若さを引きだすエッセンス。」（基礎化粧品）
	ひく【引く】	あるものから取り除く。マイナスする。引き算をする。辞書を調べる。 → マイナス	「聞くよりそっと引くのが、上司のプライド。」（『現代新語情報辞典』ほか／学習研究社 2001 年）
	ビジョン【vision】	展望。見通し。企業が見据える経営の方向性。 → しや	「人と違うビジョンがある。」（VOLVO XC90 ／ PAG インポート 2004 年）

びじん 【美人】	①顔や容姿が整っていて美しい女性。	「美人がこわい。」（自家用自動車保険／東京海上火災保険　1978年） 「ワンモア ビジン」（プラウディア／資生堂　1997年）
	②良い心がけや生活上の工夫を持ち、内面の美しさを持つ女性。健康ではつらつとした女性。「姿勢美人」「ことば美人」「手紙美人」などの造語も。	「細胞美人になりましょう。」（資生堂薬品 Q10／資生堂　2004年） ◆「『ことば美人』になりましょう。」（国語辞典） ◆「美人は、新鮮フルーツを選びます。」（食料品店）
ひだまり 【陽溜まり・日溜まり】	太陽の光が差し込み、ゆったりと温かい所。安堵できるよりどころ。 → ひなた	「ここには、ひだまりの匂いがある」（貞静学園　2004年）
ひたむき 【直向き】	一心不乱に何かに打ち込むさま。一途な姿勢。まっすぐで迷いがない様子。 → ひとすじ	◆「そのひたむきさが、おいしさです。」（食品メーカー）
ぴったり	2つのものが、隙間なく合っているさま。密着して、ずれていない様子。最もふさわしいもの。うってつけ。	「すべてがピッタリ合わなければ、フォルクスワーゲンにはなれません。」（フォルクスワーゲン グループ ジャパン　2001年）
ひつよう【必要】	欠かすことができないこと。必ず求められるもの。必須のもの。	「水を、薬を、毛布を。今、あなたの支援が必要です。」（日本ユニセフ協会　2001年） 「必要なのはお金じゃなくて『センス』です。」（月刊『LEON』／主婦と生活社　2001年）
ひと【人】 広告で使われる意味は広く、人類や生命体という具体的なものから、社会における人材や市場における消費者、漠然とした存在といった概念的なものまで多岐にわたる。「人」を用いた漢字の解字の手法は、その他にも、「二人の国」と書いて「天国」、「三人の日」と書いて「春」をはじめとして、「一人」の2字を重ねて「一人だって『大きい』」といったフレーズにも応用できる。	①人類。他の動物とは異なることを強調する際、「ヒト」と書く。 → にんげん	「ヒトは、本を読まねば サルである。」（宝島社　2012年）
	②生命体としての人間。生きている存在。尊重されるべき命。	「人は貧しいという理由で 死んではいけない。」（日本フォスター・プラン協会　1999年） 「人と空気のあいだに、いつも ダイキン」（ダイキン工業　2001年）
	③社会生活や家庭生活を営む人間、およびその総体。「人は、○○である」の形に入るコピーが多い。消費者の一般的な傾向や特徴、行動を述べ、それに対して企業が何を提供するかを示すコピーも作れる。 →- じん　→- にん	「がんばった人には、NCAA.」（バイオバランス飲料〈NCAA〉／サントリー　1982年） 「時、人を磨き。人、味を磨く。」（ネッスル日本　1983年） 「人をつなぐもの。」（小田急百貨店　1985年）

		「ヒトとモノ。おとなの関係。」（京王百貨店　1986年） 「お箸の国の人だもの。」（味の素　1989年） 「日本人は本の人。」（読書週間／東京出版販売　1991年） 「人輝く、食の未来」（ニッポンハムグループ　CI　2005年） 「人と精密のベストマッチングを。」（オムロン　2005年） 「人は、書くことと、消すことで、書いている。」（トンボ鉛筆　2006年） 「食のちからを、人のちからに。」（ニッポンハムグループ　CI　2011年）
	④人材。ある能力や技能を持っている人間。	「ツカエル、ヒト？」（『日経ネットブレーン』／日経BP社　2000年）
	⑤男性。「男」と書いて「ひと」と読ませる。	「違いがわかる男（ひと）のゴールドブレンド」（ネスカフェ ゴールドブレンド／ネッスル日本　1969年）
	⑥女性。「女」と書いて「ひと」と読ませることもあるが、ひらがなで「ひと」と書く方が身近な存在として意識される女性を表現しやすい。	「め組のひと」（サンフレア／資生堂　1983年） 「さびない、ひと。」（エリクシール／資生堂　1999年）
	⑦解字の一部としての「人」。「人」と「良」で「食」、「人」と「木」で「休」など。	「休む、という字は、木のそばに人がいる。」（SHAWOOD／積水ハウス　2014年）
	⑧「ひと」を、他の語にもじった用法。	「ヒントは、ヒトのなかにある。」（クボタ　2000年） 「ひとの ときを、想う。」（JT　CI　2009年）
ひとあし【一足】	→ いっぽ	
ひとがら【人柄】	人の品格。性格。人品。物事の捉え方や人との接し方、気立てなどが良い人のことを「人柄がいい」と形容する。	「感謝に、人柄。感謝に、銘柄。」（東武百貨店　1982年）
ひときわ【一際】	一段と。いっそう。際立って。広告では、味わいや住み心地などの感覚がグレードアップした部分を強調する。	「住みやすさひときわ。」（藤和不動産　1981年） 「ひときわのまろやかさ」（黄桜酒造　1987年） 「ひときわ味わい豊かに」（お～いお茶 緑茶／伊藤園　2010年）

ひとくち【一口】	一度に口に入れる量。また、それを食べること。わずかな量。また、「一言で言うと」の意味と掛けたコピーも作れる。 →くち	「口どけの良さは、ひと口で説明できないので、ひと口お試しください。」（メルティーキッス／明治製菓 1993年） 「ひとくちから、未来を考える。THINK GREEN KAGOME」（カラダNEXT／カゴメ 2012年）
ひとこと【一言】	ちょっとした言葉。最小限のコメントや提言。口から出る1つの言葉。 →ことば③	「あなたの一言が、広告を育てる一歩になる。」（日本広告審査機構 2005年）
ひとすじ【一筋】	ひたむきに。それ一本。一途に。 →ひたむき	「味ひとすじ 永谷園」（永谷園 CI 2004年）
ひとつ **【一つ・1つ】**	①思い出や思考、信頼や自由、視野といった抽象的なものを数える際に用いる。「1ランク上」という意味にも。広告では専ら「ひとつ」と記す。	「人気で選ぶのも、ひとつの見識です。」（ミサワホーム 1986年） 「表情も性能のひとつです。」（積水ハウス 1987年） 「海は、もうひとつの畑なんだ。」（キユーピー 1990年） 「みずみずしい夢ひとつふたつ」（三井ホーム 1991年） 「世界をひとつ、ふやしましょう。」（講談社 2005年） 「ひとつ上が、見えてくる。」（河合塾 2009年） 「映画への愛をカタチにしたら、チャンネルがひとつできました。」（WOWOW 2012年）
	②ちょっと。少し。試しに。	◆「ひとつ、未来を見てみよう。」（電子部品メーカー）
	③2つとない。唯一の。「たったひとつ」のように表現し、その価値や個性を際立たせる効果がある。	「あなたの、たったひとつになるために。」（あいおい損害保険 2001年）
	④それだけで。簡単に。だけで。「○○ひとつで△△できる」が典型。	「からだひとつでできるボランティア。」（はたちの献血／日本赤十字社 2012年）
	⑤全体がまとまる。統一される。サービスやシステムなどの一本化の意味にも。「○○がひとつになる／なった」を用いることが多い。	「ひとつになったら、新しくなった、強くなった。」（新生銀行 2001年） 「技はいろいろ、カードはひとつ。」（セゾンカード／クレディセゾン 2001年）

ひととき【一時】	わずかな時間。しばらくの間。憩いの場面や商品の醍醐味を感じる場面。	「さわやかになる、ひととき。」（日本コカ・コーラ　1991 年）
ひとみ【瞳】	瞳孔。目の中の部分。目薬やアイメーク、コンタクトレンズの広告にも使われる。	「みんなのヒトミがトマト色に輝く」（デルモンテ・トマトケチャップ／キッコーマン　1990 年）
ひとめぼれ【一目惚れ】	ちょっと見ただけで心が奪われること。一瞬で「いいな」と思わせること。	「ひとめぼれ、させたくて。」（シヤチハタ　2003 年）
ひとり【一人・独り】	①人数が 1 であること。→ ふたり	「ひとりよりふたり。」（丸井 1978 年）「食べてるあいだに、ほら、ひとり。」（日本宝くじ協会　1985 年）「一人より二人。一着より二着。」（新春 2 着セール／花菱　2005 年）
	②個人。広告では、「個別に」「あなたに合わせて丁寧に」と同義。「ひとりひとり」で、消費者各人を指す。	「ひとりひとりに、てってーてき」（SKY PerfecTV!／スカイパーフェクト・コミュニケーションズ　2001 年）「ひとりひとりに正解を。」（城南予備校　2005 年）
	③独力。単身。「1 人で○○する／できる」が典型表現。	「ひとりで生きるお嬢様のために エアコンができること。ピンクになること。」（SINGLE STAGE エアコン／松下電器産業　1999 年）◆「ひとりで英文メールが書けますか？」（翻訳ソフト）
ひとりじめ【独り占め】	その商品を購入した人だけが味わえる恩恵や効果、優越感を謳う。独占。	◆「この天空、ひとり占め。」（タワーマンション）
ひなた【日向】	日光が照らしているところ。転じて、明るく暖かい方。恵まれた状況。→ ひだまり	「ふたりは ひなたの アイスクリーム」（全日空でゆくハネムーン　とろけるような 48 コース／全日本空輸　1983 年）
ひびきあう【響き合う】	共鳴する。うまく調和する。互いに影響しながら高め合う。技術と環境の両立、自然と人間の共鳴などを指す。	◆「地球と響き合う、技術をめざして。」（自動車）
ひびく【響く】	音が鳴り広がる。音が反響する。影響する。心に刺さる。	「響く靴。」（婦人靴コーナー／京王百貨店新宿店　2001 年）「響け、人間力（ニンゲンヂカラ）。アキレス。」（アキレス　2004 年）◆「あなたにひびく、おくりもの。」（百貨店）
びぼう【美貌】	容貌が美しいこと。	「都会の美貌をしている。」（大和ハウス工業　1984 年）

ひま【暇】	やることがなく、つまらなく、持て余す時間。休暇。	「今年は渋谷をヒマにします。」（豊島園　1988年） 「遊びにフットワークがいい人には、ひまはなくても@ぴあがある。」（ウェブサイト「@ぴあ」／ぴあ　2001年）
びみ【美味】	味の良いこと、おいしいこと。「美味なり。」と文語的に使うと、飲食物の質の高さを強調する効果がある。 → おいしい①	「世界に美味を探る。」（紀文　1979年） 「美味なるものには音がある。」（シャウエッセン／日本ハム　1985年）
ひみつ【秘密】	秘訣。内緒のこと。他社には知られたくない商品の隠されたポイント。	「緻密が、秘密。」（フィエスタ／フォード・ジャパン・リミテッド　2004年）
ビューティフル【beautiful】	美しさがあふれるさま。美。広告では名詞として使用されることが多い。「view」の音とも類似するため、画像や印刷の鮮明度を表す際にしばしば用いられる。「きれい」や「美しい」よりも洋風の華やかさを演出する効果もある。 → うつくしい③	「モーレツからビューティフルへ」（富士ゼロックス　1970年） 「空をビューティフルに。ビジネスをビューティフルに。」（富士ゼロックス　1970年） 「あなたの人生にビューティフルは足りてますか？」（WOWOW　2000年）
ひょうげん【表現】	心に感じたことを、言葉や芸術などの形で、伝えること。「表現力」で、写真などの解像度の高さを強調する。	「攻めよ、表現者。」（ニコン D750／ニコン　2014年）
ひょうじょう【表情】	心情を顔や動作などに出すこと。そこから、商品の持つ趣や、素材の風合いの比喩にも用いる。	「しっとり表情のある我家。」（有楽土地　1983年） 「表情も性能のひとつです。」（積水ハウス　1987年）
ひより【日和】	あることをするのにふさわしい日、特に天候のことを言う。良い天候。	「全国的に夢日和、所により嬉し涙が降るでしょう。」（日本宝くじ協会　1987年）
ひらく【開く・拓く】	①閉鎖されていたものを解放すること。開け放つ。解禁する。転じて、書籍を開いて読むこと。	「海開き、山開き、本開き。文春文庫、ブンブン。」（文春文庫／文藝春秋　2004年）
	②開墾する。先を切り開く。「拓く」とも書く。	「知力とITで、この国の次を開いてゆく。」（日立グループ　2004年）
ひらめき【閃き】	瞬間的に走る光。そこから、頭の中に電撃的に駆け巡る直感。瞬時に出るアイデア。	「ひらめき　はかどり　ここちよさ」（コクヨ　CI　2004年） 「一瞬のひらめき、逃さない。」（日本中央競馬会　2004年）
ひるいなき【比類なき】	比較するものがない。類いまれな。 → ほかにない	「比類なき次元へ。」（BMW 7シリーズ／ BMW ジャパン　2003年）

見出し語	語義と広告での用法	コピー作品例
ひろい【広い】 ひろさ	面積や容積が大きいこと。空間的な広がりがあること。思考などが多岐に渡るさま。	◆「広い視野が、未来を拓く。」（証券会社） ◆「『広さ』という贅沢。」（住宅）
ひろがる 【広がる・拡がる】	面積や容積が大きくなること。交友の輪や、物事の選択肢、幅などが拡大すること。	「仲間が広がる、旅が深まる」（クラブツーリズム CI 1995年） 「生き方のレンジが広がる。」（レンジローバー2005年モデル／ランドローバージャパン 2004年） 「ひろがれ、写真の美しさ。」（デジタルEOSテクノロジー／キヤノン 2012年）
ひんかく【品格】	人や物が持つ品の良さ。品位。 →ふうかく	◆「名家の品格。」（住宅）
びんかん【敏感】	感覚が鋭いこと。反応。センシティブ。デリケート。	◆「季節には、いつも敏感でいたい。」（農園野菜）
ひんしつ 【品質】	商品の持つ質。一般的にはクオリティーの高さを表す。 →クオリティー　→しつ	「品質で選ぶ、夏の旅。」（日本交通公社 1981年） 「品質は、畑から。」（サッポロビール CI 2006年）
ヒント【hint】	発想の手がかりになるもの。示唆するもの。キー。ポイント。	「ヒントは、ヒトのなかにある。」（クボタ 2000年）

- ひらがな「ふ」は「不」の草体に、カタカナ「フ」も「不」の初めの2画に由来。ローマ字表記は「fu」または「hu」を用いる。
- 上の前歯で下唇を軽く噛む英語の [f] とは異なり、日本語の [F] 音は両唇を緩めに丸めて呼気を出す無声摩擦音で、これに [u] の母音を伴った音節が [Fu] の音である。[Fu] 音を耳にした時、柔らかさや包容感、暖かな空気感をイメージさせる効果がある。
- 「ふ」の濁音「ぶ」は、ローマ字表記で「bu」と記す。[bu] 音は、上下の唇を一旦閉じてから出す有声破裂音 [b] に、[u] の音を伴ったもの。破裂感、衝撃感、勢いの強さをイメージさせる。
- 「ふ」の半濁音「ぷ」は、ローマ字表記で「pu」と記す。弾力性や歯切れの良さ、ユーモア感を抱かせる。
- 五十音図のハ行3文字目。

見出し語	語義と広告での用法	コピー作品例
ファイト【fight】	闘志。格闘する力。気合い。人を応援する際に掛ける言葉。 →がんばる	「ファイトで行こう　リポビタンD」（リポビタンD／大正製薬 1965年）

ふあん【不安】	心配なこと。気がかり。心安らかではないさま。	「安心がないと、不安です。」（セコム　1991年）
ファンタジー【fantasy】	幻想。空想。夢のあるもの、憧れのもの。	「あの家に、ファンタジー。」（カルピスファンタジーギフト／カルピス　2001年）
ふうかく【風格】	年月や信頼に裏付けられて漂い出る品格。独特の味わいや趣。堂々とした雰囲気。住宅の広告で使われる。 → ひんかく	「いま、風格の手応え。」（積水ハウス　1979年） 「邸宅の風格に満ちて。」（野村不動産　1981年）
ふうけい【風景】	美しい景色。旅行などで行ってみたい風光明媚な場所。	「風景サラダ、北海道。」（全日本空輸　1980年）
ふうど【風土】	その土地や場所に特有の気候や気象現象。農作物の産地の比喩。「フード」と掛けたコピーも作れる。	「風土のワインを、たっぷりどうぞ。」（マンズワイン 甲斐のみのり／キッコーマン　1980年）
ふうみ【風味】	上品に漂う味わい。口に含んで香りと一緒に楽しめるおいしさ。	◆「心豊かに、和の風味を贈ります。」（食品）
ブーム【boom】 もともとはハチがブーンと飛ぶ羽音の擬音から。よって「静かなブーム」ではなく、「密かなブーム」と言う。	あるものが流行し、誰もが欲しがったりするさま。ブームを客観的・批判的に捉えて揶揄する広告も見られる。 → りゅうこう	「女子高生に大ブーム!!　なーんて広告は、やめてねっ。」（Curl Girl／松下電器産業　1998年） 「健康がブームになるなんて、異常だ。」（体内環境正常化／カゴメ　2000年）
ふうりゅう【風流】	趣があって、意匠が凝らされていること。美しく雅であるさま。	「夏の宵、風流に酔い。」（黄桜酒造　1986年）
ふえる【増える】	ものの数や量が大きくなること。金額や資産が増大すること。喜びや安心感が増すこと。頻度が高くなること。 → ふやす　　→ へる	「ふえ方、かなり刺激的。」（野村證券　1985年） 「美しい50歳がふえると、日本は変わると思う。」（アクテアハート／資生堂　1997年） 「しょうゆがへるたび、ふえるもの。」（キッコーマン　2011年）
ふかい【深い】	奥がある。浅はかではなく、理解を要する意味や詳細な背景がある様子。	「大人になった『ぴあ』世代に深く、響く。」（『おとなぴあ』／ぴあ　2000年）
ふかまる【深まる】	物事が濃くなる。深くなる。度合いが強くなる。	「仲間が広がる、旅が深まる」（クラブツーリズム　CI　1995年）
ふかみ【深み】	深い所。奥行きがあるもの。なかなか抜け出せない場所。「深味」とも。	「深味にハマりましたね。」（ダイドーブレンド デミタスコーヒー／ダイドードリンコ　2011年）

ふく【服】	身に着ける衣類。洋服。身にまとう人の優越感を刺激したり、着飾る喜びを謳うものが多い。「服」と「福」を掛けて、「至服」「幸服」とする表現も作れる。	「運勢は、生まれた日より、選んだ服で変わると思う。」（ルミネ　2010年） ◆「いい服は、福を呼ぶ。」（アパレル） ◆「服を買いに行く服が買えます。」（通販サイト）
ふくよか **【膨よか】**	ふっくらとして味などが豊かなさま。婉曲的に太っている人の形容。	◆「ふくよかな味が、食卓を包みます。」（調味料） ◆「あのふくよかな人、と言われ始めたら。」（ダイエット食品）
ふくらむ **【膨らむ・脹らむ】**	膨張して大きくなること。心や期待が高まること。弾むさま。	「キレイがふくらむ、カワイイ投資。」（エイボンカラー／エイボン・プロダクツ　2001年）
ふこう【不幸】	幸せではないこと。不運。かわいそうな。気の毒な。	「いい予備校は、不幸中の幸いです。」（一橋学院　1992年）
ふさわしい **【相応しい】**	その場や物、人に見合い、快く釣り合うこと。似合っているさま。	◆「あなたにふさわしい一邸をお創りします。」（住宅）
ふしぎ【不思議】	不可思議の略。理屈や原因がよく分からず、ぼんやりとした疑問や疑念を抱くさま。探究心や冒険心。考えても答えが分からないが、分からなくても日常生活に特段の支障が生じないこと。	「不思議、大好き。」（西武百貨店1981年） 「身近な不思議にきみも挑戦しよう！」（毎日新聞社 自然科学観察研究会2004年）
ふそく【不足】	必要とする分に足りていないこと。目標値に達していない状態。品薄を詫びる場合や、必要とされるものを満たせない場合に対して警鐘を鳴らす広告でも用いる。	「カロリー不足でお悩みの方々へ。ダイエットペプシより、コカ・コーラライトをおすすめします。」（ダイエットペプシ／日本ペプシコーラ社1992年） ◆「なぜこんなに安いのか、説明不足でした。」（百貨店） ◆「君のヤル気不足に。」（学習参考書）
ぶたい【舞台】	演劇や演奏発表する場。歴史的な出来事が繰り広げられた場所。活躍する場面や、華やかな生活の場の比喩。不動産の広告に好まれる。 → ステージ	「土地は生涯の舞台。」（三井不動産1985年） 「舞台は『丘の上』。」（有楽土地1990年）
ふたたび **【再び・二度】**	再度。繰り返すこと。2回。あらためて何かをすること。「たび（旅）」の音から連想させ、時間を経て再度訪問したい地を表すことが多い。 → -ど	「イザ、フタタビ。」（高速中国ANA／全日本空輸　2003年） 「ふたたび、旅へ。大人二枚。」（大人の休日倶楽部キャンペーン／東日本旅客鉄道　2006年） 「今、ふたたびの奈良へ」（うましうるわし奈良／東海旅客鉄道　2006年）

ふたり 【二人】	①人数が2であること。 → ひとり①	「ひとりより<u>ふたり</u>。」（丸井　1978年）
	②カップル。ペア。夫婦や恋人同士。空間や時間をプライベートに楽しむ大人向けの商品にしばしば用いる。	「幸せになっちゃった<u>二人</u>が勝ちです。」（オーエムエムジー　1985年） 「距離にためされて、<u>ふたり</u>は強くなる。」（シンデレラエクスプレス／東海旅客鉄道　1991年） 「勇気が<u>ふたり</u>を結ぶ。」（ED治療薬／ファイザー製薬〈現・ファイザー〉2000年） 「<u>二人</u>のエゴイズム」（focus／フォード・ジャパン・リミテッド　2001年）
ふつう【普通】	当人が常識や日常だと思うこと。当たり前。期待や想定の範囲内。ノーマル。日常生活のすぐ隣にあるもの。	「<u>普通</u>の理想」（岩田屋　1993年） 「あたらしい <u>ふつう</u>をつくる。」（日本郵政グループ　CI　2007年）
フットワーク 【footwork】	スポーツなどでの足さばき。転じて、物事に対する機敏さ。機動力。	「遊びに<u>フットワーク</u>がいい人には、ひまはなくても@ぴあがある。」（ウェブサイト「@ぴあ」／ぴあ　2001年）
ふとい【太い】	幅が広く大きい。従来のものよりもボリュームがある。食べ応えがある。毛や髪が元気であること。	「<u>太い</u>は旨い。」（太麺堂々／日清食品　2009年） 「スカルプDで、<u>フトイイ</u>人生を。」（スカルプD／アンファー　2013年）
ふところ【懐】	気持ちの余裕。胸。包容力。「懐が深い」で、度量があること。温かく抱かれた状態。転じて、持ち金。家計。個人の経済状態。	「日本の文化と歴史の<u>懐</u>に住む。I feel Japan.」（ルネッサンスタワー上野池之端／サンウッド　東急不動産　2003年） 「こんな私たちのセンスを受け入れてくれるなんて、<u>フトコロ</u>の深い家ね。」（ヘーベル・マイハウス／旭化成ホームズ　2003年）
ふまん【不満】	心が満たされないこと。不平に思うこと。不満足。物足りないさま。	◆「予算で選択肢が狭まるのは、<u>不満</u>だ。」（旅行会社）
ふみだす 【踏み出す】	足を前に出して歩き出す。着手すること。新分野に乗り出すこと。	「<u>踏み出</u>そう、あしたへ。」（震災見舞い広告／野村證券　2011年）
ふやす 【増やす・殖やす】	数や量を増大させる。増殖させる。追加する。プラス。増毛。「殖やす」で、資産を増大させる銀行の広告などによく使われた。 → ふえる	「<u>ふやせふやせ</u>の知恵くらべであります。」（日本長期信用銀行　1988年） 「世界をひとつ、<u>ふやし</u>ましょう。」（講談社　2005年）

	見出し	語釈	用例
あ	**ふゆ【冬】**	秋の次に来る季節。1年のうち、最も寒さが厳しい時期。 → なつ　→ はる	◆「バーゲンが冬を熱くする。」（百貨店）
か	**プライド【pride】**	自分に対する誇り。お高くとまること。自尊心。 → ほこり	「聞くよりそっと引くのが、上司のプライド。」（『現代新語情報辞典』ほか／学習研究社　2001年）
さ	**プラス【plus】**	何かを足すこと。加えること。「プラスな」と形容動詞化することもある。 → マイナス	「誕生日。年齢にプラスされていくのは、自信。」（ローヤルゼリー　基礎化粧品／山田養蜂場　2001年）
た	**ふりかえる【振り返る】**	振り向いて見る。通りすがりのものを再び見て確認する。	「誰もが振り返るクルマを作りたかった。コンパクトカーで。」（プジョー206／プジョー・ジャポン　2005年）
な	**ふりまく【振り撒く】**	多方面に飛散させる。周りの人に快さをまんべんなく行き渡らせる。	「きれいを、ふりまく。」（SALA／カネボウ化粧品　2005年）
	ふりむく【振り向く】	顔を後ろまたは横に向けて何気なく見る。思い返すと。	◆「振り向けば、家族の笑顔がそこに。」（住宅） ◆「美しい髪に、風がふりむく。」（シャンプー）
は	**ふるい【古い】**	昔の。時代遅れ。年月を経たもの。考え方が前時代的。現代的ではない。	「『一生のおつきあい』なんて古いですか。」（三菱銀行　1991年）
ま	**ふるさと【古里・故郷】**	自分の生まれ育った愛着や馴染みのある土地。帰る場所。懐かしさを喚起する心のよりどころ。何かの源流。元。ゆかりのある場所。発祥。	◆「ふるさとの水は、どうしておいしいの。」（飲料水） ◆「着物のふるさとで、着付けを習う。」（カルチャーセンター）
や	**ふれあう【触れ合う】** **ふれあい**	人と人、人と動物などが、互いに触れてコミュニケーションを取ること。交流。文化や芸術、自然などに接してその良さを知ること。接点を持つ。「ふれあう」とひらがな書きにすることが多い。	「私たちはふれあいのある国に住んでいます。」（グンゼ　1987年） 「大好きな人と、ふれあっていますか。」（ニベアクリーム／ニベア花王　2004年）
ら	**フレッシュ【fresh】**	新鮮な様子。目にも新しいさま。 → しんせん	「フレッシュな音が、おいしい季節です。」（FM東京　1981年）
わ	**プレミアム【premium】**	手の届く範囲に価格設定した商品でありながら、ちょっとした優越感・満足感を消費者に抱かせるもの。 → ぜいたく①	◆「プレミアムなこだわりを召し上がれ。」（食品）
	ふれる【触れる】	軽く接触する。接する。出会う。 → さわる	◆「大地のやさしさに、ふれてごらん。」（有機野菜）

見出し語	語義と広告での用法	コピー作品例
プロフェッショナル【professional】	専門家。持っている技能や資格を職業として行使する人。「プロ」と略されることが多い。達人の意でも用いる。	◆「実感して下さい、プロフェッショナルな技。」（家事代行サービス）
フロンティア【frontier】	最先端の。最前線の。まだ開発されていない分野。挑戦者。先駆者。	「エネルギー・フロンティア」（東京ガス CI 2001年）
ぶんか【文化】	ある社会において長年育んできた生活習慣や芸術、宗教、政治、思想、制度などの総体。受け継がれるべき社会的アイデンティティー。カルチャー。	「あそびは愉快な文化です。」（タカラ〈現・タカラトミー〉 1986年） 「日本の文化と歴史の懐に住む。I feel Japan.」（ルネッサンスタワー上野池之端／サンウッド、東急不動産 2003年）
ふんわり	柔らかく膨らんでいる様子。	「ふんわり赤ちゃん肌仕上げへ。」（VISÉE／コーセー 2011年）

へ・べ・ぺ

- ひらがな「へ」とカタカナ「ヘ」は、いずれも「部」の右の部分の草体から出たもの。ローマ字表記は「he」。助詞の「へ」は「e」と記す。
- ［h］音は呼気が軟口蓋に当たって生じる無声摩擦音で、これに［e］の母音を伴った音節が［he］の音である。空気の出る量が多く、耳にした時、納得感や特別感、柔軟性をイメージさせる効果がある。
- 「へ」の濁音「べ」は、ローマ字表記で「be」と記す。［be］音は上下の唇を一旦閉じてから出す有声破裂音［b］に、［e］の音を伴ったもの。
- 「へ」の半濁音「ぺ」は、ローマ字表記で「pe」と記す。音が独特なため、重ねたり、語末に使うと個性を発揮する。
- 五十音図のハ行4文字目。

見出し語	語義と広告での用法	コピー作品例
へ	①ある方向に向かって。ある動作をしたものが向かう先。行く末。「○○に」よりも広がりを感じさせ、広告では多業種のコピーで用いられる。最も一般的なのは「○○へ」で結ぶ形。「○○へ、〜する」といった動詞が付いた形は使われにくい。	「その先の日本へ。」（山形新幹線〈つばさ〉開通／東日本旅客鉄道 1992年） 「まごころは、次の世紀へ。」（髙島屋のお歳暮／髙島屋 2000年） 「もっとうれしい空へ。」（50周年記念／日本航空 2001年） 「名もなき道の向こうへ。」（レガシィアウトバック／富士重工業 2004年） 「ムダの先へ。」（Docucentre Color f450／富士ゼロックス 2004年） 「ようこそ、デジタル一眼レフへ。」（EOS Kiss Digital／キヤノン 2004年） 「今、ふたたびの奈良へ」（うましうるわし奈良／東海旅客鉄道 2006年）

203

			「おいしさ、そして、いのち<u>へ</u>。Eat Well, Live Well.」（味の素　CI　2010年） 「あなたに、もっと寄り添える銀行<u>へ</u>。」（みずほ銀行　2011年）
		②ある対象に向けての呼び掛け。その商品を必要としている人を振り向かせる効果がある。	「カロリー不足でお悩みの方々<u>へ</u>。ダイエットペプシより、コカ・コーラライトをおすすめします。」（ダイエットペプシ／日本ペプシコーラ社　1992年）
は	**へいわ【平和】**	戦争がなく、平穏な世の中であること。心安らかに過ごせる状態。安穏。ピース。	◆「あなたの笑顔が、家族を<u>平和</u>にします。」（鎮痛剤） ◆「受験は、<u>平和</u>だからできる戦争だ。」（予備校）
	へえ	感心や感動、疑問、なるほどと思った時に発する感動詞。へぇー。へー。商品や技術の意外な一面を見た時にも出る声。	◆「<u>へぇ</u>、お金ってこんなに簡単に貯まるんだ。」（銀行） ◆「<u>へー</u>！が1冊につまってる。」（図鑑）
	ベスト【best】	①最も良いもの。最高。最善の状態。 → さいこう	「着（つ）ければ、自己<u>ベスト</u>ボディ！」（SHAPE SENSATION ／トリンプ2013年）
		②ふさわしいもの。ぴったりするもの。	「人と精密の<u>ベスト</u>マッチングを。」（オムロン　2005年）
	ベストセラー【best seller】	最も高い売り上げとなった商品。もともとは書籍のことを指していた。	「<u>ベストセラー</u>から、ロングセラーへ。」（ジニアス／ミサワホーム　2000年）
	へた【下手】	上手ではないこと。巧みでないこと。不器用。間に合わせ。いいかげんで都合の良くないもの。	「<u>ヘタ</u>なカツラをつけるなら、ハゲのままでいい。」（スヴェンソン　1997年）
	べっかく【別格】	形式にとらわれない特別なもの。「格別」と並んで使われることがある。 → かくべつ	「格別な白か。<u>別格</u>な黒か。」（ソリオ／スズキ　2011年）
	べってんち【別天地】	俗世とは隔絶した心地よい場所。 → らくえん	「<u>別天地</u>の別荘地。」（旧軽井沢倶楽部別荘地／ロータスカンパニー　2000年）
	ベビー【baby】	→ あかちゃん	
	へらす【減らす】	減少させる。あるとよくないものを意図的に削減する。	「光熱費を<u>減らす</u>のは、窓です。」（YKK AP　2012年）

へる【減る】	数が減少する。消費する。小さくなる。 → ふえる	「全身を食べるとゴミは減る。」(キューピーマヨネーズ／キユーピー　1993年) 「しょうゆがへるたび、ふえるもの。」(キッコーマン　2011年)
へんか【変化】	ある状態から変わること。流動的なもの。広告では、「変化」と「進化」をペアで用いることも多い。 → かわる　→ しんか	「これは、変化と進化の物語です。」(マイクロソフト　2005年) 「停滞はバッド。変化はグッド。」(earth music&ecology　2012年)
べんきょう【勉強】	①知識や教養を高めるために、努めて学ぶこと。経験を糧にすること。 → まなぶ	「諸君。学校出たら、勉強しよう。」(日本経済新聞／日本経済新聞社　1982年)
	②商品の値段を下げること。	「勉強したわよ」(どどんとバザール／エプソン販売、セイコーエプソン　2012年)
へんしん【変身】	見た目をすっかり変えて別のものになること。商品を使って見違えるような効果が得られること。チェンジ。	◆「休日。パパが変身。」(アパレル) ◆「見えないところが、変身しました。」(自動車)
べんり【便利】	使うことで、手間や時間が大幅に削減されたり、都合が良くなるもの。使い勝手がいい。「ベンリ」と書くと、より手軽な様子を表現できる。	「ひとり分を、ひと束にしました。ベンリでしょ。」(ポポロスパ／はごろもフーズ　2000年) ◆「この便利さは、感動モノ。」(宅配サービス)

- ひらがな「ほ」は「保」の草体から出たもの、カタカナ「ホ」も「保」の終わり3画より。ローマ字表記は「ho」であるが、まれに「fo」を用いる。
- 咽頭の無声摩擦音［h］に、［o］の母音を伴った音節が［ho］の音である。開けた口の奥から呼気が多く出るため、耳にした時、安心感や和やかさ、豊かさや暖かさをイメージさせる効果がある。
- 「ほ」の濁音「ぼ」は、ローマ字表記で「bo」と記す。［bo］音は、上下の唇を一旦閉じてから出す有声破裂音［b］に、［o］の音を伴ったもの。存在感や膨張感、重量感をイメージさせる。
- 「ほ」の半濁音「ぽ」は、ローマ字表記で「po」と記す。軽妙さや燃焼性、突発性をイメージさせる。
- 五十音図のハ行5文字目。

見出し語	語義と広告での用法	コピー作品例
ぼうけん【冒険】	あえて危険なことにチャレンジすること。失敗を恐れずに大胆な行動を取ること。年を重ねても遊び心を忘れないように呼びかけるコピーで用いる。	「本当の冒険は、人生の中にある。」（EXPLORER／フォード・ジャパン・リミテッド　2000年） 「冒険する生活を選びました。」（にっぽん丸／商船三井客船　2002年）
ほうこ【宝庫】	貴重な宝物をしまっておく場所。転じて、何でも揃っていて豊かなさま。	◆「感動の宝庫を旅しよう。」（旅行会社）
ほうこう【方向】	向き。進むべき針路。角度。アプローチの仕方。企業の指針。	「いくつもの方向からあなたを愛しています。」（大和証券グループ　2000年）
ほうじゅん【芳醇】	香りが良く、味わいが奥深いこと。香りや味が豊かなこと。	「とろりと溢れる芳醇な味わい」（巣蜜／山田養蜂場　2011年）
ほうせき【宝石】	希少で美しい鉱石類。宝飾品。高価で誰もが欲しい憧れの比喩。	「宝石すら、嫉妬する。」（Himiko／光岡自動車　2008年）
ほうそく【法則】	ある条件下のルール。秘策。	◆「快適の法則。」（インテリア）
ほうていしき【方程式】	未知数が入った特定の等式。謎を解き明かす鍵。あるものが手に入ればおのずと解決へと導かれる手堅い方法。	「素敵な男の『おしゃれ方程式』。」（イージーメードスーツ2着セール／髙島屋　2005年）
ほうほう【方法】	やり方。手段。アプローチの仕方。ノウハウ。コツ。当該商品を買うことが最良の方策であることを伝える。	◆「食卓をワクワクにする方法。」（調味料） ◆「理想のボディへ、1分で導く方法があります。」（補正下着）
ぼうや【坊や】	小さな男の子。男児。赤ちゃん。	「ボーヤハント。」（VHS-C一体型カムコーダ／日本ビクター　1986年）
ボーイ【boy】	小さな男の子。転じて、少年の心を持つ男性。	◆「夏は思いっきり、あそボーイ。」（遊園地）
ほかにない【他にない】	唯一のもの。比較対象がないさま。同レベルのものは存在しないこと。 → ひるいなき	「このメルセデスは、他にはない"考え方"で、できています。」（A-Class／ダイムラー・クライスラー日本　2000年）
ほがらか【朗らか】	性格が明るく、笑顔を絶やさないさま。気持ちが楽しげな様子。	◆「ほがらか、うららか、春の酒。」（酒造会社）

ぼく【僕】	①男性が自分を指す時に用いる語。男性向けの商品のコピーで、自身の信念を確認するようなつぶやきを発する場面を描くことが多い。少年のように何かに夢中になっている様子も表現できる。専ら漢字で「僕」と表記する。	「ただ一度のものが、僕は好きだ。」（Canon AE-1／キヤノン　1978年） 「僕の君は世界一。」（パルコ　1981年） 「競馬が、僕を呼んでいる。」（高松宮記念／日本中央競馬会　2001年） 「僕は、一粒の薬の力を信じている。」（動脈硬化治療薬／三共　2004年）
	②「僕たち」「僕ら」と表現して、（比較的若い）同志や仲間を指す。	「僕らは、ラケットで会話する。」（ヨネックス　1987年） 「道が僕らを呼んでいる。」（シャレードほか／ダイハツ工業　1990年）
	③男の子。息子としての立場。仮名で「ボク」または「ぼく」と表記することが多い。	「ぼくは、おとこどうしで、はいりたいから、はやくかえってきてください。」（お風呂の日／東京ガス　1987年）
ほくほく	商売がうまく行ってうれしい気持ちを抱いたり、幸福感に浸ったりするさま。	「ホクホク顔に針路をとろう。」（カルピス食品工業　1991年）
ほぐれる 【解れる】	もつれたものが解ける。張り詰めていたものが緩む。打ち解ける。	◆「ほっ。香りで、気持ちほぐれる。」（芳香剤）
ほこり【誇り】	誇らしいと思うこと。誉。自慢。 → プライド	「美しい景観と眺望は、この街の誇りです。」（積水ハウス　1981年） 「意のままに操る、誇り。」（レジェンド／本田技研工業　2004年）
ほころぶ【綻ぶ】	ほころびる。花のつぼみが開き始める。表情が緩む。顔を見せ始める。	◆「笑顔ほころぶ価格です。」（スーパー）
ほし【星】	①夜空に瞬く天体。スター。「星の数」で、数え切れないほどの、の意。	「真昼の星をお目にかけましょう。」（ボーイング727／全日本空輸　1964年） 「星が、星の数ほど。」（西洋環境開発　1991年）
	②地球。環境への関心や貢献を謳う会社のスローガンなどにも使われる。広告では、「この星＝地球（環境）」の使い方が多い。 → ちきゅう	「ようこそ、キミは音楽のある星に生まれたんだよ。」（ハイポジションUX／ソニー　1989年） 「地球をもっとコミュニケーションあふれる星に。」（日立コミュニケーションテクノロジー　2004年） ◆「この星を、もっと笑顔にしたいから。」（石油会社）
	③五角形をかたどったマーク。星印。尖ったものの比喩。	「おいしさ、キラリ☆」（明星食品CI　2010年）

		④評価の目安。星印の数が多いほど優れていると見なされる。	「この星へのやさしさが、三つ星をもらいました。」（ダイハツ工業 2001年）
	ほしい 【欲しい】	①あることをしたり、所有したりしたいと思う欲求。購買意欲。必要だと思うこと。デパートやスーパーのセールの広告に登場する。「ほしいもの」でお目当ての品。	「好きなものしか、欲しくない。」（全館クリアランスセール／大丸東京店 2000年） 「ほしいのは、きれいな水。」（日本ユニセフ協会 2001年） 「ほしいものを まけてほしい。」（「サゲリク」キャンペーン／西友 2011年）
		②動詞に付いて願望や願いを表す。	「わんぱくでもいい たくましく 育って ほしい」（丸大ハム／丸大食品 1970年） 「おしりだって、洗って ほしい。」（ウォシュレット／東陶機器 1982年） 「死ぬのが恐いから飼わないなんて、言わないで欲しい。」（日本ペットフード 2004年）
	ポジティブ 【positive】	前向きで積極的な姿勢。肯定的態度。 → まえむき	「ポジティブな私に、なる。」（オーネット／オーエムエムジー 2000年）
	ほっと	緊張から解き放たれ、のんびり、安心すること。心配事がないさま。英語の「hot」と音を掛けたり、「きっと」「もっと」などの語と併用できる。	「きっと、もっと、ほっと、するさ。」（日本興業銀行 1986年） 「ほっと、もっと、きっと、出光」（出光興産 2005年）
	ほどがある 【程がある】	度を越さないようにする。いいかげんにする。転じて、際限のない良さ。	「いいものにも、ほどがある。」（サッポロブロイ／サッポロビール 2000年）
	ほとばしる	液体などが、勢いよく飛び出すさま。汗がしたたる様子。転じて、精力や思いが弾け出ること。	「その眼光の奥に、ほとばしるパワーを。」（ニューBMW 5シリーズ／BMWジャパン 2000年）
	ほどほど【程々】	ちょうどよい塩梅。ちょうどよい加減。	「働きバチもほどほどに。文春文庫、ブンブン。」（文春文庫／文藝春秋 2000年）
	ほね【骨】	①骨格。身体や家屋、道具などを内側から支えるもの。	「いずれ血となる。骨となる。」（サントリーカルシウム＋アイアン飲料 鉄骨飲料／サントリー 1989年） 「どの国の骨が、いちばん美しいか」（全国牛乳普及協会 1996年）
		②気骨。気概。しっかりしているさま。	「しなやかな骨のある男。」（松屋銀座店 1988年）

ほほ【頬】	ほっぺた。チーク。はじらいや高揚感、血色の良さを表現する顔の部分。	「ほほ ほんのり染めて」（資生堂 1972年）
ほほえむ **【微笑む・頬笑む】** **ほほえみ**	口角をわずかに上げて作る静かな笑顔。微笑。人を落ち着かせる穏やかな表情。楽しく、心豊かなさまを表現する。密かな優越感の象徴。	「心温まる 微笑みを ください。」（ペ・ヨンジュン特集／SKY PerfecTV!／スカイパーフェクト・コミュニケーションズ 2004年） 「女神は誰に 微笑むか。」（J-SPORTS 2013年） 「たのし実。ほほえ実。たらみ」（たらみ CI 2014年）
ほめる【褒める】	素晴らしいこと、偉業を賛美する。ねぎらう。褒美を使わす。普段当たり前にあって評価や感謝をされにくいものの良さや価値を見直すきっかけを与える。努力を賞賛する、の意。 → ごほうび	「疲れた自分を、ほめてあげたい。」（アリナミンA／武田薬品工業 1992年） 「あなたのために 着てきたのに あなたじゃない 人ばかりに 褒められる」（ルミネ 2008年）
ほら	何かに注意を向けさせる時に言う感動詞。広告では、今まで消費者が気づかなかったことを示す時や、「ほら（ね）」で、あらためて意図を確認する際に用いる。	「ほら、出た。今、出た。やっと、出た。」（缶入り煎茶／伊藤園 1985年） 「食べてるあいだに、ほら、ひとり。」（日本宝くじ協会 1985年）
ほりだす **【掘り出す】**	土などに埋まっているものを取り出す。思いがけない品を見つける。	「掘りだそう、自然の力。」（カルビー CI 2006年）
ボリューム **【volume】** 「ボリューミー」は 和製英語。	分量。食べ物などの盛り付け量。特に毛髪の質感や、女性のまつげの太さ・長さ・質量が著しくアップすることを強調する。	「全方位ボリュームマスカラ、ついに誕生。」（ランコム アンプリシル／日本ロレアル 2001年）
ほれぼれ **【惚れ惚れ】**	あるものの魅力に心を奪われ、満足してうっとりする様子。	◆「我が家、ほれぼれ。」（住宅）
‐ほん【本】 （数え方）	細長いものを数える。広告コピーでは、映画や、飲料の瓶や缶を数える場面で登場する。	「やる気にはずみ。この一本。」（リポビタンD／大正製薬 1988年） 「愛情一本」（チオビタドリンク／大鵬薬品工業 1989年）

ほんき【本気】	①真剣なさま。遊びやお試しではなく、真摯に本腰を入れるさま。学習塾や教材の広告では、勉学への意欲を指す。恋愛などに心をすっかり奪われることも意味する。	「京都の約束と、東京の本気。」（東京電力　2005年） 「試着室で思い出したら、本気の恋だと思う。」（ルミネ　2008年） 「趣味なら、本気で。」（EOS 60D／キヤノン　2010年）
	②本領を発揮した状態。素材本来の。実力相応の。主力商品や目玉商品のコピーに使われる。	「龍角散が本気で飴をつくったら。」（龍角散のどすっきり飴／龍角散　2011年） 「これが、本気のバニラ。」（牧場しぼり／江崎グリコ　2013年） 「本気、ダシます。」（マルちゃん 赤いきつねと緑のたぬき／東洋水産　2013年）
ほんしつ【本質】	物事の本来の姿や性質。そのもの。根本的な部分。品質の良さ。 → ほんもの	「保険に、愛という本質を。」（ジブラルタ生命保険　2013年）
ほんじつ【本日】	この日。「今日」の改まった言い方。「本日は晴天なり」をもじったコピーが作れる。 → きょう	「本日は、お日柄のいい仏滅である。」（尼崎市総合文化センター結婚式場 1991年）
ぽんと	物を無造作に置いたり入れたりするさま。栓などが勢いよく抜ける音。	「ポンと一冊、あなたのポケットへ。」（集英社文庫／集英社　2004年）
ほんとう【本当】	①真に。真の。嘘や偽りのない様子。素の自分。「ほんと」と略すことも。「本当」と「ほんと」では、後者の方が多くだけた印象を与える。 → ほんもの	「本当の冒険は、人生の中にある。」（EXPLORER／フォード・ジャパン・リミテッド　2000年） ◆「ほんとの自分を見つける場所。」（学習塾）
	②現実のもの。リアリティー。夢のような値段の比喩。	◆「ウソがホントになる、夢のセール。」（百貨店）
ほんね【本音】	自分の本当の心から出てくる言葉。 → ほんき	◆「妻のホンネに、夫のホンキ。」（住宅）
ほんのり	淡く程よい薄さで、味、香りが付くこと。色などをかすかに染めること。広告では、女性をターゲットにした化粧品などに使う。	「ほほ ほんのり染めて」（資生堂 1972年） 「ほんのーり、しましょ。」（とっておき果実のお酒／サントリー　2000年）
ほんめい【本命】	レースや競走で、1着になると予想される人や馬。そこから、最も有力だと思われているもの。恋愛などで自分の意中の人。最も進学したい学校。	「本命は、甘くない。」（バレンタインキャンペーン／セブン＆アイ・ホールディングズ　2012年） ◆「本命だけでは、対抗できない。」（予備校）

ほんもの【本物】 真実のもの。嘘のないもの。正統なもの。現実味。臨場感。真面目に作った質の高い商品を象徴的に表現することが多い。後発商品や類似商品（ニセモノ）とは異なることを含意して、「ホンモノ」と表記することもある。
→ ほんしつ　→ ほんとう

「限りなく、<u>本物</u>志向。」（ミサワホーム　1990年）

「<u>本物</u>だけをまっすぐあなたへ」（やずやグループ　1999年）

「<u>本物</u>は、美しい。」（大成建設　2001年）

「<u>ホンモノ</u>は、すこし、歴史の味がする。」（龍角散　2011年）

ま

- ひらがな「ま」は「末」の草体から出たもの、カタカナ「マ」は「万」と「末」の初め２画に由来するとも言われる。ローマ字表記は「ma」。
- ［m］音は、両唇を閉じて発する鼻に通じる有声音であり、それに［a］の母音を伴った音節が［ma］音である。音を発している時の口唇の動作が視覚的にも捉えやすいため、乳幼児が初期に習得する音の１つ。安堵感や温かみ、柔軟性をイメージさせる効果がある。
- 五十音図のマ行１文字目。

見出し語	語義と広告での用法	コピー作品例
- まい【枚】 （数え方）	①シャツなどの衣類を数える助数詞。 → - ちゃく	「女性の前で、いきなりシャツ一枚になれますか。」（ウールドレスシャツ／国際羊毛事務局　1990 年） 「一枚のＴシャツを買うよりも　一枚のＴシャツを売ることのおもしろさを知った。」（『デイリー・アン』／学生援護会〈現・インテリジェンス〉1991 年）
	②平面的なものの代名詞。切符、カード、券、金貨、CD、包装紙など幅広いものを指す。特に、液晶テレビやモバイル機器などは本来は「１台」と数えるが、その薄さや絵画のような画面の美しさに例え、広告ではあえて「１枚」と表現することもある。	「大きな夢ほど、VIP 一枚で。」（オリックス VIP ローンカード／オリックス・クレジット　2005 年） 「ふたたび、旅へ。大人二枚。」（大人の休日倶楽部キャンペーン／東日本旅客鉄道　2006 年） ◆「もはや、一枚の腕時計。」（モバイル端末）
マイナス **【minus】**	数や値を引くこと。ものが欠けていること。ネガティブ。年齢や体重、借金の額など、増えるとあまり喜ばしくないものを削る、の意。 → ひく　→ プラス	「美女は、もうマイナスのシンボルになってしまった。」（角川書店〈現・KADOKAWA〉　1976 年） 「『マイナス５才肌』美容液をつけているようなファンデーション」（プリマヴィスタ／花王　2012 年）
まいにち【毎日】	繰り返される日常。日常生活。広告では、企業が消費者の日常に寄り添いながら、より快適な生活を提供する存在であることをアピールする。「毎日が変わる」「新しい／違う毎日」と言い、劇的な変化よりも、小さな変化の積み重ねを約束する。	「四角い毎日　お疲れさん。」（大分むぎ焼酎 二階堂／二階堂酒造　2000 年） 「電気と、ちょっといい毎日。」（東京電力　2005 年） 「自然と調和する こころ豊かな毎日をめざして」（花王　CI　2009 年） ◆「わたしは、まいにち生まれかわる。」（サプリメント） ◆「あなたの毎日を、もっとワクワクに。」（コンビニエンスストア）

マイペース 和製英語	周囲を気にせず、自分のテンポで物事を進めること。のんびりした性格。 → ゆっくり	「**マイペース**で飲もう スタイニーでいこう」（アサヒビール 1964年）
まえむき 【前向き】 **まえむく**	正面を向くこと。広告では、「前向く」で、発展的な思考、およびポジティブで建設的な姿勢を表現する。 → ポジティブ	「いつも**前向き**で行けばいい」（エース保険 2001年） 「**前向く**ために 横道それたい こともあるのよ」（ルミネ 2009年）
まかせる 【任せる】	信頼して委ねる。代行してもらう。 → おまかせ → ゆだねる	「勘定奉行に**おまかせ**あれい」（勘定奉行／オービックビジネスコンサルタント 1997年）
まぎれもない 【紛れもない】	他のものと混同するはずのないもの。正真正銘の。まさに。	◆「この輝きは、**まぎれもない**愛の証。」（宝飾品）
まける 【負ける・敗ける】	①勝負に勝てないこと。相手と力量や才能を比較した時に、自分が下だと感じること。おじけづくこと。広告では、「年齢に負けない」のように、妥協しないことを促すコピーが多い。	「仕事を聞かれて、会社名で答えるような奴には、**負け**ない。」（『ガテン』／リクルート 1998年）
	②失敗。台無し。	◆「クズレタラ、**マケ**。」（化粧品）
	③値引き。	「ほしいものを **まけ**てほしい。」（「サゲリク」キャンペーン／西友 2011年）
まごころ【真心】	真実の心情、相手に対する深い思いやり。ギフトの贈り先への気づかい。「まごころ」と書くことが多い。 → おもいやり → こころ③	「**まごころ**は、次の世紀へ。」（高島屋のお歳暮／高島屋 2000年） 「**まごころ**も、遺伝するのかな。」（キッコーマン 2014年）
まさか	信じられない。受け入れ難い。そんなはずはない。世間の常識や通念を覆す商品の宣伝文の冒頭に添える。	「**まさか**、大人になるとはな。」（大人のきのこの山・たけのこの里／明治 2013年）
まさる 【優る・勝る】	より優れていること。格上。 → かつ	◆「お金に**勝る**経験が得られます。」（求人サイト）
まざる【混ざる】	多種多様なものが溶け合う。混成する。ブレンドすること。	「世界が、**混ざり**合う。」（ダイドーブレンド／ダイドードリンコ 2012年）
まじめ【真面目】	真剣。物事に取り組む真摯な態度。誠実でごまかしがないこと。	◆「自然に**まじめ**なジュースです。」（ジュース）

まずい 【不味い】	①うるわしくないこと。味や見た目が良くないこと。あえてネガティブな表現で目を引くコピーもある。	「まず〜い、もう１杯！」（ケール青汁／キューサイ　1990年）
	②好ましくないこと。気まずい状況や展開になること。やばい。	「アイツは、時間にルーズな奴だと思いこまれつつある。マズイ。マズイ。」（アラームクロックラジオ EZ アラーム／ソニー　1981年）
ますます【益々】	以前にも増して。いっそう。さらに。「増す増す」と掛けて、どんどん増加する、の意味のコピーも作れる。	「最近、ますます、女房です。」（味の素　1984年） ◆「ますます励みたくなりました。」（貯蓄プラン）
またたく【瞬く】	「目たたく」から。上下のまぶたを一瞬接触させる。キラキラする。	「またたく、くちびる。」（ルージュエミール／シャネル　2000年）
まち【町・街】 「町」は住んでいる人の顔が分かるような比較的小規模な範囲を示す。「街」は、都市機能を持った比較的大きい範囲を示す。	人が住んでいる市街。商店や生活のための施設が整っている場所。都会。広告では、生活の場、コミュニティーの意味で「街」と表記することが多い。	「想い出の街。」（岩田屋　1988年） 「今日、私は、街で泣いている人を見ました。」（チョコラBB／エーザイ　1989年） ◆「ネットで買うより、町で評判の店で買いたい。」（商店街） ◆「街を駆け抜ける風になる。」（バイク）
まちがえる 【間違える】 **まちがい**	あるものを、別のものと取り違える。見まがう。誤る。本物や本家の商品に近い水準に達していること。「間違いだらけの〜」で、世の中の常識と思われていることの不確実性を指摘する。	「ビールと間違えるほどのうまさ。」（麦とホップ／サッポロビール　2008年） ◆「間違いだらけの靴選び。」（靴店チェーン）
まちどおしい 【待ち遠しい】	心待ちにして、それまでの時間が楽しくももどかしく感じられる。	「おもちどうさま。」（きなこもち／チロルチョコ　2004年） ◆「試験が待ち遠しい。」（学習参考書）
まつ【待つ】	時間が経てば来るもの、出来上がるものを期待して時を過ごす。待機する。「こんな商品を待っていた」で、消費者の期待感を高める。	「3分間待つのだぞ」（大塚のボンカレー／大塚食品　1972年） 「すべてのまつげが待っていた 全方位ボリュームマスカラ、ついに誕生。」（ランコム アンプリシル／日本ロレアル　2001年）
まっか【真っ赤】	非常に赤いこと。真正の赤。 →あか	「まっ赤な真実。」（カゴメ　1976年） 「真っ赤な情熱の真っ赤って、どんな真っ赤だろう。」（ダイナミクロン／ソニー　1983年）

まっこう 【真っ向】	生真面目に、ひるまず真正面から勝負に挑む心意気を表す。ガチ。	「真っ向サービス」（日本郵政公社　CI　2003 年）
まっしぐら	一目散に。まっすぐに向かうさま。	◆「今夜もお家へまっしぐら。」（酒造会社）
まっすぐ 【真っ直ぐ】	①曲がっていないこと。ストレート。相手に直接、単刀直入にメッセージなどを伝える。	「見つめられることで、まっすぐ伸びていく。」（日本広告審査機構　2005 年） 「ここから、はじまる。まっすぐ、つたえる。」（ちくまプリマー新書／筑摩書房　2005 年）
	②寄り道せずに。一直線に。まっしぐら。「まっすぐ帰りたい／帰りたくない」と表現することが多い。	「今日は、まっすぐ帰る日です。」（東京ガス　1993 年） ◆「まっすぐ帰りたくない美しさ。」（化粧品）
	③正直に。生真面目に。ひたむきに。広告では、専ら「まっすぐ」とひらがなで表記する。老舗ブランドやロングランの商品の変わらぬ気骨を表現する。また、飲料や食べ物が体に直接入り込む様子と掛けて表現する広告コピーも作れる。	「まっすぐの人間だから、よくぶつかる。」（VARIE／西武百貨店　1987 年） 「本物だけをまっすぐあなたへ」（やずやグループ　1999 年） 「私はまっすぐな まっすぐな梅酒です。」（ウメッシュほか／チョーヤ梅酒　2004 年） 「カフェインゼロで、まっすぐしみこむ元気ブレンド！」（アサヒ 十六茶／アサヒ飲料　2009 年）
マッチング 【matching】	取り合わせ。和合。調和。一致。 → ちょうわ　→ ハーモニー	「人と精密のベストマッチングを。」（オムロン　2005 年）
まとう【纏う】	布などを身体に巻きつける。ふんわりと身に着ける。羽織る。	◆「王妃のエレガンスを身にまとう。」（香水）
マナー 【manner(s)】	ある場面において、守ると周囲が快く思える一連の規律。作法。 → ルール	「あなたが気づけばマナーは変わる。」（JT　2008 年）
まなざし 【目差し】	目の見ている方向。目に見る表情。目の感じや印象。目つき。目線。比喩的に、見守るような温かい視線。	「ゆれる、まなざし」（資生堂シフォネット 資生堂スプンレス／資生堂　1976 年） ◆「あなたを想う、まなざしです。」（百貨店）
まなぶ【学ぶ】	何かを手本とする。真似をする。知識を増やす。自分を磨く。予備校などの広告では「勉強する」より「学ぶ」と言うことが多い。 → べんきょう①	「強く学ぶ夏。」（栄光ゼミナール　2000 年） 「学んだ語学をキャリアに変える」（サイマル・アカデミー／サイマル・インターナショナル　2005 年）

あ	**まにあう** 【間に合う】	期限前に実現する。数が限られているものがかろうじて手に入る。広告では、「まだ大丈夫です」という安心感を与える。	「おっと、ウールカーペットなら、まだまにあいます。ミルク、味噌汁、しょう油など。」（ウールマーク・カーペット／国際羊毛事務局 1971年）
か	**まね【真似】**	模倣。広告では、他社に簡単に並ばれるレベルの技術ではないことを謳い、「決して真似されない／できない」と表現する。	◆「決して真似されない形。真似できない音。」（オーディオ機器） ◆「人マネは、きらいだ。」（服飾専門学校）
さ	**まぶしい** 【眩しい】	光線が強く、目を開けて見るのが辛い様子。転じて、笑顔などが弾けて目を細めたくなるさま。	「彼女は眩しい、もん白蝶。」（松屋銀座店 1981年）
た な は	**まほう【魔法】**	摩訶不思議なこと。魔術を行うこと。人々を虜にする魅惑的なもの。マジカル。広告では、夢のような出来事や体験、アミューズメントパークでの楽しさ、服や化粧品などの劇的な効果などを表現する。	「魔法で世界は変えられない」（村田製作所 2002年） 「その魔法には、タネと仕掛けがあります。」（ストレッチパンツ専門店「ビースリー」／バリュープランニング 2012年） 「技術が生みだす魔法。」（新型S-Class／メルセデス・ベンツ日本 2013年）
ま	**ママ【mama】**	子のいる女性。母親。妊婦。「母」よりも親しみを込め、主として幼い子どもの育児に奮闘する母親を指す。 → おかあさん → はは	「Mama loves you.」（味の素 2000年） ◆「ママはいつでもキミの味方。」（乳製品メーカー）
や ら	**-まま【儘】**	事の成り行き、おもむくところに身を任せるさま。ある状態に従うこと。保つ。手直しや改善をしないこと。現状維持や妥協に疑問を投じるコピーも少なくない。消費者の意識を変えようとする。 → このまま → そのまま	「ヘタなカツラをつけるなら、ハゲのままでいい。」（スヴェンソン 1997年） 「このままじゃ、私、可愛いだけだ。」（朝日新聞社 2004年） 「自然のまま、という贅沢。」（おーいお茶 濃い味／伊藤園 2004年）
わ	**まもる** 【守る・護る】	危険や危害が及ばないように防衛すること。ガードする。安全を保障する。ルールに逆らわないこと。広告では、伝統や製法などに対して、かたくなであること。	「守られていると感じる空間。」（ニュー ポロ／フォルクスワーゲン グループ ジャパン 2000年） 「ギフトが守る、あなたの未来。」（冬ギフ党／西友 2011年） ◆「守る、ふやす、攻める。」（貯蓄プラン）

まよう【迷う】	どうしようかとあれこれ思案すること。選択肢や候補商品が複数あって、1つに絞り込めない状況。 → なやむ②	「あの人を、なにを買うかで迷わせたい。」（JCB ギフトカード／JCB 2000年） 「この事実を知ったら、もう迷えない。」（206 Style Premium／プジョー・ジャポン 2004年）
まる 【丸・○】 **まるい** **まんまる**	①円形。球形。比喩的に、円満な様子。合格。正解。適合。「○」で記号的に記すことも。形容詞「まるい」は「まあるい」と母音を入れると円弧をゆっくり描くようなイメージが演出できる。円満なさま。正円のことを「まんまる」と言う。	「はじめての人には、○（まる）がやさしい。」（丸井クレジットカード／丸井 1994年） 「まるを囲もう」（まる／白鶴酒造 2011年） ◆「ほかほか。まんまる。」（肉まん／食品）
	②角がなく、従順なさま。素直。温厚。「丸くなる」で保守的になること。	◆「心も丸くなっていないか。」（スポーツジム）
	③柔らかいこと。柔軟な姿勢や思考を持つこと。	「シカクい頭をマルくする。」（日能研 CI 1986年）
まるかじり 【丸齧り】	あるものを、そのまま頬張ること。転じて、手短に全部味わいつくすこと。	「秋色まるかじり。」（紀文 1980年）
まるごと 【丸ごと】	①あるものを、切り分けたりせずにそのままの状態で扱うこと。	「ビルを、まるごと、心地よくする。」（三菱電機ビルテクノサービス 2004年）
	②全部ひっくるめて。余すところなく。	「一冊まるごとモードなサプライズがいっぱい！」（月刊『シュプール』／集英社 2004年）
マルチ【multi】	多面的な、複数の、を意味する接頭語。広告では、「いろいろ」「多彩に」の意で用いることが多い。	「あっちこっちにマルチに書けるボールペンです。」（マルチボールペン／パイロットコーポレーション 2004年）
まろやか 【円やか】	味わいが穏やかで、コクとうまみ、とろみなどがあるさま。音楽が耳に心地良い場合や、化粧水などが肌にやさしい場合などにも用いる。	「まろやかな熟成の味。」（黄桜酒造 1982年） 「ひときわのまろやかさ」（黄桜酒造 1987年）
まわる【回る】	回転する。あるものを軸に物事が進む、展開する。	「映画で世界は回ってる。」（月刊『タイトル』／文藝春秋 2004年）
まんかい【満開】	花がすべて開いている様子。華やかな盛り。たけなわ。 → さく①	「街、満開。」（小田急電鉄 1979年） ◆「笑顔も満開です。」（入学用品セール）
まんきつ【満喫】	満足するほどに楽しみ味わうこと。	◆「銀世界、満喫。」（スキー場）

見出し語	語義と広告での用法	コピー作品例
まんぞく【満足】	何かをしたいという欲求が十分に満たされること。また、「これで十分」と思うこと。転じて、妥協。否定形や疑問形で使うこともある。	「満足が建つ。」（積水化学工業　1981年） 「『朝日新聞』で納得してますか。『文藝春秋』で満足してますか。」（月刊『論座』／朝日新聞社　2000年）
まんタン【満タン】	タンクが満杯になる、の意。ガソリンを容量いっぱいに入れること。	「ココロも満タンに」（コスモ石油　CI　1997年）
まんてん【満点】	欠点がなく、すべての点が満たされていること。100％。完璧。	「好奇心、一〇〇点満点。」（学習研究社　1991年）
まんなか【真ん中】	物の中心。核心。中央部分。囲まれたところ。センター。「ど真ん中」とも。	◆「感動のど真ん中へ！」（野球場）

- ひらがな「み」は「美」の草体に由来の、カタカナ「ミ」は「三」の草体から出たものである。ローマ字表記は「mi」。
- ［m］音は、両唇を閉じて発する鼻に通じる有声音であり、それに［i］の母音を伴った音節が［mi］の音である。美しさやかわいらしさと併せ、充実感や先進性をイメージさせる効果がある。
- 五十音図のマ行2文字目。

見出し語	語義と広告での用法	コピー作品例
み【実】	果実。フルーツ。比喩的に、物事の成果や実績。	「たのし実。ほほえ実。たらみ」（たらみ　CI　2014年）
みあげる【見上げる】	①顔を上げて、上の方を見やる。顔を上げる。	「すべてのタワーは、ここを見上げる。」（TAKANAWA The RESIDENCE HILL TOP TOWER／東京建物ほか　2004年）
	②あるものに対して感心する。尊敬の念を抱く。誇らしく思う。	「見上げた我が家だ。」（ビエナ／積水ハウス　2002年）
みえかた【見え方】	何かに対する視点。分析する方法。捉え方。	「今日、スポーツの見え方が変わる。」（月刊『バーサス』／光文社　2004年）
みえる【見える】	①目に映してその姿を捉えることができる。見た目がこのようである。→みる①	「愛とか、勇気とか、見えないものも　乗せている。」（九州旅客鉄道　1992年）
	②頭の中に思い描く。イメージする。心の目に映して想像するという意でも用いる。	「私たちには見えます。熱狂的なスタンディングオベーションが。」（マイクロソフト　2004年）

	③見通す。先を読む。現実的になる。手に取るように分かる。視野に入る。	「ひとつ上が、見えてくる。」（河合塾 2009年） ◆「読めば、見えてくる。」（新聞）
みがく 【磨く・研く】	①研磨してなめらかにする。ブラシや布などでこすってきれいに仕上げる。歯磨きの広告でよく用いる。	「よく学び、よく遊び、よく磨こう。」（サンスター 2000年） 「甘い恋、かじったら、しっかり磨こうね。」（サンスター 2000年）
	②よく鍛錬や手入れがされ、質や見栄えが良くなること。本質を高めること。「人を磨く」で洗練や、ブラッシュアップの意。 → きたえる	「時、人を磨き。人、味を磨く。」（ネッスル日本 1983年） 「花は人を磨きます。」（近畿日本鉄道 1988年） 「ハミガキって、自分磨きだ。」（オーラツー／サンスター 2013年）
みかた【味方】	ある人やグループを自分の仲間だと見なし、その側に立って、主義主張を尊重したり、利害を守るために闘う準備をしてくれる存在。	「いわゆる、キミの味方になれそうだ。」（セゾンカード／西武クレジット 1983年） 「当社は親の味方です。」（住友林業の二世帯住宅／住友林業 1987年）
みごと【見事】	目を見張る素晴らしいもの。あっぱれなもの。「美事」と当てることもある。	「美事（みごと）を贈る 髙島屋のお歳暮」（髙島屋 2006年）
みじゅく【未熟】	十分に果実などが熟していないさま。転じて、まだ人生の経験や技芸の習得が十分にできていないさま。	「ずっと未熟でいたい。」（アンバランスのパソコンゲーム／アンバランス 2000年）
みず【水】	水分。液体。H$_2$O。蛇口から出る水道水。生活用水。飲料水。ミネラルウォーター。強い酒の割り材。	「女は三度、水を流す。」（音姫／東陶機器 1990年） 「山の神様がくれた水」（サントリー南アルプスの天然水／サントリー 1995年） 「ほしいのは、きれいな水。」（日本ユニセフ協会 2001年） 「スーッとしみこむＣの水。」（C1000レモンウォーター／ハウスウェルネスフーズ 2013年）
みずみずしい 【瑞々しい】	水分をたっぷり含んでいて張りがあるさま。新鮮で勢いのあるさま。 → ジューシー	「みずみずしい夢ひとつふたつ」（三井ホーム 1991年）
みせる【見せる】	相手に見えるようにする。人々の目に触れさせて、実感させる。 → みる	「あなたに見せたい地球がある。Realize your dreams」（IHI CI 2012年）

あ	みせる【魅せる】	魅了すること。素晴らしいと陶酔させること。惹き付けるさま。「見せる」と「魅せる」が同じ音のため、広告で対比させることが多い。	◆「魅せるデザイン、見せないエコロジー。」（家電） ◆「目にもの、魅せる。」（アイシャドー／化粧品）
か	みたいけん【未体験】	いまだ身をもって経験していないこと。まだ知らぬ魅惑的な世界。 → たいけん	「しっとり包まれた未体験のおいしさ。」（クレープグラッセ／ハーゲンダッツ ジャパン　2011 年）
さ	みたす【満たす・充たす】	充満させる。あるものでいっぱいになるようにする。あふれるほど入れていく。埋める。満足感、充足感も意味する。 → みちる	「クラスの空白を満たす、ふたつとない存在。」（NEW BMW1 シリーズ／BMW ジャパン　2004 年） 「その肌を光で彩る。白で満たす。」（ブラン エサンシエル コンパクト／シャネル ジャパン　2005 年）
た	みち【道・路】	①人や乗り物、獣などが行き来する筋。地図上の経路。	「道の数だけ、日本がある。」（週刊『街道をゆく』／朝日新聞社　2005 年）
な		②道路。路面。主に車道を指し、自動車やタイヤのコピーに使われる。カーナビゲーションのコピーにも用いる。「道」と「未知」と掛けて見果てぬロマンを演出することもある。	「道が僕らを呼んでいる。」（シャレードほか／ダイハツ工業　1990 年） 「名もなき道の向こうへ。」（レガシィ アウトバック／富士重工業　2004 年）
は		③自分が進む方向。進路。極める分野。信じた方面へと歩みを進めること。	「自分の道を、歩くのだ！」（ジョージア／日本コカ・コーラ　2005 年）
ま		④歩みたどるもの。条理。究極的な。	「いつか夢で見た道と、いつか夢で見る道と。」（大分むぎ焼酎 二階堂／二階堂酒造　2001 年）
や		⑤方法。手段。手立ての意味。具体的には、財産を増やす方策。	「1 万円が、1 万円の価値を持つ道がある。」（新生銀行　2001 年）
ら	みちか【身近】	親しみがある。身の回り。自分に関係していて、他人事とは思えないこと。すぐそばにある。手近い。手軽な。	「身近な不思議にきみも挑戦しよう！」（毎日新聞社 自然科学観察研究会 2004 年）
わ	みちびく【導く】	あるものをいざない、手を携えて案内する。指導する。指南する。	「南山大学の DNA が世界へ導いてくれました。」（南山大学　2001 年）
	みちる【満ちる・充ちる】	充満している。喜ばしいことでいっぱいになっている。隅々まで。細部まで。満足。欠けたところがないさま。「満ち足りる」で欲求が満たされ、幸せな気分に浸る、充足する、の意。 → みたす	「気品、賛辞に満ちて。」（積水ハウス 1981 年） 「満ち足りて丘の上に。」（有楽土地 1991 年） 「ピアノ。すべてに、メルセデスが満ちている。」（Viano ／ダイムラー・クライスラー日本　2004 年）

みつける **【見付ける】**	探し当てる。目に留まる。情報量の多さや選択肢の多彩さを誇るサービスや商品をアピールする。 → はっけん	◆「見つけよう、あなたの旅。」（旅行会社） ◆「見つけたもの勝ち。」（検索エンジン）
みつめる **【見詰める】**	じっと視線を送る。視線をずらさずに凝視する。見極める。見守る。広告では、人がじっと注目することを表す。世間の視線にさらされる、の意を含む。 → みる②	「ラベルを見つめていると、シルクロードを疾駆する騎馬民族の蹄の音が聞こえてくる。」（キリンビール1980年） 「見つめられることで、まっすぐ伸びていく。」（日本広告審査機構　2005年）
みとおす **【見通す】**	行く末や将来などを推測して、見抜く。人の心を察する。	◆「未来を見通すキャリアがほしい。」（専門学校）
みどり【緑】	みずみずしい草木や葉の色。転じて、住環境などに自然が多いこと。天然素材。不動産会社のコピーで好まれる。	「汗まで緑。」（富士桜高原／富士観光開発　1979年） 「緑を着る家。」（積水ハウス　1990年）
みにつく **【身に付く】**	学問や技芸を習得した状態。習慣ができている。自分の糧となること。	◆「グローバルな視野も身につきます。」（語学学校）
みのる【実る】 **みのり**	果実や穀物などが成熟して実をつける。転じて、努力が結果を生むこと。	◆「人生みのりの旅をご夫婦で。」（旅行会社）
みまもる **【見守る】**	問題が起こらないように、じっと見て観察する。	「健康をやさしく見守るオムロンです。」（オムロン　1992年）
みみ【耳】	音を聞く器官。聴覚をつかさどる部分。特にラジオを聞くこと。音に対する感覚。サウンド。「耳より」で、聞き逃せないお得なもの、の意。	「耳がある。音はどうする。」（J-WAVE　2005年） 「81.3FMで、平日の耳はユニークになるのか？」（J-WAVE　2005年）
みゃくみゃく **【脈々】**	心臓が鼓動を続けるように、静かに、かつ確実に受け継ぐ様子。	◆「和のこころ、脈々。」（食品メーカー）
みやび【雅】	洗練されていて、日本的なあでやかさ、華やかさがあること。優美。	◆「MIYABIな私を見てください。」（呉服店）
みらい **【未来】** 広告に最も好まれて使用される語の1つ。企業がこれから先を見据えて、商業活動や研究開発を行っていく姿勢を示すのに適している。	①まだ起こっていないこと。これからやってくるもの。この先。いまだ誰も知り得ないこと。フューチャー。広告では「未来へ」の形が多い。過去や現在とは異なる時間。予定を書き込む手帳のコピーにも使われる。 → あした②　→ かこ①	「次へ、明日へ、未来へ。」（野村證券グループ　2003年） 「未来を書くのは、いつだって、自分だ。」（NOLTY/能率手帳／日本能率協会マネジメントセンター　2011年） 「未来がはじまるよ。」（手帳は高橋／高橋書店　2014年）

あ
か
さ
た
な
は
ま
や
ら
わ

表記は「未来」が最も多く、「みらい」「ミライ」が続く。（ひらがなは地名や施設名を連想させやすい。）外国人は「Mirai ミライ」と「Samurai サムライ」の音が似ていると感じる人が多く、好まれる日本語の1つ。

②社会の（明るい）行く末。前向きな将来像。「未来を／は〜する」が典型表現で、企業広告やスローガンに使われる。

「未来ヲ奏デル。」（若築建設　2004年）

「人輝く、食の未来」（ニッポンハムグループ　CI　2005年）

「未来は、ミルクの中にある。」（雪印メグミルク　CI　2011年）

「未来を見るメガネ。」（JINS　2011年）

「世界一を、未来の力に。」（スーパーコンピュータ／富士通　2011年）

③人の将来。「私／あなたの未来」の形で、保険会社の広告などに使われ、豊かで穏やかな余生、具体的には老後を示唆する。

「あなたの未来を強くする」（住友生命保険　CI　2011年）

「ギフトが守る、あなたの未来。」（冬ギフ党／西友　2011年）

「みらい創造力で、保険は進化する。」（日本生命保険　CI　2012年）

④成長した姿。その先のもの。近い将来の自分。顛末。何年も先の健康。

「母は、娘の美しい未来であってほしい。」（TIFFANY & Co.　2003年）

「ひとくちから、未来を考える。THINK GREEN KAGOME」（カラダNEXT／カゴメ　2012年）

⑤個人の今後のキャリアや可能性。具体的には、より高い学歴や習得した専門性。学力的ステップアップ。「将来」が一個人の成長した姿を指すのに対し、「未来」は社会全体に貢献できる人の姿を強調する。そのため、教育産業や学校関係のコピーには「未来」が好まれる。
→ しょうらい

「私の未来は、駿台から。」（駿台予備学校　2004年）

「私たち大人が変われば、子どもが変わり、未来が変わります。」（公文教育研究会　2005年）

◆「なりたい未来へ、ステップアップ！」（専門学校）

◆「動く人は、未来を動かす。」（大学）

⑥この先期待される（企業の）技術的な進歩。目指す技術の方向性。メーカーのコピーやスローガンに目立つ。「未来をつくる」「未来に行く／なる」「未来を動かす／変える」などが典型表現。企業が目指すゴールやビジョンを描く。

「森のちからを、未来のちからに。」（住友林業　CI　1998年）

「未来工房。アルプス電気。」（アルプス電気　1998年）

「未来を、動かそう。」（石川島播磨重工業、新潟トランシス　2002年）

「愛さずにはいられない未来へ。」（ダイムラー・クライスラー日本　2004年）

「未来制作中」（村田製作所　2005年）

「未来の空が、はじまるよ。」（JAL ICサービス／日本航空　2005年）

		「目指してる、未来がちがう。」（シャープ　CI　2010 年）
		「いっしょに未来へ行こう。」（住友林業　2011 年）
	⑦将来も住み続ける場所や建物。開発を続ける土地。	「みらいをむすぶ」（多摩モノレール　CI　2003 年）
みりょく【魅力】	人を惹き付ける力。目を奪うような、うるわしい特徴を備えているさま。	◆「魅力的な人ねって言われたい。」（カルチャースクール）
みる 【見る・観る】	①目に映してその姿を捉える。目にする。目に入る。目撃する。 → みえる　→ みせる	「見られたくないから、コートを着る。見せつけたいから、コートを着る。」（オンワード樫山　1981 年） 「野菜を見ると、想像するもの。」（キユーピー　1997 年）
	②見据える。見通す。メガネを通してじっと見る。 → みつめる	「冷静に、次を、見る。」（和光証券　1990 年） 「おーい人間。何をみているの。」（アイラブメガネ／ドクターアイズ　2004 年） 「未来を見るメガネ。」（JINS　2011 年）
	③映画などを観賞する。動画やテレビ番組を観る。	「みる、きく、芽ばえる。」（NHK テキスト／日本放送出版協会　2005 年） 「見るほどに、新しい出会い。WOWOW」（WOWOW　CI　2011 年）
みわく【魅惑】	惹き付けて、人を惑わす力があるもの。神秘的で強い魅力のあるさま。 → きんだん	「しっとり濃厚に大人の苦み香る魅惑の食感。」（シェリエドルチェ とろける生ティラミス／サークルKサンクス　2011 年）
みんぞく【民族】	歴史的・文化的に共通意識を持つ人間の集まり。転じて、同じ目的や主義を持っている社会的集団やそれらが持つ特徴。実在の民族名をもじった名詞句をコピーに使う手法もある。	「漢字民族には近視が多い、という説。」（オールジャパンメガネチェーン　1980 年） 「ハングリアン民族」（カップヌードル／日清食品　1985 年） 「民族の物語です。」（宝焼酎「純」／宝酒造　1987 年）
みんな【皆】	①すべて。一人ひとり全員に。社会や消費者全体。あまねくすべての人に。専ら「みんな」とひらがな書きにする。	「みんながみんなを呼んでいる。」（特別区競馬組合　2005 年） 「みんなに笑顔を届けたい。」（江崎グリコ　CI　2010 年）

②大衆。消費者の大多数。支持している人たち。	「みんなのヒトミがトマト色に輝く」（デルモンテ・トマトケチャップ／キッコーマン　1990年） 「milky smile みんなを笑顔に！」（ミルキー／不二家　2014年）	
③誰もが。例外なく。大抵。	「ソ、ソ、ソクラテスかプラトンか みんな悩んで大きくなった」（サントリーウイスキーゴールド900／サントリー　1976年） 「みんなが勝てたら、ええのにねェ。」（カゴメ野菜ジュース／カゴメ　1978年） 「いろんな命が生きているんだな〜 元気で。とりあえず元気で。みんな元気で。（トリスウイスキー／サントリー　1981年）	
④注目を集めるために、群衆に呼びかける言葉。	◆「みんな、元気に歩きましょう。」（軟骨用サプリメント）	

- ひらがな「む」は「武」の草体に由来の、カタカナ「ム」は「牟」の初め2画を取ったもの。ローマ字表記は「mu」。
- ［m］音は、両唇を閉じて発する鼻に通じる有声音であり、それに［u］の母音を伴った音節が［mu］の音である。湿感や温かみ、親和性をイメージさせる効果がある。
- 五十音図のマ行3文字目。

見出し語	語義と広告での用法	コピー作品例
むかう【向かう】	あるものに対して、顔や体を正面に向ける。目指す。近づく。目標にする。	「目標は高く。志は高く。自分のいちばんに向かって。Aim High（エイム ハイ）！」（河合塾　2005年）
むかし【昔】	かなり時間が経過した過去。現在とはまったく異なる古い時代の社会や生活。歴史上の出来事。	◆「つながりやすさは昔の話。」（通信会社） ◆「昔の人は偉いなぁ。」（博物館）
むきあう【向き合う】	顔を互いの方へ向ける。直視する。膝を交えてじっくり話すこと。	◆「健康と向き合っていますか？」（食品メーカー）
むげん【無限】	限りのないこと。限界や制限がないこと。「∞」と記号で書くこともある。	「ゆとり、無限大。」（日本ダイナースクラブ　1990年）

むこう【向こう】	自分が進んでいる方向の先。話している相手の電話口。何かを越えていった方向にあるもの。 → さき③	「電話のむこうはどんな顔。」（日本電信電話公社　1978年） 「名もなき道の向こうへ。」（レガシィ　アウトバック／富士重工業　2004年）
むし【虫】	①昆虫などの総称。「無視」と掛けたコピーも作れる。	「ま、虫も殺さぬ顔をして。」（大正殺虫ゾルなど／大正製薬　1983年）
	②何かをやたらにしたがる人。「○○の虫」で夢中になっているさま、「虫のいい」で都合の良いこと。	「できれば、あなたと、くっつき虫。」（岩田屋　1986年）
むすこ【息子】	親から見た男の子ども。せがれ。広告では、父親との対峙を描く切り口が多い。	「うちの息子は厳父と岳父の違いも知らない、愚息だ。」（福井商事〈現・ライオン事務器〉　1975年） 「息子よ、これが父さんの暖かさだ。」（東京ガス　1983年）
むすめ【娘】	親から見た女の子ども。そこから、および若かった女性も指す。「あの娘（こ）」のように読むことも。広告では、キャンペーンや商品、商店の顔となる女性を指す。 → おんなのこ　→ じょし	「トースト娘ができあがる。」（スカイホリデー沖縄／全日本空輸　1980年） 「むすめのはだかは、しまっておきたい。」（シャンプードレッサー／東陶機器　1990年） 「娘よ、母より美しくなれ。」（東陶機器　1991年）
むだ【無駄】	余計なもの。何もしないで無為に過ごすこと。無益。	「ムダの先へ。」（Docucentre Color f450／富士ゼロックス　2004年）
むちゅう【夢中】	没頭して時間や我を忘れること。熱中。とりこになる。のめり込むさま。「宇宙」と音を掛けたコピーも作れる。	◆「夢中遊泳。」（プール） ◆「キミの夢中は勉強にある。」（学習塾）
むてき【無敵】	力や影響力が絶対的で、相対するものが存在しないこと。最強、最良。「素敵」と韻を踏む形で、完璧なファッションや化粧の形容にも使われる。	「肌がきれいなら、女は無敵。」（マキアージュ／資生堂　2013年） ◆「無敵の保障で、素敵なくらし。」（保険プラン）
むね【胸】	①胸部。チェスト。胸ポケット。	「男の胸は、カサバランカ。」（3.9ミリカード電卓／キヤノン　1978年）
	②女性の乳房。おっぱい。服および下着の広告などに登場する。	「女の胸はバストといい、男の胸はハートと呼ぶ。」（マッケンジー／オンワード樫山　1974年） 「胸の話となると、みんなむき出しなんだから。」（fine? プロジェクト／グンゼ　2000年）

あ
か
さ
た
な
は
ま
や
ら
わ

	③「胸を張る」で、誇りに思う、堂々と振る舞う、の意。	「みんな胸はる春。」(パイロット萬年筆／パイロットコーポレーション　1984年)
	④気持ち。心。秘めた思い。情熱を秘めている場所の比喩。 → ハート③	「女性の胸が目をさます。」(ハクビ京都きもの学院　1981年) 「胸の高鳴りが、すべてを説明してくれた。」(新型 CLK-Class ／ダイムラー・クライスラー日本　2002年)
むり【無理】	やってもできない状態。実現が困難なこと。不可能。	◆「買わずにいるなんて、無理。」(百貨店セール)

- ひらがな「め」は「女」の草体に由来の、カタカナ「メ」も「女」の字の末2画。ローマ字表記は「me」。
- ［m］音は、両唇を閉じて発する鼻に通じる有声音であり、それに［e］の母音を伴った音節が［me］の音である。伸びやかさや先見性、若々しさをイメージさせる効果がある。
- 五十音図のマ行4文字目。

見出し語	語義と広告での用法	コピー作品例
め【目・眼】	①物を見たり光を感じるための、顔にある器官。視界。 → ひとみ	「目がつぶれるほど、本が読みたい。」(角川書店〈現・KADOKAWA〉1984年)
	②アイシャドウを塗る目の周りの部分。特にまぶた。化粧品の広告で用いる。	「ボンジュールお目目さん」(ジョゼ／カネボウ化粧品　1975年) 「キッスは目にして、ぽぉ！」(レディ80／カネボウ化粧品　1981年)
	③比喩的に、ものを見る洞察力。視線。着目点。消費者の厳しい判断基準。「確かな目」や「目が高い」「目の付けどころ」のような慣用句を基にしたコピーも作成できる。	「確かな目に挑戦します。」(日立キドカラーでかでか26・コンピューター白くま／日立家電販売　1978年) 「お目がたかい。」(日本債券信用銀行1988年) 「目のつけどころが、シャープでしょ。」(シャープ　CI　1990年)
	④「目を覚ます」で、潜在的な力や特徴が表に出る、の意。 → めざめる	「あなたのカラーが、目を覚ます。」(ニュービートル EZ ／フォルクスワーゲン グループ ジャパン　2004年)

め【芽】	植物の種や球根から最初に出る葉や茎になる部分。転じて、これから伸びる成長点のこと。可能性。	「小学一年生の書く土からは、スクスクいろんな芽が出てきそうだなあ。」（出光興産　2001 年）「生まれてくる音楽の芽を摘まないで！」（日本レコード協会　2005 年）「みる、きく、芽ばえる。」（NHK テキスト／日本放送出版協会　2005 年）
めいき【名機・名器】	格調の高い、名だたる陶芸品や楽器。転じて、素晴らしい機器。	「名機の資格。」（ニコン D80 ／ニコン 2006 年）
メーク【make-up】	化粧を施すこと。化粧品。形を保つ。ボディーラインを整える。	◆「着れば自信のボディメーク。」（補正下着）
めいさく【名作】	すぐれて有名な作品。すたれないもの。→ けっさく	◆「オーディオの、名作です。」（オーディオ機器）
めいわく【迷惑】	ある人や物が及ぼす影響により、別の人が不愉快に思ったり、困惑した状況に陥ること。	「カゼは、社会の迷惑です。」（ベンザエース D 錠／武田薬品工業　1983 年）
めがみ【女神】	女性の神。美や勝利の象徴。→ かみさま	「女神は誰に微笑むか。」（J-SPORTS 2013 年）
めぐみ【恵み・恵】	自然界などから与えられたもの。天からの贈り物。恩恵。素材の優れた面。	「天から、地から、尽きぬ恵みを。」（ベネフィーク／資生堂　2005 年）
めくる	紙や布の端を指で持ち上げて、翻すこと。はがす。「めくるめく」と音が類似しているので、「ページをめくる」を「わくわくするような展開になる」の意で用いることができる。	「新聞を、急いでめくっていませんか。」（近畿日本鉄道　1992 年）「ページをめくれば、懐かしい日本を巡る旅。」（週刊『日本の町並み』／学習研究社　2004 年）
めぐる【巡る】めぐり	決められた範囲を順序立てて回ること。循環。季節の訪れ。「巡り」で、体の中のサイクルや代謝を指す。	「旋律は繰り返す。生命がめぐるように。」（朝日新聞社、ホクレン　2004 年）「巡りのいい女」（からだ巡茶／日本コカ・コーラ　2009 年）
めざす【目指す】	ある方向を当てにして進む。企業の進むべき方向を謳うスローガンなどによく見られる。具体的な商品の方向性を示すコピーもある。	「目指してる、未来がちがう。」（シャープ　CI　2010 年）◆「豊かで安心な街づくりを目指して。」（不動産会社）
めざめる【目覚める・目醒める】めざめ	眠っていたものが目を覚ます。起きる。隠されていた潜在能力や特徴が表に出る。覚醒する。→ め【目】④	「すべてのまつげよ目覚めなさい。」（ランコム 新世紀マスカラ マニフィシル／日本ロレアル　1999 年）◆「毎朝の、目覚めが違う新習慣。」（サプリメント）

見出し語	語義と広告での用法	コピー作品例
めちゃめちゃ【滅茶滅茶】	ひどく乱れて、整然としていないさま。転じて、度合いが著しいさま。とんでもなく。非常に。	「雪国もやしは<u>メチャメチャ</u>高いから、みんな絶対買うなよ！」（雪国もやし／雪国まいたけ　2006年）

- ひらがな「も」は「毛」の草体に由来の、カタカナ「モ」も「毛」の初め1画の省略形から。ローマ字表記は「mo」。
- ［m］音は、両唇を閉じて発する鼻に通じる有声音であり、それに［o］の母音を伴った音節が［mo］も音である。豊かさや安定性、包容力をイメージさせる効果がある。
- 五十音図のマ行5文字目。

見出し語	語義と広告での用法	コピー作品例
もうしわけない【申し訳ない】	お詫び。「恐縮するほど」「○○するのもはばかられるが」の意。	「<u>申し訳ない</u>がキモチイイ。」（エリエール／大王製紙　2001年）
もうれつ【猛烈】	力や勢いが非常に激しく強いこと。脇目も振らず猛然と何かをする様子。	「<u>モーレツ</u>からビューティフルへ」（富士ゼロックス　1970年）
もえる【燃える】	燃焼する。炎が立つ。明るい光を放つ。真っ赤。何かに強く情熱を注ぎ込み、魂に火がついたように高揚するさま。	「<u>燃える</u>ように咲きたい八一夏。」（全館フラワーパレード／髙島屋　1981年） ◆「新学年、<u>燃え</u>て高みへ。」（予備校）
もくげき【目撃】	重要な出来事や事件、事故、スポーツの試合などを目の当たりにすること。	「<u>目撃</u>せよ。」（J-SPORTS CI 2013年）
もくひょう【目標】	努力するための具体的達成点。エイム。目指すもの。志。	「<u>目標</u>は高く。志は高く。自分のいちばんに向かって。Aim High（エイム ハイ）！」（河合塾　2005年）
もつ【持つ】	手の中に携える。持参する。所有する。特長を有する。	「気軽になるから<u>持っ</u>て行く。」（JCBカード／JCB　1982年） 「1万円が、1万円の価値を<u>持つ</u>道がある。」（新生銀行　2001年） 「その男たちは、自分だけの『顔』を<u>持っ</u>ていた。」（3KEYS LEGACY／富士重工業　2001年） 「<u>持つ</u>ことが、ゆとり。」（オリックスVIPローンカード／オリック・クレジット　2003年） 「オフィスを<u>持ち</u>歩く、というスタイル。」（NECモバイルソリューション／日本電気　2004年）

もったいない【勿体ない】	せっかくある物や機会を活用せずに無駄にしてしまい、それを惜しいと思うこと。台無しにしたくない。広告では、せっかくの持ち物や機会を無駄にしないために、自社の商品を活用してほしいと訴える。	「ヤミクモな勉強法で、ヤミクモな出費。実に<u>もっ</u>たいないことです。」（Z会の通信教育／Z会　2001年） 「<u>もっ</u>たいない。電波はＴＶの中まで来てるのに！」（SKY PerfecTV! ／スカイパーフェクト・コミュニケーションズ　2005年） 「このしなやかな髪、しばっちゃうのが <u>もっ</u>たいない。」（アジエンス／花王　2011年）
もっと 「もっと²」のように記号的に表記して「もっともっと」と読ませたり、「きっと」「ずっと」「ほっと」「さっと」「ハッと」などの促音を含む語と韻を踏ませたりする手法が使える。	商品やサービスの数を増やしたり、いっそう強化したりすることを求め、煽る言葉。消費者の安心や満足のために努力を重ねる意味でも用いる。より高い度合いで。いっそう、さらに。より。口語調になるため、消費者との距離を縮め、くだけた雰囲気を演出する効果もある。「もっともっと」と重ねて消費者の気持ちや欲求を押し上げることもできる。	「きっと、<u>もっ</u>と、ほっと、するさ。」（日本興業銀行　1986年） 「<u>もっ</u>と²」（東日本旅客鉄道　1990年） 「次の手も、<u>もっ</u>と新しい。」（長谷工不動産　1991年） 「<u>もっ</u>とうれしい空へ。」（50周年記念／日本航空　2001年） 「<u>もっ</u>と！あしたのもと」（味の素　2004年） 「あなたには、<u>もっ</u>とセクシーになる権利がある。」（カロヤンガッシュ／第一製薬　2004年） 「地球を<u>もっ</u>とコミュニケーションあふれる星に。」（日立コミュニケーションテクノロジー　2004年） 「ほっと、<u>もっ</u>と、きっと、出光」（出光興産　2005年） 「家を買った後も <u>もっ</u>ともっと楽しんで欲しいから。」（新生銀行　2005年） 「明日を<u>もっ</u>とおいしく」（明治ホールディングス　CI　2009年） 「乾杯を<u>もっ</u>とおいしく。」（サッポロビール　CI　2010年） 「あなたに、<u>もっ</u>と寄り添える銀行へ。」（みずほ銀行　2011年）
もてなす	よそから来た人を歓待する。心づくしの接待をする。おもてなしをする。	「世界を<u>もてな</u>す、日本がある。」（ホテル椿山荘東京　2013年）
もてる	人気がある。異性を惹き付ける。ちやほやされる。もてはやされる。	「<u>モテ</u>るオヤジに支えられ、おかげさまで３周年。」（月刊『LEON』／主婦と生活社　2004年）

あ
か
さ
た
な
は
ま
や
ら
わ

あ	**もとめる** 【求める】	①要求する。欲している。社会が必要としている。「求む○○」で求人広告を真似て必要なものを訴える。	「求む、電波。」（スーパースター／ソニー　1982 年） 「求む！　新鮮パワー。」（木下工務店　1987 年） 「求める力。応える自信。」（木下工務店　1991 年）
か		②購入する。買い求める。 → かう【買う】	◆「理想のボディ、お求めやすくなりました。」（痩身器具）
さ	**もどる** 【戻る】	①元あった場所に帰る。手元に来る。	「大きくなって、戻ってらっしゃい。」（日本債券信用銀行　1987 年）
た		②以前の姿や状態になる。前の習慣に帰る。若返る。	◆「あの頃の二人に戻れる映画があります。」（映画館） ◆「この味を知ってしまったら、もどれない。」（コーヒー）
な	**もの**【物】	①物体。物質。存在する実態。広告では専ら「モノ」とカタカナ書きして、商品を表す。	「ヒトとモノ。おとなの関係。」（京王百貨店　1986 年） 「モノより思い出。」（セレナ V-S ／日産自動車　2004 年） 「『キモチ』と『カタチ』を伝えるモノ。」（WAZA2012 伝統的工芸品展／東武百貨店池袋店　2012 年）
は		②それほどの価値の高いもの。「一生もの」と謳い、商品の永続的価値を伝える。	「ハタチは、一生モノ。」（京都きもの友禅　2007 年） ◆「一生ものの、資格がほしい。」（専門学校）
ま		③影響力があること。重要な役割を担うこと。「物を言う」で雄弁な、勝負できる、の意。	「物言う、色。」（口紅／資生堂　1984 年） 「この時代、肩書きよりも、ものをいう。」（日本ダイナースクラブ　1984 年）
や	**ものがたり** 【物語】	①話して語ること。話。 → ストーリー　　→ ドラマ	「民族の 物語です。」（宝焼酎『純』／宝酒造　1987 年）
ら		②"物が語る"という解釈も許すため、商品の品質やこだわりが豊富である印象を与える効果がある。実際の物語名をもじったコピーも作成できる。	「ウエストサイズ物語」（紀文のはんぺん／紀文　1982 年） 「これは、変化と進化の物語です。」（マイクロソフト　2005 年）
わ	**ものづくり** 【物作り】	商品や芸術品などを生み出すこと。	「K loves モノづくり。」（川崎重工業　2012 年）

もらう 【貰う】	①中元や歳暮などの贈り物を受け取る。人から物をプレゼントされ、自分のものとする。	「敬老の日に、一年分のやさしさをもらうより、一年中、すこしずつ楽しいほうがいい。」（ウォークマン／ソニー　1981年） 「憶えていた人に、もらった。忘れていたヒトにも、もらった。」（月桂冠　1990年）
	②他者から行為を受ける。世話をしてもらう。ほどこされる。	「大人になるほど、教えてもらうことが増えていく。不思議ですね。」（シティバンク　2004年）
もり【森・杜】	木々が密集して生え、自然が繁栄しているところ。人の手が加わっていない緑豊かで、平和に住める場所。木材のふるさと。「本は、知性の森。」のように、何かが豊富にある場所やものとしても表現できる。	「森を育てる会社の、木造注文住宅。」（住友林業　1982年） 「森は記憶している。」（三井不動産 1991年） 「森のちからを、未来のちからに。」（住友林業　CI　1998年） 「家の寿命は、森の寿命でもある。」（三井ホーム　2000年） ◆「杜に住まう快適。」（住宅）
もん【門】	建物の外に設置した出入り口。来る人を締め出したり、取り次ぐ際の最初の境界。中に入るためにくぐるべき場所。	「近頃、娘の帰りが遅いので、門限は8時だぞ、と注意したら、うち、門なんてないじゃない、と言うのですよ。」（『週刊住宅情報』／リクルート 1985年） 「門のない名門。」（進学Z会／Z会 1986年）
もんだい【問題】	問い。設問。解決が必要なトラブル。 → かだい	「血行な問題。」（ピップトウキョウ、ピップフジモト　2005年）

や

- ひらがな「や」は「也」の草体に由来。カタカナ「ヤ」も、「也」を一旦草体にして、楷書であらためて書いたもの。ローマ字表記は「ya」。
- [ja] 音は、硬口蓋と舌先を狭めて出す半母音 [j] に、[a] の母音を伴った音である。
- 柔軟性や安堵感、勢いのある行動をイメージさせる効果がある。
- 五十音図のヤ行 1 文字目。

見出し語	語義と広告での用法	コピー作品例
やくそく【約束】	①未来のことについて、自分や他人と「こうしよう」「こうなろう」と取り決めること。企業が目指す目標を表現する場合にも用いる。	「きょねん、広告で約束したこと、できているか、見に来てください。」（岩田屋　1992 年）「京都の約束と、東京の本気。」（東京電力　2005 年）
	②保証するもの。消費者が「大丈夫」と感じることができる商品。	◆「約束された、都会の優越感。」（マンション）
	③その商品やサービスで見込める効果。期待感。	「ツヴァイの約束。」（ウェルカムプラン／ツヴァイ　2004 年）
やくだつ【役立つ】	人や物の活用場面があり、それを人が便利だと感じること。使い勝手の良いこと。商品の活躍場面を想像させる。	◆「お金にもっと役立ってもらいましょう。」（銀行）
やくどう【躍動】	踊るようにリズムや動きがあり、勢いがあるさま。「躍動する」とも。	「躍動するラグジュアリー。FUGA 誕生。」（FUGA ／日産自動車　2004 年）
やさしい【易しい】やさしさ	複雑ではない。容易な。手軽な。使い勝手がいい。広告では、「優しい」と意味を掛ける場合も。	「はじめての人には、〇（まる）がやさしい。」（丸井クレジットカード／丸井　1994 年）◆「やさしさは、ありがたさ。」（電機メーカー）
やさしい【優しい】やさしさ	①人に対して、思いやりを持って温かく接するさま。真心。	「敬老の日に、一年分のやさしさをもらうより、一年中、すこしずつ楽しいほうがいい。」（ウォークマン／ソニー　1981 年）「働く手に、やさしい思いやり。」（ユースキン製薬　1990 年）「健康をやさしく見守るオムロンです。」（オムロン　1992 年）「やさしさを、私達の強さにしたい。」（ニチイ学館　CI　2007 年）「本当にやさしい大人は、ちゃんと注意できる大人です。」（未成年者喫煙防止／ JT　2012 年）

	②刺激が少ない。当たりが柔らかい。着心地や履き心地などが良い。	「春からは優しい色たち。」（東武百貨店　1978年）
	③環境や家計に配慮した。与える負担の少ない。	「緑を着ると、あったかいな。やさしいな。」（三井不動産　1983年） 「この星へのやさしさが、三つ星をもらいました。」（ダイハツ工業　2001年）
	④体に刺激の少ない。	◆「おなかにやさしいミルクです。」（乳製品メーカー）
やすい【安い】 やすさ	価格が低い。コストパフォーマンスが良い。値引き率が高い。ディスカウント感を演出するのにも効果がある。 → とく	「安いのは嫌いだ。」（西武百貨店　1990年） 「うまい、やすい、はやい」（吉野家　1994年） 「愛と自由と安さを。」（西友　2013年）
- やすい【易い】 - やすさ	安易。気軽にできる。難しくない。広告では専らひらがなで、商品の利点を並列させ、「○○やすさと、△△やすさ」とするコピーが作れる。	◆「お求めやすさが、乗りやすさ。」（自動車） ◆「動きやすくて、洗いやすい。」（アパレル）
やすみ 【休み】 やすむ	①休憩すること。休暇を取ること。次の行動に向けて充電すること。日常的な仕事や作業をしないこと。	「友よ、高原で翼を休めたまえ。」（西武都市開発　1981年） 「休む、という字は、木のそばに人がいる。」（SHAWOOD／積水ハウス　2014年）
	②活動をしばらく行わないこと。遠ざかっている状態。	◆「トキメキを、休んではいけません。」（海外旅行会社）
やすらぎ 【安らぎ】	安心すること。落ち着いた気持ち。心が安らかに保たれること。穏やかな安心感。広告では、安住の家を得たり、保険に入って心配の少ない生活を手に入れることの比喩に用いる。	「ここにやすらぎの答え。」（野村不動産　1988年） 「ああ、男のやすらぎ。」（ジョージア／日本コカ・コーラ　1995年） ◆「やすらぎ微笑む円熟の住まい。」（住宅）

やってくる 【やって来る】	あるものが、自分のところへ近づいてくること。登場する。到来する。来訪する。降臨する。商品が発売される際、広告では「○○がやってくる／やってきた」の形を用いることが多い。	「幸せは　よっこらしょとやってくる」（住友生命保険　1990年） 「なかなかやって来ないから、二一世紀はつくることにしました。」（石川島播磨重工業　1991年） 「笑いものが、やってくる。」（『サラリーマンNEO　劇場版（笑）』／ショウゲート　2011年） 「キミがやってきた日から、猫の王国になりました。」（猫の王国フィッシュ in／AIXIA　2012年）
やっぱり	①思った通り。期待した通り。他と比較するまでもなく。やはり。言うまでもなく。多くを語らずとも。議論の余地なく。	「やっぱり、おしりは締り屋さん。」（ウォシュレット／東陶機器　1986年） 「やっぱりイナバ100人乗っても大丈夫！」（イナバ物置／稲葉製作所 1987年）
	②結局は。いろいろ考えた末。	「やっぱり、あなたも、ゆうちょ、でしょ。」（定額貯金 ニュー定期／郵政省　2001年）
やどる【宿る】	魂や精神、命、神などがその場をよりどころにやって来てとどまること。	◆「アスリートの魂が宿るランニングシューズ。」（スポーツ用品） ◆「神の宿る酒。」（酒造会社）
やばい 最近では感動詞の一種として使われる。	（口語において）危険で、まずい状態になる。危機的状況が迫っている。転じて、心のコントロールが効かなくなるほど魅惑的な。	「かるくヤバい。」（サッポロスリムス／サッポロビール　2005年） ◆「ヤバい。スプーンが止まらない。」（アイスクリーム）
やぼう【野望】	大きなことを、いつか実行してやろうと抱く企み。野心を抱くこと。転じて、大望。	「狭いわが家だが、野望はでかくなる。」（ジャストホーム／ジャストシステム　2000年）
やま【山】	大地が大きく盛り上がった部分。たくさんのものの比喩。	「山の神様がくれた水」（サントリー南アルプスの天然水／サントリー　1995年） ◆「登山グッズ、山ほどあります。」（アウトドア用品）
やみくも【闇雲】	闇の中で雲をつかむように、考えずに手当たり次第何かをすること。むやみに。いたずらに。	「ヤミクモな勉強法で、ヤミクモな出費。実にもったいないことです。」（Z会の通信教育／Z会　2001年）
やめる 【止める・辞める】	①しないようにする。慎む。習慣を断ち切る。	「飲み会で仕事の話をやめた。すると話題がなくなった。」（リクルート人材センター　1997年）

	②「やめられない」で動作を断ち切れない。その場から去れない。やみつきになる。夢中。 → とまる	「やめられないとまらない、かっぱえびせん」（かっぱえびせん／カルビー 1969 年）
	③これまでやっていた職業を退く。役職から降りる。	「会社は、若いうちにやめよう。」（CTC 伊藤忠テクノサイエンス〈現・伊藤忠テクノソリューションズ〉 2000 年）
やらかす	やってはいけないことをする。転じて、大きなことをしでかす意味。	「さて、やらかしますか。」（ジョージア／日本コカ・コーラ 2012 年）
やる	何かをする。行動を取る。取りかかる。始める。「○○をやろう」で消費者に行動を促す効果がある。演奏の「演」の字を充てて「演る」と表現したり、酒類の広告で「飲む」と書いて「（一杯）やる」と読ませることもある。	「やるだけやったら、次がある。」（DODA ／学生援護会〈現・インテリジェンス〉 2001 年） 「スカパー！は、ここまでやる。」（スカイパーフェクト・コミュニケーションズ 2002 年） 「『明日からやろう』と 40 回言うと、夏休みは終わります。」（Z 会の通信教育／ Z 会 2004 年）
やるき【やる気】	自ら一生懸命取り組む意識。積極性。	「やる気にはずみ。この一本。」（リポビタン D ／大正製薬 1988 年） ◆「キミのやる気はここにある。」（通信教育講座）
やわらかい【柔らかい・軟らかい】やわらか	手で押した時にふっくらとして硬さがないこと。やさしい。味がまろやか。比喩的に、柔軟性がある。発想が豊かで発展性がある。	「やわらかハート」（王子ネピア CI 2006 年） ◆「やわらかな味で人気です。」（緑茶）
やんちゃ	子どもが傍若無人に振る舞うこと。主に男児について言う。ある程度の年齢に達した人が、遊び心を持って物事を楽しみ、自由に振る舞うさま。 → わんぱく	「40 代からのクルマ選び キーワードは『やんちゃ』か『シブイ』」（月刊『ストレート』／扶桑社 2004 年） ◆「ヤンチャは、大人の特権です。」（バイク）

- ひらがな「ゆ」は「由」の草体に由来。カタカナ「ユ」も、「由」の最後の2画を基にした形。ローマ字表記は「yu」。
- ［ju］音は、硬口蓋と舌先を狭めて出す半母音［j］に、［u］の母音を伴った音である。
- 優美さや贅沢感、豊かさ、柔らかさをイメージさせる効果がある。
- 五十音図のヤ行3文字目。

見出し語	語義と広告での用法	コピー作品例
ゆうえつ【優越】	自分の方が、他の人よりも優れていたり、良いものを持っていること。	◆「パークに住むという優越。」(マンション)
ゆうが【優雅】	物腰が優しく、あでやかで美しいさま。余裕がある。気品がある。	「極めた人は、優雅と気品を忘れない。」(萬年筆グランセ／パイロットコーポレーション 2004年)
ゆうき【勇気】	恐れない心。何かに踏み出す際に振り絞る気合い。元気をくれるもの。	「愛とか、勇気とか、見えないものも 乗せている。」(九州旅客鉄道 1992年) 「勇気がふたりを結ぶ。」(ED治療薬／ファイザー製薬〈現・ファイザー〉2000年)
ゆうげきしゅ【遊撃手】	野球のポジションでショート。何かを瞬時に捉える比喩としても用いる。	◆「光をとらえる遊撃手。」(カメラ)
ゆうじょう【友情】	友との間に芽生えた共感や同情の念。友を思いやる心。	「友情の交差点、贈ります。」(白鶴酒造 1985年) 「たとえ遠くに行っても、友情とauは変わらない。」(富士通、KDDI 2003年)
ゆうめい【有名】	広く世の中に知れ渡っていること。商品名がよく知られていること。	「無名の人の経験のほうが、有名な人の話より面白いことが多い。」(文芸社 2000年) 「ボンド木工用だけ有名で、困ってます。」(コニシ 2014年)
ゆうゆう【悠々】	余裕が十分にある様子。ゆったりとしているさま。	◆「通勤悠々、始発生活。」(不動産会社)
ゆうわく【誘惑】	何かをしようと誘うこと。魅力的でそそるもの。人を惑わせるもの。	「『20世紀最後の誘惑。』」(ルノールテーシア／ルノー・ジャポン 2000年)
ゆさぶる【揺さ振る】	物を大きく振り動かす。大きく感動させたり、強い影響力を与える。 →ゆれる	◆「心を揺さぶる技術と美術。」(電子機器メーカー)

ゆたか【豊か】	豊富に。十分に。心が満たされ、不満や不足を感じないさま。のんびりと余裕のあるさま。「時間」や「明日／毎日」などの語とともに用いられることが多い。ライフスタイルについて形容するコピーも作れる。	「たしかな時間。ゆたかな時間。」（東海道新幹線 40 周年／東海旅客鉄道 2004 年） 「自然と調和する こころ豊かな毎日をめざして」（花王　CI　2009 年） 「ひときわ味わい豊かに」（お～いお茶 緑茶／伊藤園　2010 年）
ゆだねる【委ねる】	任せる。流れに逆らわない。 → まかせる	◆「快適に身をゆだねよう。」（インテリア）
ゆっくり	動作が遅い。スピードを出さない。緩慢なさま。のんびりする。慌てない。 → スロー　→ マイペース　→ ゆるやか	◆「ゆっくりと雲が流れていきます。」（旅行会社） ◆「幸せは、ゆっくりやってくる。」（保険プラン）
ゆとり	柔軟性を持たせる "あそび" の部分があること。あくせくせずに、ゆったりと過ごすさま。時間的にきつくない状態。具体的には、金銭的な余裕があること。 → よゆう	「ゆとり、無限大。」（日本ダイナースクラブ　1990 年） 「持つことが、ゆとり。」（オリックスVIP ローンカード／オリックス・クレジット　2003 年） 「ゆとり教育はある。ゆとり入試はない。」（Z 会　2005 年）
ユニーク【unique】	独自のもの。他に同じものがないこと。唯一の。特徴的な。	「81.3FM で、平日の耳はユニークになるのか？」（J-WAVE　2005 年）
ゆび【指】	手の先にあり、物を指したり、つまんだりする部分。最近では、物をタッチして操作する身体部分。モバイル時代に入ってからは、操作道具の意味合いが強い。	「くすり指がドキドキした。」（星野温泉　1980 年） ◆「その進化に、指先が目覚める。」（モバイル端末）
ゆめ【夢】 ゆめみる 日本語で「夢」は、将来叶えたいと思う未来や希望、目覚ましい技術の進歩などを包括する語として広告で好まれる。一方、英語の dream は、雲をつかむような非現実的なもの、子どもじみた願い、夢物語という意味が強いので、英語のコピーにする際は直訳しないようにしたい。	①寝ている間に頭の中に浮かぶ幻想。心地良い睡眠状態の象徴。	◆「いい夢、見させてあげる。」（寝具）
	②いつか叶えてみたいと思い描く願望。そうなったらいいなあ、と思う内容。叶った場合は「夢が咲く」とも表現する。 → ドリーム	「この夏、夢の入口に立つ。」（和光証券　1991 年） 「パティシエの夢でした。」（フルーツ＆ムース／たらみ　2001 年） 「夢が咲いた。56 年ぶりの大きな夢が。」（2020 東京招致決定／大和ハウス工業　2013 年）

③人々の漠然とした憧れや希望。商品を使って具体化させようと訴えるコピーがある。「夢みる」とも。	「夢で終わらせるな。」（エルグランド／日産自動車　2001年） 「夢から逃げない。理想から逃げない。責任から逃げない。」（日本興亜損害保険　2001年） 「家は、家族の夢でできている。」（パナホーム　2003年） 「この夢には、住める。」（パークマンション千鳥ヶ淵／三井不動産　2003年） 「あしたの服を悩むのは、あしたを夢みるからなんだ。」（ルミネ　2009年） 「どんな夢も、手帳に書けば、計画になる。」（NOLTY/ 能率手帳／日本能率協会マネジメントセンター　2011年）
④技術の目指す先。発展目標。企業が技術でそれらを具体化すると謳ったコピーが多い。	「夢をかたちに」（スーパーコンピュータ／富士通　2010年） 「夢みるコンピュータ。」（スーパーコンピュータ「京」／富士通　2012年）
⑤資金さえあれば乗り出せる計画。銀行やクレジットカードのコピーに見られる。	「夢に体力をつけましょう。」（日本債券信用銀行　1986年） 「社長さんの夢、応援します。」（ビジネスセレクトローン／三井住友銀行　2004年） 「大きな夢ほど、VIP 一枚で。」（オリックス VIP ローンカード／オリックス・クレジット　2005年）
⑥大金。宝くじのコピーに頻出する。コツコツ貯めることで大金になることを意味するコピーも作れる。	「全国的に夢日和、所により嬉し涙が降るでしょう。」（日本宝くじ協会1987年）
⑦志望校。進学への希望。個人が将来挑戦してみたい目標や職業を含む。	「自分の夢まで、自己採点しないでください。」（河合塾　2008年）
⑧気持ちが前向きで積極的なこと。飲料系の広告は、商品を飲むことでリフレッシュし、夢を持って生きようと訴えるものがある。	「おきろ、夢。」（ジョージア／日本コカ・コーラ　2013年） 「のどごし、夢のドリーム」（のどごし生／キリンビール　2013年）
⑨どこにたどりつくのか分からない果てなきロマン。悠久。	「いつか夢で見た道と、いつか夢で見る道と。」（大分むぎ焼酎 二階堂／二階堂酒造　2001年）

見出し語	語義と広告での用法	コピー作品例
ゆるぎない【揺るぎない】	動かし得ない。確固たる造りになっている。簡単には応じない。「ゆるぎない○○。」の形で、広告では「価値」「安心感」「美意識」といった抽象的な名詞が続きやすい。	「ゆるぎない美意識、進化する技。」（WAZA2012 伝統的工芸品展／東武百貨店池袋店　2012年）
ゆるす【許す】	許可する。してもよいと判断する。認める。承認する。	「ダービー馬。その称号は、ただ一頭のみに許される。」（日本ダービー／日本中央競馬会　2004年）
ゆるやか【緩やか】	ゆったりとしたさま。のんびり。→ ゆっくり	◆「ゆるやかな時間が流れていきます。」（旅行会社）
ゆれる【揺れる】	じっとしておらず、前後や左右、上下に振れるさま。心が動揺するさま。→ ゆさぶる	「ゆれる、まなざし」（資生堂シフォネット 資生堂スプンレス／資生堂　1976年）

- ひらがな「よ」は「与」の草体に由来。カタカナ「ヨ」も、「与」の末部分に由来する。ローマ字表記は「yo」。
- ［jo］音は、硬口蓋と舌先を狭めて出す半母音［j］に、［o］の母音を伴った音である。歓喜や幸福感を連想させたり、善良なイメージを抱かせる効果がある。
- 五十音図のヤ行5文字目。

見出し語	語義と広告での用法	コピー作品例
よい【良い・好い・佳い】	①優れていること。質が高いこと。いい。文語的に「佳き」と言うことも。→ いい①　→ よく①	「よい転職がこの国を変えていく」（転職サイト「日経Bizキャリア」／日経人材情報　2003年）
	②安心して、うれしいと思うこと。無事を喜ぶさま。適切なこと。「○○でよかった」の形が好まれる。	「人間だったらよかったんだけどねぇ。」（日刊アルバイトニュース／学生援護会〈現・インテリジェンス〉 1984年）「長生きして、ヨカッタと言える国にしよう。」（セゾンカード／クレディセゾン　2004年）
よいん【余韻】	心に響く物事が終わった後、しばらく浸っていたい感動や喜び。広告では、深い味わいや趣に、しばし浸る幸福感を描く。	「静かなる走りの余韻」（レジェンド／本田技研工業　1985年）◆「余韻を愉しむ、美味なる香り。」（コーヒー）
よう【酔う】	①アルコールを飲んで酒気が回る。酒で気分がほぐれて高揚する。酒類の広告では②と掛けたコピーが多い。	「夏の宵、風流に酔い。」（黄桜酒造 1986年）「旬に酔う。」（黄桜酒造　1991年）
	②陶酔する。うっとりする。素晴らしさを満喫する。酔いしれる。	◆「あなたを酔わせる音質です。」（オーディオ機器）

ようい【用意】	準備すること。サービスや商品を提供できるように整えること。	◆「幸せな二人にぴったりのプラン、ご用意しています。」（結婚式場）
ようこそ	はるばるやってきた人を歓迎する挨拶の言葉。ウェルカム。広告では、新製品、新しい商品ジャンルや世界へいざなう時に使われる。	「ようこそ、キミは音楽のある星に生まれたんだよ。」（ハイポジションUX／ソニー　1989年） 「ようこそ、デジタル一眼レフへ。」（EOS Kiss Digital／キヤノン　2004年）
ようび【曜日】	1週間の各日に割り当てられた名。広告では、「○曜日は△△をする日」と謳う。	「金曜日はワインを買う日」（サントリーワイン／サントリー　1972年） ◆「土曜日は、焼き肉の日。」（焼肉店チェーン）
よく **【善く・良く】**	①うまく。巧みに。上手なやり方で。 → よい①	「食よく、バランスよく。」（フジッコCI　2010年）
	②しばしば。頻繁に。	「まっすぐの人間だから、よくぶつかる。」（VARIE／西武百貨店　1987年）
	③深く。じっくり。十分に。	「よく学び、よく遊び、よく磨こう。」（サンスター　2000年） 「♪よーく考えよう　お金は大事だよ」（アメリカンファミリー生命保険　2004年） 「生で食べると、生きものをいただいていることが、よくわかる。」（ミツカン　2007年）
よくばり **【欲張り】**	何でも欲しがること。また強欲な人。広告では、そんな人をも満足させる品揃えをしていることを強調する。	「夏だから、欲張り旅行。」（近畿日本ツーリスト　1982年）
よくぼう【欲望】	何かを欲しいと思うこと。達成したいと欲すること。物欲。	「小さな欲望を、大切に。」（earth music&ecology　2013年）
よけい【余計】	不必要なものまで過剰に。あると邪魔になるもの。素材に由来しない雑味。	「よけいな味がしない。」（カゴメトマトジュース／カゴメ　1999年）
よこづな【横綱】	大相撲における最高位。転じて、ある最も強く優れた存在。	◆「びくともしない保険の横綱。」（保険プラン）
よそおい【装い】	衣装や化粧、たたずまいなどを美しく整えること。身にまとって飾る。	「特別な日、特別な装い、いつもの情熱。」（BMW 525i 503i／BMWジャパン　2001年）

よのなか 【世の中】	社会。世間。この世。自分が生活する場、およびそこにいる人全般。雑然とした周辺環境。広告では、その消費者が生活している範囲とそこで接する人々を総称して示す。 → せかい④	「世の中なんて、カンタンさ。」（太陽神戸銀行　1990年） 「イヤな世の中だねぇ。一年中、旬だとぉ。」（紀文　1990年） 「世の中で一番でっかい場所は、本の中だ。」（集英社文庫／集英社　2000年）
よぶ【呼ぶ】	①名付ける。呼称とする。	「時の流れを、女は愛と呼ぶ。時の流れを、男は人生と呼ぶ。」（ピエール・カルダン・ウオッチ／シチズン時計1974年）
	②いざなう。魅了する。「○○が俺／僕を呼んでいる」という表現が好まれる。招く。招待する。連れてくる。	「バナナが俺を呼んでいる」（日本バナナ輸入組合　1985年） 「道が僕らを呼んでいる。」（シャレードほか／ダイハツ工業　1990年） 「競馬が、僕を呼んでいる。」（高松宮記念／日本中央競馬会　2001年） 「恋を呼ぶコロン」（HAPPY BATH DAY Precious Rose／コーセー　2013年）
よみがえる 【蘇る・甦る】	失ったものを復元する。若返る。以前の輝きやパワーを取り戻す。	「よみがえれ、私。」（IN&ON／資生堂2010年）
よむ 【読む・詠む】	①字を目で追って、その意味や内容を理解すること。声に出して書かれた字の音を出す。音読。出版社の広告コピーに多く使われる。	「目がつぶれるほど、本が読みたい。」（角川書店〈現・KADOKAWA〉1984年） 「どうして素直に、読んでないっていえないのかな。」（角川文庫／角川書店〈現・KADOKAWA〉　2004年）
	②予見する。占う。分析する。	◆「明日が読めない今日だから。」（保険プラン）
よゆう【余裕】	時間や金銭にゆとりのあること。ゆったりと構えていられる状態。 → ゆとり	◆「余裕の雪道。」（タイヤ） ◆「丸ごとスイカも余裕です。」（冷蔵庫）
よりそう 【寄り添う】	ぴったりとそばにいる。近くに寄る。ともに手を携えて歩く。身近にある。	「あなたに、もっと寄り添える銀行へ。」（みずほ銀行　2011年）

よろこび 【喜び・歓び】 広告では動詞「喜ぶ」よりも、名詞「喜び／歓び」と表現する例が多い。	①うれしさ。達成感。歓喜。専ら「喜」の字を使い、「よかった」と思う気持ち。	◆「地球が<u>よろこぶ</u>、エコなバスタイム。」（給湯システム）
	②優越感を交えた満足感に浸ること。快感を味わうこと。「喜」がうれしさ、めでたさを表すのに対し、「歓」はにぎやかさと、その場を楽しむことを表す。特に自動車の広告で好まれる。	「駆けぬける<u>歓び</u>」（BMW ジャパン CI　1998 年頃） 「大きな<u>歓び</u>を奏でます。」（New セフィーロ／日産自動車　2001 年） 「<u>歓び</u>、極まる。」（ニュー BMW3 シリーズ／ BMW ジャパン　2012 年）
よろしく 【宜しく】	挨拶の省略形。どうぞよろしく。悪いようにしないでほしい、の意。	「まだまだ 青い人間ですが、どうぞ<u>よろしく</u>。」（JT　2005 年）
よわい【弱い】	力が乏しく、もろい。弱点がある。意思が強くない。	「お金がないと生きて行けない。人間は<u>弱い</u>ね。」（さくら銀行　1992 年）

- ひらがな「ら」は「良」の草体から、カタカナ「ラ」も同じく「良」の初めの2画による。
- ローマ字表記は「ra」または「la」。一般的には「ra」であるが、「la」と書くと音楽の階名の1つを連想させ、メロディアスで軽やかなイメージを持たせることができる。ただし、小文字の「l」が数字の「1」と読み間違えられないように配置する工夫が必要である。
- ［ra］音は、舌の先で上の歯茎を弾くようにして出される有声子音［r］に、［a］の母音を伴った音節である。耳にした時、リラックス感や楽しさ、情愛や愛らしさなどをイメージさせる。
- 五十音図のラ行1文字目。

見出し語	語義と広告での用法	コピー作品例
ライバル【rival】	競い合って高め合う相手。好敵手。競合する企業や商品。	◆「ライバルがいる幸せ。」（フィットネスクラブ）
らく【楽】	①手間がかからないこと。簡単なこと。便利で助かること。容易。	「建てて、楽。住んで、楽しい。」（積水化学工業　1985年）
	②痛みや苦労、窮屈な思いから解放すること。緩和。カタカナで「ラク」と記すことが多い。	「カワイイくせに、ラクにはける。」（ユニクロイージーレギンス／ユニクロ 2012年）
らくえん【楽園】	夢を見させてくれる別天地。極楽。旅行関連の広告では、ビーチリゾートにいざなう表現として好まれる。何でも揃っていて快適に物事が進む場の比喩。 → パラダイス　→ べってんち	「日常の、楽園。」（セントレージ・アピーナ／積水ハウス　2003年） 「時差のない楽園がありました。」（JALステージ「沖縄」／日本航空 2005年）
ラグジュアリー【luxury】	豪華さ。贅沢で快適な状態。 → ぜいたく	「躍動するラグジュアリー。FUGA誕生。」（FUGA／日産自動車　2004年）
らくらく【楽々】	手軽に。簡単に。手間や苦労なく、すいすいとはかどるさま。	「ひろびろ、らくらく、すいすい。」（JAL羽田第一ターミナル／日本航空 2004年）
-らしい	①あるものにふさわしい。いかにもそうである。物事のふさわしさを表す。	「あしたらしい風。」（電動二輪「イーニリン」／ヤマハ発動機　2012年）
	②伝聞や推量で不確かな情報や噂を伝える。	◆「あいつは、俺より安く買ったらしい。」（価格比較サイト）
ラフ【rough】	粗い。無造作で気取らないこと。「タフ」や「ラブ」と掛けたコピーも。	「ラフに洗ってタフに着る！」（テトロン／東洋レーヨン　1958年）

見出し語	語義と広告での用法	コピー作品例
ラブ【love】	愛すること。恋をすること。惚れ込む。ブランドなどに対する愛顧。表記は専ら英語で、広告では「○○を愛している／愛せよ」のように動詞で使う傾向がある。 → れんあい	「Love Beer?」（サッポロ黒ラベル／サッポロビール　2000年） 「献血は愛のアクション！ LOVE in Action」（日本赤十字社　2011年） 「K loves モノづくり。」（川崎重工業　2012年）
ラブストーリー【love story】	恋愛物語。愛情話。基本的に甘い恋愛を描いた作品のこと。	「人生が、ラブストーリーでありますように。」（企業広告〈チョコレート〉／明治製菓　2007年）

り

- ・ひらがな「り」は「利」の草体から、カタカナ「リ」は「利」の旁の2画による。
- ・ローマ字表記は「ri」または「li」。一般的には「ri」であるが、「li」と書くと鈴の音のような小さくて軽いものをイメージさせる。
- ・［ri］音は、舌の先で上の歯茎を弾くようにして出される有声子音［r］に、［i］の母音を伴った音節である。耳にした時、知的なさま、鋭さや聡明さ、かわいらしさなどのイメージを与える。
- ・五十音図のラ行2文字目。

見出し語	語義と広告での用法	コピー作品例
リード【lead】	他者より先んじる。引き離して前へ出る。先導する。先駆ける。 → さき②	◆「技術で一歩リードする、自由発想企業。」（電子部品メーカー）
リズム【rhythm】	音楽などの律動。刻まれる調子。拍。生活や仕事などで決められた時間でいつも行う物事。体内時計。	「生薬が奏でる、心臓（ハート）のすこやかリズム。」（生薬強心剤『救心』ほか／救心製薬　2004年）
りそう【理想】	最高の状態や究極の状況を求める思考。「こうだったらいいな」「こうあるべきだ」と自分にとって完璧なものを念頭に置き、それを熱望すること。	「理想は実現された。」（ミサワホーム　1983年） 「普通の理想」（岩田屋　1993年） 「夢から逃げない。理想から逃げない。責任から逃げない。」（日本興亜損害保険　2001年）
りっぱ【立派】	見事なこと。素晴らしく見栄えがすること。十分な。正統な。	「セントバーナードを飼うのは、立派なスポーツである。」（ヘーベルハウス／旭化成ホームズ　2001年）

りゅう 【理由】	①あることが成立したり存在したりしている論理的背景。ことわり。裏付け。広告では、「選ぶ／選ばれる理由」の形のコピーをはじめ、「○○する／される理由」が典型である。 → ひみつ　→ わけ	「選ぶ理由が、鮮明になった。」（POWER PROJECTOR SX50 ／キャノン　2004 年） 「預ける理由。」（ソニー銀行　2004年） 「私の結婚。私の理由。私はツヴァイ。」（ツヴァイ　2005 年）
	②原因。要因。きっかけ。	「人は貧しいという理由で 死んではいけない。」（日本フォスター・プラン協会　1999 年）
- りゅう【流】	接尾語で名詞に付き、流派を表す。独自のやり方。方法。「わたし流」や「我が家流」など一人称に類する語に付くことが多い。	『『わたし流』でキメる！」（劇団ひまわり　2004 年）
りゅうこう 【流行】	はやりもの。ブームでもてはやされ、広く流布しているもの。トレンド。多くの人がまねるファッションや生活スタイルの潮流。 → ブーム	「タキシード・ボディ、流行。」（沖縄／全日本空輸　1982 年） 「流行でなく、人工でなく、体の基本。」（明治乳業　1985 年） 「人気はあるけど流行じゃない。」（西武百貨店　1987 年）
りょうおもい 【両思い・両想い】	双方が恋愛感情を持っていること。	「好きは、片想い。似合うは、両想い。」（ルミネ　2009 年）
- りょく【力】	①力。パワーを意味する接尾語。「解決する力」や「想像する力」など、何かを行う原動力や意欲を表す。 → ちから	「オフィスの誰もが、使い始めた『解決力』。」（日経テレコン 21 ／日本経済新聞社　2003 年） 「どの子にも、想像力はやってくる。」（レゴ基本セット／レゴジャパン 2004 年）
	②何かが持つ潜在能力や可能性を意味する接尾語。漢字 1 〜 2 字に付いて一般の辞書項目にはない造語（名詞句「○○力」）を形成する。必要な能力を並べて示すコピーも登場する。	「情報力と合格力。」（栄光ゼミナール 2005 年） 「できる社会人は『ことば力』が違う。」（『明鏡国語辞典』ほか／大修館書店　2005 年） 「決め手は、対話力。」（英会話 COCO 塾／ニチイ学館　2012 年）
りょこう【旅行】	観光などの目的で他の場所に足を延ばすこと。異なる体験をすること。 → たび	「肌時間旅行へ。」（アスタリフト／富士フイルム　2012 年）
リラックス 【relax】	緊張や興奮を鎮めて、心身共にくつろぐこと。気を使わない状態。手足を伸ばして弛緩する。	「トウキョウ、あおぞら、リラックス。」（シェルズ ガーデン／東京建物、野村不動産ほか　2001 年）

見出し語	語義と広告での用法	コピー作品例
りん【凛・凜】	きりっと引き締まるさま。精神的な張り。厳しい寒さ。しっかり堂々と。「凛として○○」や「凜と咲く」などが好まれる表現。	「凜として、矢の如く」（ニュー BMW 330Ci カプリオーレ／BMW ジャパン 2000 年） ◆「凜と咲く花になれ。」（女子大学）

る

- ひらがな「る」は「留」の草体から、カタカナ「ル」は「流」の最後の2画に由来するという説も。
- ローマ字表記は「ru」または「lu」。一般的には「ru」であるが、「lu」と書くとメロディーを口ずさむような軽快さとともに、外来語由来の語をイメージさせることができる。
- ［ru］音は、舌の先で上の歯茎を弾くようにして出される有声子音［r］に、［u］の母音を伴った音節である。耳にした時、流れ落ちるさま、物の曲線や曲面のイメージを強調できる。
- 五十音図のラ行3文字目。

見出し語	語義と広告での用法	コピー作品例
-るい【類】	種類やカテゴリーを表す接尾語。 →じんるい	「人類ハ麺類」（麺皇（メンファン）／日清食品　1982 年）
ルール【rule】	守り、のっとらなくてはいけない決まり事。規則。法則。縛り。	「no more rules.」（KATE／カネボウ化粧品　1999 年）

れ

- ひらがな「れ」は「礼（礼）」の草体から、カタカナ「レ」も「礼」の旁による。
- ローマ字表記は「re」または「le」。語末で「le」と書くと「ル」と読み間違えられることがあるので注意。
- ［re］音は、舌の先で上の歯茎を弾くようにして出される有声子音［r］に、［e］の母音を伴った音節である。耳にした時、雅なさまやクールさ、伝統や奥ゆかしさなどをイメージさせる。
- 五十音図のラ行4文字目。

見出し語	語義と広告での用法	コピー作品例
れいせい【冷静】	外部の刺激に対し、動じず落ち着いて物事の判断ができること。	「冷静に、次を、見る。」（和光証券 1990 年）
れきし【歴史】	①脈々と存在し続けるものの、一連の足跡。変遷。歩み。	「日本の文化と歴史の懐に住む。I feel Japan.」（ルネッサンスタワー上野池之端／サンウッド、東急不動産　2003 年）

	②伝統。創立や発売から長い年月を経ているものの宣伝に有効である。	「歴史の違いが味に出る。」（かどや製油　1991年） 「ホンモノは、すこし、歴史の味がする。」（龍角散　2011年）
	③開発の歩み。発展の経過。ジャンルの既成概念。「歴史を作る／変える／塗り替える」が典型表現。	「バーガーの歴史をぬりかえろ。」（Big America／日本マクドナルド　2012年）
れんあい【恋愛】	他人や架空の人物などに恋心を抱くこと。情愛のかけひき。また、思いが通じた相手と交際すること。愛憎。 →ラブ	「恋愛のツボあります。」（集英社文庫恋愛ベスト30フェア／集英社　2000年） 「恋愛結婚、バンザイ！ ツヴァイ」（ツヴァイ　2013年）

- ひらがな「ろ」は「呂」の草体から、カタカナ「ロ」も同じく「呂」に由来する。
- ローマ字表記は「ro」または「lo」。一般的には「ro」であるが、「lo」と書くと外国語由来の語であることをイメージさせる。ただし、小文字の「lo」が数字の「10」と読み間違えられないようにする工夫が必要である。
- ［ro］音は、舌の先で上の歯茎を弾くようにして出される有声子音［r］に、［o］の母音を伴った音節である。耳にした時、ロマンや心の動き、時間の長さなどをイメージさせる。
- 五十音図のラ行5文字目。

見出し語	語義と広告での用法	コピー作品例
ろうどう【労働】	体力や知力を使って務め働くこと。働いて収入を得ること。「仕事／シゴト」がやり甲斐のある務めであるのに対し、「労働」はやらなければならない務めを表現することが多い。 →しごと　→はたらく②	「労働。本日、父と母は、汗を流して 働いております。」（岩田屋　1992年） 「労働は、イヤでおじゃる。」（のほほん茶／サントリー　1997年）
ロマン 【roman・浪漫】 ロマンス ロマンチック	夢のあるもの。郷愁をそそるもの。甘い恋愛。にるか遠くにある羨望の対象。冒険に対する憧れも表す。	「メカニズムはロマンスだ。」（Canon A1／キヤノン　1978年） 「浪漫はあるか、お前に。」（スーパーニッカ／ニツカウヰスキー　1980年） 「ロマンチックが、したいなぁ。」（サントリーウイスキーレッド／サントリー　1980年） 「創造の原点は、ロマンです。」（東京重機工業　1986年） 「証券は、ロマンだと思う。」（三菱証券〈現・三菱UFJモルガン・スタンレー証券〉　2004年）

| ロングセラー
【long seller】 | もともとは、書籍が長い期間売れ続けること。最近では、書籍に限らず、息の長い商品全般に使われる。 | 「ベストセラーから、ロングセラーへ。」（ジニアス／ミサワホーム　2000年） |

わ

- ひらがな「わ」は「和」の草体に由来。カタカナ「ワ」も「和」の右部から出たとする説が有力。ローマ字表記は「wa」。
- ［w］音は、両唇を狭めて出す半母音で、それに［a］の母音を伴った音節が「wa」である。調和や女性らしさ、落ち着きのある美しさをイメージさせる。両唇を使う［w］音は、子どもに好まれる音の1つと言われる。
- 五十音図のワ行1文字目。

見出し語	語義と広告での用法	コピー作品例
わ【和】	①日本の。日本風の。和風。和心を持った。	◆「和のくつろぎがうれしい注文住宅。」（住宅）
	②仲の良いこと。穏やかで和むさま。和合。	「人の和を建てました。」（積水ハウス 1983年）
わ【輪】	人と人のつながり。友情や趣味、考えを一緒にする人たちの交流の広がり。	◆「笑顔を輪っと広げよう。」（ボランティア活動）
わかい【若い】	①としわか。年齢が低い。幼い。未熟だ。まだまだである。「若いうちに〜せよ」が典型表現。	「タイは、若いうちに 行け。」（タイ国際航空 1994年） 「会社は、若いうちにやめよう。」（CTC 伊藤忠テクノサイエンス〈現・伊藤忠テクノソリューションズ〉 2000年）
	②年齢や年数に比して、年を取っているようには見えない。企業のイメージを一新したい時に効果がある。	◆「家族でおじいちゃんが一番若い。」（軟骨用サプリメント） ◆「100年目の若い会社です。」（建設会社）
わがまま【我儘】	自分の意のままに振る舞うこと。消費者のレベルの高い要求や細かいニーズに対し、実現可能なことを謳う。 → エゴイスト	「日本のわがまま運びます。」（ヤマト運輸 1991年） ◆「ママのワガママ、叶えます。」（育児用品）
わがや【我が家】	自分の家。自分の生まれ育った家庭。温かい料理のある情景や、家族の情愛を描く場面の象徴。広告では、持ち家を所有する素晴らしさや愛着感を伝えるコピーにしばしば使われる。 → いえ③	「狭いわが家だが、野望はでかくなる。」（ジャストホーム／ジャストシステム 2000年） 「見上げた我が家だ。」（ビエナ／積水ハウス 2002年）
わかる【分かる・判る・解る】	①理解できなかったもの、曖昧だったものが明確になる。	◆「苦手な算数がみるみるわかる！」（学習参考書）
	②判断できる。区別できる。	「違いがわかる男（ひと）のゴールドブレンド」（ネスカフェゴールドブレンド／ネッスル日本 1969年）

		③共感する。痛みや苦労を分かち合う。気持ちを通じさせる。	「おしりの気持ちも、わかってほしい。」（ウォシュレット／東陶機器 1984年）
	わく【枠】	ふち。制限。常識や既成概念。 → じょうしき	「枠にはまるな。（Live outside the box.）」（本田技研工業 2013年）
	わくわく	期待の高さに胸が躍る様子。待ち焦がれるさま。「ワクワク」を名詞化して、何かに対する期待を表現する。「湧く」や「沸く」と掛けたコピーも作れる。 → どきどき	「あなたのコンビニに、ワクワクはありますか。」（サークルKサンクス 2004年） 「ワクワクとあなたの間に。富士通の技術」（富士通 2012年）
	わけ【訳・理由】	いわれ。理由。背景。「理由」と書いて「わけ」と読ませることも。 → りゆう①	「コッた名前には、訳がある。」（あいおい損害保険 2001年）
	わけあう【分け合う】	皆で分ける。シェアする。共に感動や時間を過ごす。	「僕らの青春は　今、始まったばかりだ。分け合おうひと粒チョコレート」（アーモンドチョコレート／江崎グリコ 1980年）
	わざ【技・業】	①技術。腕。テクノロジー。	「ゆるぎない美意識、進化する技。」（WAZA2012伝統的工芸品展／東武百貨店池袋店 2012年）
		②ある商品やサービスがなせる業。守備範囲。「ワザ」と書くことも。	「技はいろいろ、カードはひとつ。」（セゾンカード／クレディセゾン 2001年） 「100年前から得意ワザ、真空断熱。」（サーモス 2005年）
	わすれる【忘れる】	①記憶から消す。念頭に置かない。日頃の煩わしいことを脇に置く。思い出させない。うっかりする。	「忘れないうちにファイルしようファイルしたら忘れよう」（福井商事〈現・ライオン事務器〉 1966年） 「憶えていた人に、もらった。忘れていたヒトにも、もらった。」（月桂冠 1990年） 「人生は、いつのまにか忘れているものでできている。」（ボンタンアメ／セイカ食品 2011年）
		②「忘れない」で常に念頭に置く。意識する。いつも心にとめておく。携える。	「極めた人は、優雅と気品を忘れない。」（萬年筆グランセ／パイロットコーポレーション 2004年）
		③「忘れられない」で、印象に残る。作品や体験などに感銘を受けること。	「忘れられない本でありたい。」（角川書店〈現・KADOKAWA〉 1986年） 「忘れられない年の 忘れたくないクリスマス。」（ルミネ 2011年）

わだい【話題】	人の話の題材。トピック。話のタネ。気になるトレンド。	「話題はいつも新聞から」（「春の新聞週間」キャッチコピー／日本新聞協会 2005 年）
わたし【私】	①女性が自分を指す時に用いる語。わたくし。あたし。一人称。主として女性向けの商品の広告に用いて主観に訴える。	『『4 月になったら私も高橋よ』と彼女は言った。」（4 月始まり手帳／高橋書店　2003 年） 「このままじゃ、私、可愛いだけだ。」（朝日新聞社　2004 年） 「よみがえれ、私。」（IN&ON ／資生堂 2010 年）
	②男女を問わず、自身のことを指す時に用いる語。自分の将来について言及したり、意思を表明したりする広告作品に好まれる。 → じぶん	「好奇心の数だけ、私がいる。」（京王百貨店　1984 年） 「ポジティブな私に、なる。」（オーネット／オーエムエムジー　2000 年） 「私の未来は、駿台から。」（駿台予備学校　2004 年） 「そのクルマは、私の美意識を挑発する。」（NEW LEGACY ／富士重工業 2004 年）
	③自己。自分自身。「私のワタシ」や「わたしとわたし」のように、自分のアイデンティティーを確認する哲学的な切り口を用いることがある。また、書籍や雑誌を読んだり、レッスンを始めることで変化したり、一皮むけた状態になること。	「私はワタシと旅にでる。」（『おもひでぽろぽろ』／スタジオジブリ　1991 年） 「変われば変わるほど私だ。」（集英社新書／集英社　2000 年） 「カラを破れば、新しい私。」（日本放送出版協会　2003 年） 「私の中に一石投じる。ちくま新書は満 10 歳！」（ちくま新書／筑摩書房 2004 年）
	④商品や企業からのメッセージを伝える際、それらを擬人化した言い方。「あなた＝消費者」と「私＝商品」の対立を用いる技法も見られる。	「私はまっすぐな まっすぐな梅酒です。」（ウメッシュほか／チョーヤ梅酒 2004 年） ◆「私を着てみて、とそのドレスは言った。」（アパレル）
わたしたち【私達】	①複数の女性、または大人が自分たちのことを言う語。その商品を必要としているすべての人。	「これぞ、私たちのアリナミンなのでアール。」（アリナミンR ／武田薬品工業　2011 年）
	②組織や企業。その職業に就いている人たち。サービスを提供する側。 → われ	「私たちの製品は、公害と、騒音と、廃棄物を生みだしています。」（ボルボジャパン　1990 年） ◆「私達の商品は『おもてなし』です。」（ホテルチェーン）

わらう 【笑う】 わらい	①口角を上げた顔になる。声を出して喜びやおかしみの声を出す。商品が擬人化されて、楽しそうな表情を見せること。 → えがお	「笑ったり、喋ったり、するコート。」（京王百貨店　1990年） ◆「笑うことが増えました。」（歯科医院）	
	②思わぬもうけや得があり、ほくそ笑む。ニヤニヤする。	「複利笑い。」（日本興業銀行 1986年） 「大みそかに笑おう。」（第48回全国自治宝くじ「年末ジャンボ」／全国自治宝くじ事務協議会　2004年）	
	③心身ともに明るく、健康なさま。楽しく前向きな姿勢の象徴。	◆「私が笑うと、みんなが笑う。」（製薬会社）	
わるい 【悪い】	①よくない。悪質。質や程度が低い。罪な。批判の対象となる。あえて「悪い」を用いて消費者の興味をかき立てる場合も。	「いいだろ頭悪くて」（ボブソン 1997年） 「悪い女ほど、清楚な服が、よく似合う。」（ルミネ　2008年） ◆「水が悪いと、身体も悪くなります。」（浄水器）	
	②申し訳ない。責任を負うべき状態。	「誰も起こしてくれない、一人暮らし。悪いのは、誰だ。アッ僕、か。」（EZアラーム／ソニー　1981年）	
われ【我・吾】 **われわれ**	己。自分自身を客観的に見た時に用いる文語的一人称。 → わたしたち	「われわれの異性は女性です」（資生堂エムジー5 ギャラック／資生堂 1971年） ◆「我は海の子、魚の子。」（水産会社） ◆「我々は、夢中人だ。」（玩具）	
ワンダフル 【wonderful】	素晴らしい。摩訶不思議で素敵な。犬の鳴き声と掛けたコピーも作れる。	◆「キミに、もっとワンダフルなごちそうを。」（ペットフード）	
わんぱく【腕白】	主に男児が、いたずらや危険なことをして、盛んに動き回る様子。手が付けられないやんちゃぶり。 → やんちゃ	「わんぱくでもいい たくましく育ってほしい」（丸大ハム／丸大食品 1970年） 「わんぱく盛りは、育ちざかり。」（学習研究社　1979年） 「わんぱくは、世代を超える。」（本田技研工業　2001年）	

飯田朝子 (いいだ あさこ)

1969 年、東京都生まれ。東京女子大学、慶應義塾大学大学院修士課程を経て、1999 年、東京大学人文社会系研究科言語学専門分野博士課程修了。博士（文学）取得。専門は日本語語彙論。現在は中央大学商学部教授として、課題演習「買いたい気持ちに火を付けるコピーライティング：広告表現研究」と基礎演習「商品名と広告コピーの研究」を担当。著書に『数え方の辞典』、『アイドルのウエストはなぜ 58 センチなのか：数のサブリミナル効果』（以上、小学館）、『ネーミングがモノを言う』（中央大学出版部）、『日本の助数詞に親しむ　ー数える言葉の奥深さー』（東邦出版）などがある。2015 〜 2017 年、米国カリフォルニア大学ロサンゼルス校客員研究員。第 53、54 回宣伝会議賞企業協賛賞受賞。

「あ、それ欲しい！」と思わせる
広告コピーのことば辞典

2017年3月28日　第1版1刷発行

著　者	飯田朝子
発行者	村上広樹
発　行	日経 BP 社
発　売	日経 BP マーケティング

〒108-8646
東京都港区白金1-17-3 NBFプラチナタワー
TEL 03-6811-8650（編集）
TEL 03-6811-8200（営業）
http://www.nikkeibp.co.jp/books/

装　丁	岩瀬聡
編　集	長友真理
編集協力	戸村七七子　真辺真
DTP	アーティザンカンパニー株式会社
印刷・製本	大日本印刷株式会社

本書の無断複写・複製（コピー等）は著作権法上の例外を除き、禁じられています。購入者以外の第三者による電子データ化及び電子書籍化は、私的使用も含め一切認められておりません。

©2017 Asako Iida Printed in Japan
ISBN 978-4-8222-5198-7